认知神经科学书系第二辑

· 认知与发展卷 ·

丛书主编 杨玉芳

网络游戏成瘾的认知神经科学

董光恒◎著

Cognitive Neuroscience of Internet Gaming Disorder

科学出版社

北京

内 容 简 介

网络游戏成瘾已经成为影响青少年心理健康的重要因素。本书梳理了20年来研究者对网络游戏成瘾进行的认知神经科学相关研究，首先对网络游戏成瘾的源流、危害、风险因素进行了系统介绍；然后从游戏渴求、认知控制、决策特征、奖赏敏感性、执行功能、大脑功能网络、大脑结构等方面归纳了相关认知神经科学研究及其发现；最后介绍了研究者应用认识行为疗法、药物等针对网络游戏成瘾进行的干预尝试及其效果的认知神经机制。本书全面展示了当前对网络游戏成瘾认知神经科学研究的最新进展，可为认识这一障碍的发病机理及危害、探究有效的干预策略提供科学依据。

本书为第一部全面梳理网络游戏成瘾的学术著作，对相关领域研究者系统及全面掌握国内外研究前沿、夯实研究基础有重要价值；对临床精神科医生快速了解最新进展、指导临床治疗有重要意义；同时对希望系统了解网络游戏成瘾的各类学校心理辅导教师、班主任、大学辅导员等具有参考价值。

图书在版编目（CIP）数据

网络游戏成瘾的认知神经科学/董光恒著. —北京：科学出版社，2022.6
（认知神经科学书系/杨玉芳主编. 第二辑）
ISBN 978-7-03-072234-8

Ⅰ. ①网… Ⅱ. ①董… Ⅲ. ①网络游戏－影响－青少年－研究 ②认知心理学－研究 Ⅳ. ①C913.5 ②B842.1

中国版本图书馆 CIP 数据核字（2022）第 077390 号

责任编辑：孙文影 冯雅萌／责任校对：王晓茜
责任印制：赵 博／封面设计：有道文化

科学出版社出版
北京东黄城根北街 16 号
邮政编码：100717
http:// www.sciencep.com
北京市金木堂数码科技有限公司印刷
科学出版社发行 各地新华书店经销
*
2022 年 6 月第 一 版 开本：720×1000 B5
2025 年 7 月第二次印刷 印张：12 1/2 插页：6
字数：239 000
定价：118.00 元
（如有印装质量问题，我社负责调换）

“认知神经科学书系第二辑”
编委会

丛 书 序

PREFACE TO THE SERIES

认知神经科学是20世纪后半叶兴起的一门新兴学科。认知神经科学将认知科学的理论与神经科学和计算建模等方法结合起来，探索人类心理与大脑的关系，阐明心智（mind）的物质基础。这是许多科学领域共同关心的重大科学问题，对这个问题的新发现和新突破，将会深刻影响众多科学和技术领域的进展，深刻影响人们的社会生活。

在心理学领域，人们曾经采用神经心理学和生理心理学的方法和技术，在行为水平上进行研究，考察脑损伤对认知功能的影响，深化了对脑与心智关系的认识。近几十年来，神经影像技术和研究方法的巨大进步，使得人们得以直接观察认知活动和静息状态下大脑的激活模式，促进了对人类认知的神经生物学基础的认识。另外，在神经科学领域，人们以人类认知的心理学理论模型和实证发现为指导，探索神经系统的解剖结构与认知功能的关系，有望攻克心智关系研究的核心和整体性问题。可见，认知科学与神经科学的结合，把这两个科学领域的发展都推进到了前所未有的崭新高度，开创了一个充满挑战与希望的脑科学时代。

认知神经科学对传统的认知心理学、生理心理学、神经心理学与神经科学进行相互交叉、综合集成。采用跨学科的研究方法和路径，不仅在行为和认知的层面上，而且可以在神经回路、脑区和脑网络等层面上探讨心智与脑的关系。这种探索不局限于基本认知过程，还扩展到了发展心理学和社会文化心理学领域。其中，基础认知过程研究试图揭示感知觉、学习记忆、决策、语言等认知过程的神经机制；发展认知神经科学将发展心理学与神经科学和遗传学结合起来，探讨人类心智的起源和发展变化规律；社会文化认知神经科学将社会心理、文化比较与神经科学结合，研究社会认知的文化差异及其相应的神经机制差异。

在过去的几十年中，认知神经科学获得了空前的繁荣和发展。在世界上，许多国家制定了脑科学发展的科学目标并投入了巨额经费予以支持。大规模的认知神经科学学术会议吸引着来自不同学科领域的众多学者的参与。以认知神经科学为主题的论文和学术著作的出版也十分活跃。在国内，学者们在这一前沿领域也做了很多引人注目的研究工作，产生了一定的国际影响力。

值得欣喜的是，国家层面对脑与认知科学的发展作了一系列重要的部署和规划。在新世纪之初即建立了"脑与认知科学"和"认知神经科学与学习"两个国家重点实验室，设立了973项目、国家自然科学基金重大项目等，对认知神经科学研究给予长期稳定的资助。《国家中长期科学和技术发展规划纲要（2006—2020年）》将"脑科学与认知科学"纳入国家重点支持的八大科学前沿问题。在2016年召开的全国科技创新大会上，习近平总书记指出，"脑连接图谱研究是认知脑功能并进而探讨意识本质的科学前沿，这方面探索不仅有重要科学意义，而且对脑疾病防治、智能技术发展也具有引导作用"[①]。"十三五"规划纲要强调，要强化"脑与认知等基础前沿科学研究"，并将"脑科学与类脑研究"确定为科技创新2030重大科技项目之一。在"十四五"规划纲要中，"人工智能"和"脑科学"等成为未来五年具有前瞻性和战略性的国家重大科技项目；纲要指出脑科学与类脑研究的重点方向是脑认知原理解析、脑介观神经联接图谱绘制、脑重大疾病机理与干预研究、儿童青少年脑智发育、类脑计算与脑机融合技术研发。

在脑与认知科学学科发展前景的鼓舞下，科学出版社和中国心理学会启动了"认知神经科学书系"的编撰和出版工作。目前已完成第一辑的出版和发行。国家对于脑科学发展的持续推动和支持，激励我们在前期工作的基础上继续努力，启动第二辑的编撰和出版工作，并根据新近提出的脑科学研究的重点方向，进一步选好书目和作者。科技图书历来是阐发学术思想、展示科研成果、进行学术交流的重要载体。一门学科的发展与成熟必然伴随大量相关图书和专著的出版与传播。作为国内科技图书出版界"旗舰"的科学出版社，于2012年启动了"中国科技文库"重大图书出版工程项目，并将"脑与认知科学书系"列入了出版计划之中。考虑到脑科学与认知科学涉及的学科众多，"多而杂"不如"少而精"。为保证丛

① 习近平同志在全国科技创新大会、两院院士大会、中国科协第九次全国代表大会上的讲话. 中国科学技术协会网站.（2016-05-30）. https://cast.org.cn/art/2016/5/31/art_358_31799.html[2022-06-14].

书内容相对集中，具有一定代表性，在杨玉芳研究员的建议下，书系更名为“认知神经科学书系”。

2013 年，科学出版社与中国心理学会合作，共同策划和启动了大型丛书“认知神经科学书系”的编撰工作，确定丛书的宗旨是：反映当代认知神经科学的学科体系、方法论和发展趋势；反映近年来相关领域的国际前沿、进展和重要成果，包括方法学和技术；反映和集成中国学者所作的突出贡献。其目标是：引领中国认知神经科学的发展，推动学科建设，促进人才培养；展示认知神经科学在现代科学系统中的重要地位；为本学科在中国的发展争取更好的社会文化环境和支撑条件。丛书将主要面对认知神经科学及其相关领域的学者、教师和研究生，促进不同学科之间的交流、交叉和相互借鉴，同时为国民素质与身心健康水平的提升、经济建设和社会可持续发展等重大现实问题提供一定的科学知识基础。

丛书的学术定位有三。一是原创性。应更好地展示中国认知神经科学研究近年来所取得的具有原创性的科研成果，以反映作者在该领域内取得的有代表性的原创科研成果为主。二是前沿性。将集中展示国内学者在认知神经科学领域内取得的最新科研成果，特别是具有国际领先性、领域前沿性的研究成果。三是权威性。汇集国内认知神经科学领域的顶尖学者组成编委会，选择国内的认知神经科学各分支领域的领军学者承担单本书的写作任务，以保证丛书具有较高的权威性。

丛书共包括三卷，分别为认知与发展卷、社会与文化卷、方法与技术卷，涵盖了国内认知神经科学研究的主要方向与主题。在第一辑中，三卷共有 8 本著作出版发行。即将出版的第二辑，依然分为三卷，将有更多著作陆续出版。

丛书第一辑的编撰工作由中国心理学会出版工作委员会、普通心理和实验心理专业委员会两个分支机构共同组织。中国科学院心理研究所杨玉芳研究员任主编，北京大学吴艳红教授任编委会主任。清华大学刘嘉教授（时任北京师范大学心理学院院长）在丛书的策划和推动中曾发挥了重要作用。丛书的单册作者汇集了国内认知神经科学领域的优秀学者，包括教育部“长江学者”特聘教授、国家杰出青年基金获得者、中科院“百人计划”入选者等。在第二辑编撰工作启动时，我们对丛书作者队伍进行了扩充。

在丛书第一辑的编撰过程中，编委会曾组织召开了多次编撰工作会议，邀请丛书作者和出版社编辑出席。编撰工作会议对丛书写作的推进十分有益。它同时也是学术研讨会，会上认知神经科学不同分支领域的学者们相互交流和学习，拓展学术视野，激发创作灵感。这一工作制度，在第二辑编撰过程中继续实行。

科学出版社的领导和教育与心理分社的编辑对本丛书的编撰和出版工作给了高度重视和大力支持。丛书第一辑入选了“十三五”国家重点出版物出版规划项目，部分著作获得“国家科学技术学术著作出版基金”的资助。经过数年的不懈努力，已有8本著作正式出版，获得很好的反响。即将出版的第二辑，是近期完成并进入出版程序的著作。这一辑更新了著作的封面设计，将以崭新的面貌与读者见面。

希望丛书能对我国认知神经科学的发展起到积极的作用，并产生深刻和久远的影响。

丛书主编 杨玉芳

编委会主任 吴艳红

2022年6月12日

前　言

PREFACE

网络游戏给玩家提供了无穷尽的、不断扩展的对现实世界的模拟和对未知世界的想象。它具有传统游戏难以企及的游戏体验，让玩家经历更复杂离奇的故事情节、获得更惊艳的视觉刺激和更逼真的参与感。特别是新技术加持下的软硬件设备不断投入游戏消费市场，创造出更加真实的沉浸感和体验感，更能满足游戏者的心理需求。

在提供给玩家这些游戏体验的同时，网络游戏的负面影响也逐渐凸显出来：对于一些自我控制能力不强的玩家来说，他们越来越容易沉溺其中难以自拔。这导致一些人不顾工作前程、学业成绩、父母劝说和自己的身体健康，把大量时间投入到虚拟的游戏世界中，造成工作成就下降、学业荒废、经济困难甚至家庭矛盾等。我们称之为网络游戏成瘾。

网络游戏成瘾已经成为当前的一个社会热点话题。在大众层面，从最初引起警惕到社会各界的全面反思；在政府层面，从最初呼吁减少游戏时间到直接用政策手段来限制青少年游戏时间；在学术研究层面，从2013年将网络游戏成瘾列入DSM-5（*Diagnostic and Statistical Manual of Mental Disorders Fifth Edition*，《精神障碍诊断与统计手册（第五版）》）关注名单，到ICD-11（*International Classification of Diseases 11th Edition*，《国际疾病分类第十一次修订本》）将其接纳为一种精神疾病。在整个过程中，人们对网络游戏的认识逐渐加深。

过去20年间，大量的科学研究对网络游戏成瘾进行了深入的探讨，特别是从认知神经科学的角度研究了网络游戏成瘾的危害、预测因素、性别差异等。与此同时，研究者尝试使用认知行为疗法、药物疗法和其他各类疗法对网络游戏成瘾进行干预。这些研究对于揭示网络游戏成瘾的危害、理解这一障碍背后的机制、选择科学有效的干预措施具有重要意义。

笔者自2008年博士毕业开始从事网络游戏成瘾的研究，至今已经有14年，其间见证了学术界在本领域研究的逐渐深入，见证了社会各界对网络游戏成瘾的态度变迁。笔者认为有必要将目前国内外最新的研究进展进行系统归纳整理，呈现给国内的读者，让对这一领域感兴趣的人群可以用较短的时间对此形成系统、全面的了解，为临床医生掌握国际最新的研究发现，进而设计科学有效的临床干预策略提供参考。

感谢家人多年来对我的鼎力支持，让我可以将更多时间投入研究之中。感谢我的合作者、研究团队成员和我培养的历届研究生，他们不断把最新的研究成果和研究思路展现给我，并在经费有限的情况下合力推进被试招募、数据收集与分析和论文写作等工作，推动我们在这一领域的持续进步。特别感谢研究生杨波在本书的文献检索、研究生张兆洁在文献整理和文稿修订等方面的辛苦付出。

感谢科学出版社的大力支持，特别是本书责任编辑孙文影、冯雅萌。在整个编审和修改过程中，我见识到科学出版社编辑的严谨、细致与专业：任何一点纰漏、任何一处疏忽的细节、任何一句不严谨的表达都逃不过他们的“法眼”。虽然整个书稿修改过程非常辛苦，但使我在文字写作和表达严谨性上收益良多。

最后声明一点：本书的内容仅归纳了到2021年底为止国内外这一领域的研究进展。网络游戏成瘾是一个日新月异的研究领域，必将有新的结论和观点不断涌现出来。我们也将努力跟上时代步伐，不断进行丰富和修订。

董光恒

2021年9月14日

目　　录

CONTENTS

缩 略 语 表

ACC	anterior cingulate cortex	前扣带回皮层
ADHD	attention deficit and hyperactivity disorder	注意缺陷多动障碍
ALFF	amplitude of low-frequency fluctuation	低频振幅
Amyg	amygdala	杏仁核
ASN	anterior salience network	前部突显网络
BART	balloon analogue risk task	气球模拟风险任务
BIS-11	Barratt impulsiveness scale, version 11	Barratt 冲动性量表第十一版
BOLD	blood oxygen level dependent	血氧水平依赖
CANTAB	Cambridge neuropsychological testing automated battery	剑桥自动化成套神经心理测试
CBI	craving behavioral intervention	渴求行为干预
CBT	cognitive behavioral therapy	认知行为疗法
CBT-IA	cognitive behavioral therpy- internet addiction	网络成瘾的认知行为疗法
CEN	central executive network	中央执行网络
CNS	central nervous system	中枢神经系统
CON	cingulo-opercular network	齿状突起网络
CPM	connectome-based predictive modeling	基于功能连接的预测模型
CSTC	cortico-striato-thalamo-cortical	皮层-纹状体-丘脑-皮层
dACC	dorsal anterior cingulate cortex	背侧前扣带回
DDT	delay discounting task	延迟贴现任务
dlPFC	dorsolateral prefrontal cortex	背外侧前额叶
DMN	default mode network	默认网络

DS	dorsolateral striatum	背外侧纹状体
DSM-IV	Diagnostic and Statistical Manual of Mental Disorders, Fourth Edition	《精神障碍诊断与统计手册（第四版）》
DSM-IV-TR	Diagnostic and Statistical Manual of Mental Disorders, Fourth Edition, Text Revision	《美国精神障碍诊断与统计手册（第四版修订版）》
DSM-5	Diagnostic and Statistical Manual of Mental Disorders, Fifth Edition	《精神障碍诊断与统计手册（第五版）》
DTI	diffusion tensor imaging	弥散张量成像
EAAT	equin-assisted activities and therapies	宠物辅助活动与治疗
ECN	executive control network	执行控制网络
EEG	electroencephalogram	脑电图
FA	fractional anisotropy	各向异性
fALFF	fractional amplitude of low frequency fluctuations	分数低频振幅
fMRI	functional magnetic resonance imaging	功能性磁共振成像
FPN	fronto-parietal network	额叶-顶叶网络
GCA	Granger causality analysis	格兰杰因果分析
GMD	gray matter density	灰质密度
GMV	gray matter volume	灰质体积
GTA	graph theory analysis	图论分析
IAT	internet addiction test	网络成瘾测验
ibGD	internet-based gambling disorder	基于网络的赌博障碍
ICA	independent component analysis	独立成分分析
ICD-11	International Classification of Diseases 11th Edition	《国际疾病分类第十一次修订本》
IFG	inferior frontal gyrus	额下回
IGD	internet gaming disorder	网络游戏成瘾
IGT	Iowa gambling task	爱荷华赌博任务
I-PACE	interaction of person-affect-cognition-execution model	自我-情感-认知-执行的交互模型
IPL	inferior parietal lobe	下顶叶
IUD	internet use disorder	网络应用障碍
MOG	middle occipital gyrus	枕中回

MD	methamphetamine dependence	甲基苯丙胺依赖
MEG	magnetoencephalography	脑磁图
MFG	middle frontal gyrus	额中回
MIDT	monetary incentive delay task	金钱诱发延迟任务
miRNA	micro ribonucleic acid	微小核糖核酸
MN	midline nucleus	中线核
mOFC	medial orbitofrontal cortex	内侧眶额皮层
mPFC	medial prefrontal cortex	内侧前额叶皮层
MVPA	multi-voxel pattern analysis	多体素模式分析
NAcc	nucleus accumbens	伏隔核
NTRK3	neurotrophic receptor tyrosine kinase 3	神经营养受体酪氨酸激酶 3
OFC	orbitofrontal cortex	眶额皮层
PC	participation coefficient	参与系数
PCC	posterior cingulate cortex	后扣带回皮层
PCG	postcentral gyrus	中央后回
PDT	probability discounting task	概率贴现任务
PET	positron emission tomography	正电子发射断层扫描
PG	pathological gambling	病态赌博
PIU	pathological internet use	病理性网络应用
rACC	rostral anterior cingulate cortex	前扣带回喙部
RD	radial diffusivity	径向扩散系数
ReHo	regional homogeneity	局部一致性
rsFC	resting-state functional connectivity	静息态功能连接
SCL-90	symptom checklist-90	症状自评量表
SCN	structural covariance network	结构协方差网络
SFG	superior frontal gyrus	额上回
SMA	supplementary motor area	辅助运动区
sMRI	structural magnetic resonance imaging	结构核磁共振
SN	salience network	显著性网络
spDCM	spectral dynamic causal modeling	波谱动态因果模型
SPL	superior parietal lobule	顶上小叶
STG	superior temporal gyrus	颞上回
tDCS	transcranial direct current stimulation	经颅直流电刺激

TDT	temporal discounting task	时间贴现任务
VBM	voxel-based morphometry	基于体素的形态学测量
vlPFC	ventrolateral prefrontal cortex	腹外侧前额叶皮层
vmPFC	ventromedial prefrontal cortex	腹内侧前额叶皮层
VS	ventral striatum	腹侧纹状体
VTA	ventral tegmental area	腹侧被盖区
VTA-NAcc	ventral tegmental area-nucleus accumbens	腹侧被盖区-伏隔核
WHO	World Health Organization	世界卫生组织

第一章

网络游戏成瘾概述

一、网络游戏与网络游戏成瘾

随着“屏幕+网络+游戏”相关技术的发展与应用，网络游戏已经发展成为价值达数百亿美元的全球产业。网络游戏的流行反映了大众在休闲娱乐偏好上的重大转变，以“屏幕+网络”为基础的娱乐方式具有更方便的社交性、连接性、信息性等特征，更受大众欢迎。各个年龄段的玩家都可以在游戏中找到乐趣，甚至虚拟世界中的体验可能要比现实生活中的体验更能满足个体的心理需求。

在享受这一娱乐方式的同时，越来越多的人意识到：无节制的网络游戏会给玩家的心理和身体带来多种负面影响。特别是对于青少年群体，他们的自我控制能力尚未发展成熟，对是非的辨别能力不强，很容易沉溺其中而荒废学业，甚至影响其一生的发展。我们在新闻里经常会看到青少年因为沉迷网络游戏而学习成绩下降，甚至走上犯罪道路的报道。

网络游戏给玩家提供了无穷尽的、不断扩展的对现实的模拟（Baudrillard，1994）。在游戏软件设计者和电子硬件工程师的努力下，一批批新的游戏产品和创新技术不断进入消费市场，为用户创造出更加真实的沉浸感和体验感。一方面，这些新技术提升了用户的游戏体验；但另一方面，对于一些自我控制能力不强的玩家来说，这些游戏越来越容易使他们走向成瘾。

网络游戏成瘾（IGD）已经成为研究者广泛关注的一种心理障碍。它是指因为持续无节制地游戏而对个体的生活、学业、人际关系等多个方面造成损害的成瘾性行为。美国精神医学学会出版的《精神障碍诊断与统计手册（第五版）》已经将网络游戏成瘾列入第三部分，作为“需要进一步研究的内容”（American Psychiatric

Association，2013）。世界卫生组织（WHO）通过的 ICD-11 已经将“游戏成瘾”[①]（gaming disorder）当作一种精神障碍，并鼓励研究者对这种疾病进行深入探讨。

网络游戏成瘾能够影响一个人心理与生理的健康。当前研究发现，网络游戏成瘾对个体的负面影响主要集中在增加焦虑和抑郁情绪，使得个体睡眠不足、与学校或社会相脱节、婚姻破裂、学业成绩下降、失业，久坐电脑前导致身体健康问题等方面（King & Delfabbro，2018）。尽管流行病学调查表明，只有较低比例的游戏玩家最终会发展成为网络游戏成瘾者（Faulkner et al.，2015），但相对于庞大的玩家基数，网络游戏成瘾群体的规模仍然不可小觑。目前，国内外普遍缺乏专门的临床干预人员和科学、标准的治疗策略及干预流程来应对这一精神障碍。更重要的是，对于网络游戏成瘾行为，我们更多要做的是防患于未然，但目前普遍缺乏相应的服务机构和科学的预防策略来满足日益增长的社会需求。

二、网络游戏成瘾研究的演进

网络游戏成瘾相关研究的发展演变过程有两条演进路径：一条是将网络游戏成瘾作为网络成瘾的亚型；另一条是将网络游戏成瘾作为游戏成瘾的网络化。下面我们分别介绍这两种演进路径。

（一）网络游戏成瘾作为网络成瘾的亚型

随着网络技术的发展，网络开阔了人们的视野、提高了工作和生活效率、拉近了人们与世界的距离，但同时研究者逐渐意识到它带来的问题：很多人不知不觉沉溺其中，花费过多时间上网，影响了学习和工作，进而影响了身心健康。

精神病学家、心理学家、教育工作者等都尝试对这一问题进行探讨。1994 年，美国精神病学家古德伯格（Goldberg）首次提出了“网络成瘾障碍”（internet addiction disorder）的概念，并借助 DSM-4 中关于药物依赖的诊断标准，认为网络成瘾障碍是一种行为成瘾，过度使用网络会造成个体的日常行为和人际关系受损等（King & Delfabbro，2018）。后来，鉴于网络成瘾障碍可能会误导人们将其与物质成瘾相混淆，他将这一术语改为“病理性网络应用”（PIU），并将其定义为：因为网络过度使用而造成的沮丧，抑或是身体、心理、人际、社会功能等方面的损害（Brown，1997）。至今，仍有一部分研究者坚持使用“病理性网络应

① 网络游戏成瘾是游戏成瘾的一个分支。

用”术语来指代这一障碍。

与此同时，匹兹堡大学临床心理学家杨（Young）展开了针对这一群体的实证研究。在1996年的美国心理学会年会上，杨做了题为《网络成瘾：一种新的临床疾病》（*Internet addiction*: *The emergence of a new clinical disorder*）的报告，公布了自己的研究发现（King & Delfabbro，2018）。杨通过将网络成瘾的症状与DSM-4中的各类症状进行对比，认为其特征与病理性赌博（pathological gambling）的表现最为相似。因此，借鉴对病理性赌博的定义，她将网络成瘾定义为一种冲动抑制障碍（King & Delfabbro，2018），在此基础上，她提出了网络成瘾的诊断标准。

在这段时期，网络游戏成瘾作为网络成瘾的一种亚型存在。网络成瘾通常包含3种类型：过度游戏（excessive gaming）、性资料占有（sexual preoccupation）和电子邮件/文本信息成瘾（E-mail/text messaging）（Brown，1997）。所有这些类型都包括以下4个方面的表现：①过度使用，通常与时间感的丧失或对基本驱动力的忽视有关；②退缩，包括无法使用电脑时的愤怒、紧张和/或抑郁的感觉；③耐受，包括需要更好的电脑设备、更多的软件或更长的使用时间；④负面结果，包括争吵、撒谎、成绩不佳、社会疏远和疲劳等（Brown，1997）。其中，过度使用游戏是网络游戏成瘾的最重要表现形式。

《美国精神病学杂志》（*American Journal of Psychiatry*）发表评论《DSM-5的问题：网络成瘾》（*Issues for DSM-5*: *Internet addiction*）后，大量研究陆续展开。很多网络成瘾研究为保持被试的一致性，在招募被试群体的时候特意选择网络游戏成瘾者这一群体，以减小被试差异，获取更科学的研究结论（Dong & Potenza，2014）。在这期间，“网络成瘾”和“网络游戏成瘾”概念经常出现在同一篇论文中。

（二）网络游戏成瘾作为游戏成瘾的网络化：从电子游戏到网络游戏

网络游戏出现之前，视频游戏已经大行其道。视频游戏几乎是伴随着屏幕的出现而出现的。同时，屏幕游戏带来的负面影响也日益受到重视。临床心理学家和精神病学家早就关注到视频游戏的成瘾性，并且将其视为一种成瘾行为。“成瘾性”在用来评判游戏的时候不一定是指负面评价，甚至带有一定的褒扬性质，它表明这一游戏具有较好的可玩性和较大的吸引力，能激发玩家强烈的游戏愿望，这是游戏设计的最高境界。对“游戏成瘾”（gaming addiction）的研究可追溯到1984年（Mcclure & Mears，1984），那时，视频游戏刚刚起步，以红白机为载体的

《超级马里奥》《魂斗罗》《俄罗斯方块》等游戏风靡全球，被众多玩家追捧。

与此同时，来自不同国家的研究团队开始对青少年游戏行为进行研究，目的是探究过长的屏幕使用时间是否会干扰青少年的正常身心发育和学校成绩表现。这一时期，术语“游戏成瘾”开始出现在学术期刊上，它指人们对游戏的过度使用。后来，大批具有赌博研究经验的研究人员进入游戏行为研究领域，如英国的费希尔（Fisher）和格里菲斯（Griffiths）等，他们注意到游戏和电子赌博机之间的相似性：电子游戏和赌博的共同点是需要用钱来玩，而且它们的奖励具有随机性特点（Griffiths，1991）。此时，针对赌博的诊断标准或研究方法开始被应用于游戏相关研究中，包括依据 DSM-IV-TR 中对病态赌博（PG）的诊断标准而开发的筛选工具来制订游戏成瘾的测量工具（Fisher，1994）。

此时研究者关注的研究对象是在电玩厅玩游戏（比如，曾经风靡一时的街机游戏）的年轻人。研究发现，青少年在游戏厅中花费了相当多的时间，为了玩游戏，他们不惜旷课，甚至偷父母的钱来维持游戏行为。通过与其他成瘾行为对比，研究者倾向认为游戏成瘾与赌博成瘾在本质上是相似的：具有成瘾性的街机游戏就像赌博一样，导致玩家对游戏行为的控制力减弱等问题出现。当时，此类游戏行为被认为是一种不太严重的病态赌博，是一种“非金融形式的赌博”（Griffiths，1991）。研究人员甚至推测，由于街机游戏玩家与赌徒有共同的弱点，当街机游戏玩家达到法定年龄时，他们会比非游戏玩家更容易出现真正的赌博行为（Brown & Lain，1989；Brown & Robertson，1993；Delfabbro et al.，2009；Gupta & Derevensky，1996；Wood et al.，2004）。

对青少年街机游戏玩家的研究发现，青少年将大量的时间和金钱投入游戏之中（Graham，1988；Selnow，1984），将游戏排在日常生活中最重要的位置，他们甚至甘愿为玩游戏而放弃其他重要的事情，这些表明游戏具有很强的“成瘾”属性。埃格利和迈耶斯（Egli & Meyers，1984）指出，在他们调查的 151 名青少年样本中，有 13%的青少年是重度游戏使用者，他们为了玩街机游戏宁愿牺牲购买食物、衣服的钱，以及看电影和参与体育活动的时间。研究者将这些人称为“有强迫性”和“有些上瘾”的用户。在另一项研究中，麦克卢尔和米尔斯（McClure & Mears，1984）也报告了类似的结果，在他们观察的 336 名中学生样本中，有 26%的人将部分或全部午餐费投入游戏，为了玩游戏，他们在午餐时宁愿忍受饥饿。

但是，街机游戏受制于游戏机体积庞大，对场地有较高的要求，其普及性受到限制。后来，方便携带的游戏载体诞生了，产生了以电脑娱乐系统（PlayStation）、交换机（Switch）、X-box 为载体的电视游戏，人们可以在家里利用电视的大屏幕及音响玩一些家人互动类游戏，这一方式逐渐成为客厅娱乐的重要形式。到现在，此类客厅游戏仍然是游戏的重要分支，其让游戏走进千家万户，大大促进了游戏的普及。再后来，以计算机为载体的单机游戏开始盛行，计算机给了游戏设计者更大的发挥空间，使玩家有了更多类型的游戏玩法，从而使其产生更好的参与感。此时的单机游戏是网络游戏的前身，它们随着网络的普及必然会过渡到网络游戏。

在游戏载体的发展过程中，不论是红白机、街机、以电视为载体的游戏机，还是单机版的电脑游戏机，它们均具有吸引玩家将大量时间投入其中、影响学业成绩、影响身心健康等特点。这些游戏的交互方式基本上是人机交互，其交流的方式非常有限，交流渠道单一且乏味。同时，这些游戏的流程设置是固定的，是设计者已经编程好的，玩家总有通关的一天。一旦通关，游戏本身的吸引力就会大大减弱，从而降低玩家的好奇心。因此，在这一时期，游戏的成瘾性是有限的，研究者更多关注游戏占用时间对学业的影响，探讨如何使玩家在生活和游戏中取得平衡。

随着网络技术的发展，网络与游戏相结合产生了网络游戏。它借助网络的传输媒介，以用户的计算机为处理终端，以运营商的服务器为信息交流节点，以游戏客户端为信息交互窗口的特征，产生了具有休闲、娱乐、交流以及取得虚拟成就等特点的持续性的多人在线游戏，正是这些特点赋予了网络游戏极强的可玩性。

在网络游戏时代，虽然游戏和赌博之间的相似性问题依然存在，特别是那些在外观和玩法上类似赌博的游戏，甚至很多网络游戏里就有赌博的设置（Forrest et al.，2016；Gainsbury et al.，2015，2016；Kim et al.，2015），但这一观点严重窄化了游戏的范畴，因为尽管有些游戏具有赌博成分，但是更多的游戏与赌博无关，是纯粹的娱乐方式。

（三）网络游戏具有更强的成瘾性

网络游戏的出现赋予了游戏全新的含义和玩法。与传统的单机游戏相比，网络游戏具有以下几个显著特征，而这几个特征极易让人沉溺其中，无法自拔。

1）社交性。在网络游戏中，游戏者的朋友或敌人都是一个个活生生的人。在进行游戏的同时，同一队伍的人员之间可以相互交流，统一安排战术，一起完成任务。因此，这是一个社交过程，是通过网络游戏这一媒介将现实社会中的社交行为搬到网上去了。

2）角色扮演。这一特性是游戏“社交性”的延伸。与传统游戏相比，玩家不用在简单枯燥的程序里循环，可以在虚拟世界里扮演不同角色，这些角色可以与真实的自己大相径庭。在游戏中，一个人既可以是振臂一呼应者云集、受人崇拜的勇者侠士，也可以是生活中不存在的修仙道士、妖魔鬼怪。这种面具性极大地增强了游戏的吸引力，人们可以在游戏中宣泄自己在现实中的压抑和无聊，扮演在现实中无法企及的社会角色，展现自己的个性而不考虑社会道德约束。

3）社会性。网络游戏世界就像是一个社会。玩家既可以通过游戏中的好装备来满足自己的虚荣心，也可以通过网络游戏这一媒介来宣泄内心中的不良情绪。因此，网络游戏的交流性、自主性、休闲性比传统的游戏更强、更突出。网络游戏一出现，立刻在玩家之间风靡。不但虚拟的游戏环境具有社会性，网络游戏玩家在现实中也具有社会性，例如有学生说：“学校里大家都在玩，如果你不玩，就会显得格格不入，别人的聊天内容你听不懂，就会有一种被孤立的感觉。”

4）无穷尽性。传统单机游戏的核心任务是通关。玩家一关一关地冒险通关，最终通关整个游戏。一旦游戏通关之后，游戏对于玩家的吸引力就会大大降低。网络游戏的特征之一就在于它很难有“通关”这一说法，在网络游戏里，可谓强中自有强中手，不同等级的玩家具有的能力、武器等各有区别，玩家需要不断提升自己的等级，以便具有更强的战斗力。同时，游戏厂商可以通过开放新的游戏地图等方式不断扩大游戏的范畴，增强游戏的新鲜感。网络游戏的这一特征避免了传统游戏中的“通关”问题，使其对玩家具有更高的吸引力。

面对这样一个具有高度吸引力的新鲜事物，很多人无法克服网络游戏的诱惑而沉溺其中。在网络游戏迅速发展的初期，其危害还没有被我们认识和警觉的时候，它就已经侵入了游戏玩家的生活。当我们意识到网络游戏已经在我们身边的时候，仿佛一夜之间“游戏成瘾”人群就在我们的周围。比如，有些学生因为游戏成瘾而影响了学业，有家长为孩子的网络游戏成瘾问题而焦头烂额，有家庭因成员的网络游戏成瘾行为而岌岌可危。

三、网络游戏成瘾的界定与诊断标准的发展

在对网络游戏成瘾的诊断上，研究者一直存在较大分歧，原因在于，研究者对网络游戏成瘾的研究和认识不足，很难给予一个相对科学的诊断标准。反过来，缺乏明确的诊断标准会进一步限制研究者对它的研究，由此形成一个恶性循环。

不过，在处理争议的过程中，研究者付出了很多努力，还是取得了持续性进展。

（一）应用赌博成瘾的工具判别网络游戏成瘾

最初，研究者借鉴病理性赌博（赌博成瘾）的工具来对网络游戏成瘾群体进行筛查，唯一的区别是将“病理性赌博”的相关描述修改成“网络游戏成瘾”的描述，用游戏的时间代替赌博的金钱。比如，费希尔（Fisher）对 467 名中学生进行研究，通过修改 DSM-IV-J（DSM-IV-Juvenile）中的病态赌博测量方法，筛查青少年的街机游戏相关问题。费希尔 使用这一标准研究发现，6%的被试可以被归类为“病态”游戏使用者（Fisher，1994）。这种采用基于成瘾筛查工具的研究，实际上是将游戏行为置于成瘾模型的框架中，用研究赌博成瘾的方法来识别网络游戏成瘾的潜在负面后果。

费希尔的这一研究策略受到艾伯特等（Abbott et al.，1995）的批评，他们认为此类研究在概念界定方面较为混乱。首先，这类研究默认网络游戏过度为一种“成瘾”；其次，这一研究策略没有充分体现控制能力受损的概念。尽管遭受批评，但鉴于当时并没有更好的工具被开发出来，费希尔的筛查方法仍然在这一领域被采用了很多年。

随着对网络游戏认识的深入，研究者逐渐意识到网络游戏和街机游戏的显著差异，特别是其与赌博之间的差异。虽然采用赌博成瘾的标准筛查街机游戏或许还有一定的可行性，但是采用该标准来筛查网络游戏成瘾越来越不恰当。比如，网络游戏中除少许步骤（比如购买点卡、装备）需要花费金钱外，其余大多数情况下（如提升等级、开辟新的游戏地图）并不需要持续增加金钱的投入；此外，网络游戏能够存储游戏进度，每一次游戏都是为了累积等级或战斗力，不像赌博一样随时面临“损失”的风险；等等。截至 20 世纪第一个十年的末期，随着网络游戏的大面积流行，网络游戏成瘾日益受到研究者的关注，更具体的问题游戏[①]（pathological gaming）诊断工具才逐渐被开发出来（Ferguson et al.，2011）。

尽管存在缺少诊断工具的问题，20 世纪 90 年代研究者对问题游戏的研究依然取得了长足发展（Griffiths & Hunt，1998）。研究者按照赌博成瘾的模式开展对网络游戏的研究，这在客观上促进了将游戏作为潜在成瘾性疾病的观点的流行，包括最终建议将其纳入 DSM-5 中“非物质相关障碍”的新章节。随着赌博行为具

① 最初研究者所用的术语不统一，有一批研究者用“问题游戏”术语，此处保留了研究者的使用习惯，下同。

有成瘾性的观点被越来越多的研究者接受，与赌博成瘾具有相似特征的网络游戏成瘾具有成瘾性也更容易被研究者接纳。

在对网络游戏成瘾的诊断上，研究者开发了许多类型的测量和诊断工具，其中，应用比较广泛的有杨（Young）开发的网络成瘾测验（IAT）、DSM-5 推荐诊断的标准和 ICD-11 推荐的诊断标准。下面我们分别对其进行介绍。

（二）Young 网络成瘾测验（游戏修订版）

与上述从赌博成瘾中演化出的网络游戏成瘾诊断方法不同，Young 网络成瘾测验（游戏修订版）标准是从网络成瘾中演化出的将网络游戏成瘾作为网络成瘾亚型的典型代表。该测验共有 20 个项目，每道题有 6 个选项，0 表示“不适用”，5 表示“总是”，分值越高，表明个体在该项目上的表现越严重。根据杨 提出的分类标准，被试总分在 80～100 分，判定其有严重的网络成瘾倾向；总分在 50～79 分，判定其有中度的网络成瘾倾向；总分在 31～49 分，判定其有轻度的网络成瘾倾向；总分在 0～30 分，判定其为网络正常使用者。研究者在划分网络游戏成瘾时，通常将大于 50 分作为入组标准。后来，在网络成瘾问卷的基础上，杨 等又针对网络游戏成瘾制定了适合网络游戏相关内容的量表，该量表在评分方式、评价指标和分数设置等方面与网络成瘾问卷一致（基本上是将“上网”改为“网络游戏”）。

Young 网络成瘾测验由20道题目组成，每道题有6个选项，分别为“不适用”“几乎没有”“偶尔”“有时”“经常”“总是”，要求被试根据自己的情况完成问卷。以下是测验的题目及计分方式。

1. 你觉得上网的时间比你预期的要长吗?
2. 你会因为上网忽略自己要做的事情吗?
3. 你更愿意上网而不是和亲密的朋友待在一起吗?
4. 你经常在网上结交新朋友吗?
5. 生活中，朋友、家人会抱怨你上网时间太长吗?
6. 你因为上网影响学习了吗?
7. 你是否会不顾身边需要解决的一些问题而上网查 E-mail 或看留言?
8. 你因为上网影响到你的日常生活了吗?
9. 你是否担心网上的隐私被人知道?
10. 你会因为心情不好而去上网吗?

11. 你在一次上网后会渴望下一次上网吗?

12. 如果无法上网，你会觉得生活空虚、无聊吗?

13. 你会因为别人打搅你上网而发脾气吗?

14. 你会上网到深夜而不去睡觉吗?

15. 你在离开网络后会想着网上的事情吗?

16. 你在上网时会对自己说“就再玩一会”吗?

17. 你会想方法减少上网时间而最终失败吗?

18. 你会对人隐瞒你上网多长时间吗?

19. 你宁愿上网而不愿意和朋友们出去玩吗?

20. 你会因为不能上网变得烦躁不安、喜怒无常，而一旦能上网就不会这样吗?

计分方式：0=“不适用”，1=“几乎没有”，2=“偶尔”，3=“有时”，4=“经常”，5=“总是”。将20题分数相加作为最终得分。

在 DSM-5 的标准出台以前，Young 网络成瘾测验占据着网络游戏成瘾领域的核心位置，被不同研究者广泛应用。时至今日，依然有大量研究者在应用这一测验，将其作为 DSM-5 推荐标准的额外辅助测量工具。

（三）DSM-5 对网络游戏成瘾的定义和诊断

“网络游戏成瘾”最初是以不同的名字被提出的。2012 年 5 月 1 日，DSM-5 工作小组建议将“网络应用障碍”（IUD）纳入 DSM-5 的第三部分，这标志着一种“涉及重复性在线行为”的精神障碍首次被提出，并列入诊断手册。但是，在拟议的网络应用障碍诊断所包含的 9 条标准中，有 7 条标准特别提到了“网络游戏”，另外两条标准则更广泛地提到了“网络使用”。这表明学者其实已经注意到网络成瘾的主要表现形式为网络游戏成瘾，只是还未从名称上明确而已。在“网络应用障碍”的定义中，所有的网上行为（例如，网上社交网络、网上购物、网络浏览等）都被纳入拟议的网络应用障碍的类别中。

尽管使用网络应用障碍的名称，但研究者关注的内容却集中在游戏上，这就造成了研究内容和研究名称的错位。虽然大量证据支持不同的网络行为都可能会对个体造成伤害，但网络游戏相关内容却始终是研究者关注的焦点。研究者在认识到这一问题之后，很快对这一内容进行修正，最终决定只将“网络游戏成瘾”写入 DSM-5 的第三部分，特指网络游戏成瘾这一特定的网络行为障碍。

在“游戏成瘾”概念被提出和研究三十多年后，网络游戏成瘾被公布在美国精神医学学会的《精神障碍诊断与统计手册（第五版）》的第779页上（英文版第795页），作为“需要进一步研究的内容”。DSM-5将网络游戏成瘾界定为持续、反复地使用网络来参与游戏，经常与他人一起玩网络游戏，导致显著的临床损害或痛苦。在12个月内表现出下列5个（或更多）指标，就表明个体患有网络游戏成瘾（美国精神医学学会，2016）：

1）心事重重。思考以前的游戏活动或期待玩下一个游戏；网络游戏成为日常生活中的主导活动。

2）戒断。当网络游戏被剥夺时，典型的症状包括易怒、焦虑或悲伤，但没有药理戒断的身体症状。

3）耐受性。需要花越来越多的时间玩网络游戏。

4）失去控制。试图控制参与网络游戏的行为失败。

5）丧失非游戏兴趣。由于网络游戏的出现，对以前的爱好和娱乐失去兴趣。

6）不顾危害进行游戏。尽管知道有社会心理问题，仍继续过度玩网络游戏。

7）为游戏而欺骗他人。欺骗家庭成员、治疗师或其他人玩游戏的时间。

8）为逃避或缓解情绪而玩游戏。通过玩网络游戏来逃避或缓解负面情绪（如无助感、内疚感、焦虑感）。

9）因游戏而产生的冲突/干扰。因参与网络游戏而危及或失去重要的关系、工作、教育或职业机会。

之所以将网络游戏成瘾放在DSM-5的第三部分，是因为网络游戏成瘾还没有一个公认的诊断标准，是需要更多的证据来支持和验证的疾病。虽然一些学者对提议的网络游戏成瘾诊断标准表示异议，但我们不得不承认它促进了一种更统一的筛查方法的诞生（Griffiths et al.，2014，2016；Petry et al.，2014）。这种统一性可以促使研究人员在其基础上进行研究，然后通过研究结论反过来修改或开发新版本的网络游戏成瘾诊断量表。有研究者认为，过于依赖网络游戏成瘾诊断量表的方法可能忽略了问题游戏行为的其他重要方面。更有一些研究者批评说，如果将网络游戏成瘾视为成瘾，那么进行任何活动都会成瘾，我们可以将网络游戏成瘾中的“网络游戏”一词替换为任何其他行为，比如，手机、社交、健身甚至工作等。随着更多证据的累积，其他与网络有关的特定障碍最终可能也会出现。比如，在线社交相关障碍［例如，沉溺于通过脸书（Facebook）、微信

（Wechat）来交流］和在线色情制品使用障碍似乎是接下来研究者要着重关注的内容（Sim et al.，2012）。

（四）ICD-11 对网络游戏成瘾的定义和诊断

“游戏成瘾”在 2018 年被 WHO 首次列入 ICD-11 草案中。ICD-11 是《国际疾病分类》的更新版本，通常被医学从业者作为诊断各种疾病和病症的参考依据。尽管当时对“游戏成瘾”的分类尚不明确，但随后 WHO 对 ICD-11 进行了更新，并给出了相关条目的具体定义。

在 2019 年 5 月 25 日于日内瓦举行的第七十二届世界卫生大会上，WHO 通过了 ICD-11，正式认定“游戏成瘾”为一种精神疾病，认为其是与赌博成瘾等具有相同性质的精神障碍。尽管游戏成瘾可能只发生在少部分人身上，但必须承认游戏已经对社会的方方面面产生了影响。WHO 希望研究者不断加深对游戏成瘾机制和治疗的相关研究，对收集的患者特征等进行更准确的统计，从而更好地帮助各国和各地区的人进行相应的治疗。

ICD-11 认为，患有游戏成瘾的病人主要有以下三种特征，并通常持续至少 12 个月[①]。

1）在玩游戏的频率、强度、时长、开始和结束，以及游戏情景上缺乏自制的情况。

2）将玩游戏的优先级排在其他生活兴趣与日常作息行为之上。

3）过度进行游戏导致负面后果后，依旧会持续甚至加大玩游戏的力度。

当然，这一决议的通过也引来了不少争议。首先，WHO 的一些成员国依旧对其持谨慎态度，认为目前很难证明游戏和依赖性之间的因果关系，在当前情况下，将其确立为疾病为时尚早。而更应该像 DSM-5 那样先将其列入观察名单，以引起各国的重视，待时机成熟后再做决定。其次，在得到即将对游戏成瘾进行定义的消息后，多家游戏机构和游戏行业进行了联合反击，他们认为，游戏具有教育、治疗和娱乐价值是有根据的，并得到了人们的广泛认可。他们认为，在缺乏足够证据的当下，将游戏成瘾纳入 ICD-11，必将会对整个游戏行业，以及全球数十亿玩家的游戏生活带来显著影响，干扰他们安全、合理地获取游戏乐趣的机会。最后，全球多名心理健康专家和学者发表了论文，以质疑 WHO 的做法和观点。他

① https://icd.who.int/zh.

们希望在游戏成瘾正式被纳入最终版的ICD-11之前，WHO能够根据摆在他们面前的越来越多的证据重新考虑这一点。

本章总结

从词源上看，成瘾这个词起源于拉丁语“addicere”，意思是合法地交给某人作为契约奴隶（Alexander & Schweighofer，1988；Taipale，2017）。然而，随着时间的推移，这个词语被更广泛地用于人们把自己交给某人或某物的情况。从19世纪开始，成瘾逐渐成为一个公认的贬义词，与吸毒等行为密切相关。从20世纪末开始，成瘾这一术语逐渐扩展到赌博等行为中（Blaszczynski et al.，1985；Dickerson，1977），然后又进一步扩展到其他类似行为中（Griffiths，1996；Marks，1990；Potenza，2006），包括电脑使用（Shotton，1989）、网络使用（Young，1998）和游戏行为（Fisher，1995）等。

据韦斯特和布朗（West & Brown，2013）估计，截至2013年，产生了至少60种独立的成瘾行为理论，其中一些理论将成瘾称为“大脑疾病”，强调重复使用某种物质后大脑变化和神经适应的作用。另有一些理论认为成瘾是一种冲动控制障碍，强调个体不能有效地控制对某些事物的冲动，进而导致过度使用。

每个人都有可能会短期迷恋于某种事物，那么应如何区分短期迷恋与成瘾之间的区别呢？古德曼（Goodman，1990）将成瘾视为一个过程，在这个过程中，一种既能产生快乐又能逃避内部不适的行为成为一种生活模式，其特点是：反复出现无法控制行为和尽管有明显的负面后果但仍继续该行为。该模式指出了成瘾区别于短期迷恋的重要特征，即无法控制和负面后果。这为我们有效鉴别成瘾行为提供了很好的参考。

布朗（Brown）于1997年提出了成瘾的组件模型，该模型将成瘾概念分解为6个核心特征：①凸显性，意味着物质或活动被视为个人生活中最重要的事情，并在一天中的任何时候都会想到；②耐受性，即需要更大的剂量或更多的活动时间来达到以前的效果；③戒断，当物质或活动突然停止或减少时，会出现不愉快的情绪状态或身体影响；④复发，反复恢复到早期的使用模式，甚至在戒断后有可能迅速复发；⑤情绪改变，出现与从事该活动有关的主观情绪变化；⑥伤害，使用者因为使用某种物质或从事某种活动而导致他们与周围人之间产生冲突，包括工作、学校、社会生活或爱好等（Brown，1997）。

布朗的组件模型为成瘾提供了相对可以测量的指标，这一模型中的概念与临床病例中观察到的实际症状一致，已被大量研究者广泛应用，甚至影响了 DSM 中关于成瘾概念和诊断标准的制定（Griffiths，2005）。但是，应用这一组件模型的研究都将一个假设作为前提，即任何符合所有 6 个标准的行为都是“成瘾的”，这可能会导致“成瘾”概念的泛化。比如，范德林登（van der Linden，2015）评论道：这种做法会导致一些错误的诊断，比如过度且不受控制的钓鱼、学习、跳舞等行为可能会被诊断为成瘾，甚至迷恋“自拍”也会达到成瘾标准。而将这些行为确认为成瘾障碍显然不合适的，它将导致成瘾概念的泛化（Billieux et al.，2015）。

同样，能否将这一组件模型应用于判别游戏行为也值得研究者斟酌。查尔顿（Charlton）使用基于该组件模型的问题游戏检查表调查了 404 名大学生，发现在玩家参与游戏的状况下，正常游戏行为有一定的概率会被错误地归类为问题行为，进而夸大这一疾病的流行率，高估游戏行为带来的风险和危害（Charlton，2002）。还有研究者对组件模型表示怀疑，甚至对每个组件最合适的措辞和定义存在分歧（Griffiths et al.，2016；Petry et al.，2014；Weinstein & Lejoyeux，2010）。因此，在肯定组件模型的同时，应防止研究者机械地将这一标准应用到其他行为评估中（Kardefelt-Winther et al.，2017）。

参考文献

美国精神医学学会.（2016）. 精神障碍诊断与统计手册（第五版）. 张道龙，等译. 北京：北京大学出版社.

Abbott, M., Palmisano, B., & Dickerson, M. (1995). Video game playing, dependency and delinquency: A question of methodology? *Journal of Gambling Studies, 11*(3), 287-301.

Alexander, B. K., & Schweighofer, A. R. (1988). Defining "addiction". *Canadian Psychology, 29*(2), 151-162.

American Psychiatric Association. (2013). Diagnostic and statistical manual of mental disorders (5th ed.). Arlington VA: American Psychiatric Association Press.

Baudrillard, J. (1994). Simulacra and Simulation. Ann Arbor: University of Michigan Press.

Billieux, J., Schimmenti, A., Khazaal, Y., Maurage, P., & Heeren, A. (2015). Are we overpathologizing everyday life? A tenable blueprint for behavioral addiction research. *Journal of Behavioral Addictions, 4*(3), 119-123.

Blaszczynski, A., Buhrich, N., & McConaghy, N. (1985). Pathological gamblers, heroin addicts and controls compared on the E.P.Q. ‘Addiction Scale’. *British Journal of Addiction, 80*(3), 315-319.

Brown, F., & Lain, R. (1989). Gaming, gambling, risk taking, addictions and a developmental model of a pathology of man-machine relationships. In J. Klabberg, D. Croowell, H. de Jong, & W. Scheper (Eds.). *Simulation Gaming* (pp. 368). Oxford: Pergamon Press. .

Brown, R. (1997). A theoretical model of the behavioural addictions—Applied to offending. In J. E. Hodge, M. McMurran, & C. Hollin (Eds.). *Addicted to Crime* (pp. 13-65), Chichester: Wiley.

Brown, R., & Robertson, S. (1993). Home computer and video game addictions in relation to adolescent gambling: Conceptual and developmental aspects. In W. R. Eadington, & J. A. Cornelius (Eds.). *Gambling Behavior and Problem Gambling* (pp. 451-471). Reno: University of Nevada.

Chamberlain, S. R., Lochner, C., Stein, D. J., Goudriaan, A. E., van Holst, R. J., Zohar, J., & Grant, J. E. (2016). Behavioural addiction—A rising tide? *Eur Neuropsychopharmacol, 26*(5), 841-855.

Charlton, J. P. (2002). A factor-analytic investigation of computer 'addiction' and engagement. *British Journal of Psychology, 93*(3), 329-344.

Delfabbro, P., King, D., Lambos, C., & Puglies, S. (2009). Is video-game playing a risk factor for pathological gambling in Australian adolescents? *Journal of Gambling Studies, 25*(3), 391-405. \

Dickerson, M. G. (1977). 'Compulsive' gambling as an addiction: Dilemmas. *Scottish Medical Journal, 22*(4), 251-252.

Dong, G., & Potenza, M. N. (2014). A cognitive-behavioral model of internet gaming disorder: Theoretical underpinnings and clinical implications. *Journal of Psychiatric Research, 58*, 7-11.

Egli, E. A., & Meyers, L. S. (1984). The role of video game playing in adolescent life: Is there reason to be concerned? *Bulletin of the Psychonomic Society, 22*(4), 309-312.

Faulkner, G., Irving, H., Adlaf, E. M., & Turner, N. (2015). Subtypes of adolescent video gamers: A latent class analysis. *International Journal of Mental Health Addiction, 13*(1), 1-18.

Ferguson, C. J., Coulson, M., & Barnett, J. (2011). A meta-analysis of pathological gaming prevalence and comorbidity with mental health, academic and social problems. *Journal of Psychiatric Research, 45*(12), 1573-1578.

Fisher, S. (1994). Identifying video game addiction in children and adolescents. *Addictive Behaviors, 19*(5), 545-553.

Fisher, S. (1995). The amusement arcade as a social space for adolescents: An empirical study. *Journal of Adolescence, 18*(1), 71-86.

Forrest, C. J., King, D. L., & Delfabbro, P. H. (2016). The gambling preferences and behaviors of a community sample of Australian regular video game players. *Journal of Gambling Studies, 32*(2), 409-420.

Gainsbury, S. M., Hing, N., Delfabbro, P., Dewar, G., & King, D. L. (2015). An exploratory study of interrelationships between social casino gaming, gambling, and problem gambling. *International Journal of Mental Health Addiction, 13*(1), 136-153.

Gainsbury, S. M., Russell, A. M., King, D. L., Delfabbro, P., & Hing, N. (2016). Migration from social casino games to gambling: Motivations and characteristics of gamers who gamble. *Computers in Human Behavior, 63*, 59-67.

Goodman, A. (1990). Addiction: definition and implications. *British Journal of Addiction, 85*(11),

1403-1408.

Graham, J. (1988). Amusement Machines: Dependency and Delinquency. Lanham: Bernan Associates.

Griffiths, M. (1991). Amusement machine playing in childhood and adolescence: A comparative analysis of video games and fruit machines. *Journal of Adolescence, 14*(1), 53-73.

Griffiths, M. (1996). Behavioural addiction: An issue for everybody? *The Journal of Workplace Learning, 8*(3), 19-25.

Griffiths, M. (2005). A 'components' model of addiction within a biopsychosocial framework. *Journal of Substance Use, 10*(4), 191-197.

Griffiths, M., & Hunt, N. (1998). Dependence on computer games by adolescents. *Psychological Reports, 82*(2), 475-480.

Griffiths, M., King, D. L., & Demetrovics, Z. (2014). DSM-5 internet gaming disorder needs a unified approach to assessment. *Neuropsychiatry, 4*(1), 1-4.

Griffiths, M. D., van Rooij, A. J., Kardefelt-Winther, D., Starcevic, V., Király, O., Pallesen, S., . . . Prause, N. (2016). Working towards an international consensus on criteria for assessing internet gaming disorder: A critical commentary on Petry et al. (2014). *Addiction, 111*(1), 167-175.

Gupta, R., & Derevensky, J. L. (1996). The relationship between gambling and video-game playing behavior in children and adolescents. *Journal of Gambling Studies, 12*(4), 375-394.

Kardefelt-Winther, D., Heeren, A., Schimmenti, A., van Rooij, A., Maurage, P., Carras, M., . . . Billieux, J. (2017). How can we conceptualize behavioural addiction without pathologizing common behaviours? *Addiction, 112*(10), 1709-1715.

Kim, H. S., Wohl, M. J., Salmon, M. M., Gupta, R., & Derevensky, J. (2015). Do social casino gamers migrate to online gambling? An assessment of migration rate and potential predictors. *Journal of Gambling Studies, 31*(4), 1819-1831.

King, D., & Delfabbro, P. (2018). Internet Gaming Disorder: Theory, Assessment, Treatment, and Prevention. New York: Academic Press.

Marks, I. (1990). Behavioural (non-chemical) addictions. *British Journal of Addiction, 85*(11), 1389-1394.

Mcclure, R. F., & Mears, F. G. (1984). Video game players: Personality characteristics and demographic variables. *Psychological Reports, 55*(1), 271-276.

Petry, N. M., Rehbein, F., Gentile, D. A., Lemmens, J. S., Rumpf, H. J., Mößle, T., . . . Borges, G. (2014). An international consensus for assessing internet gaming disorder using the new DSM-5 approach. *Addiction, 109*(9), 1399-1406.

Potenza, M. N. (2006). Should addictive disorders include non-substance-related conditions? *Addiction, 101*, 142-151.

Selnow, G. W. (1984). Playing videogames: The electronic friend. Journal of Communication, 34(2), 148-156.

Shotton, M. A. (1989). Computer Addiction: A Study of Computer Dependency. London: Taylor Francis.

Sim, T., Gentile, D. A., Bricolo, F., Serpelloni, G., & Gulamoydeen, F. (2012). A conceptual review of research on the pathological use of computers, video games, and the internet. *International Journal of Mental Health Addiction, 10*(5), 748-769.

Taipale, J. (2017). Controlling the uncontrollable. Self-regulation and the dynamics of addiction. *The Scandinavian Psychoanalytic Review, 40*(1), 29-42.

van der Linden, M. (2015). Commentary on: Are we overpathologizing everyday life? A tenable blueprint for behavioral addiction research: Addictions as a psychosocial and cultural construction. *Journal of Behavioral Addictions, 4*(3), 145-147.

Weinstein, A., & Lejoyeux, M. (2010). Internet addiction or excessive internet use. *The American Journal of Drug Alcohol Abuse, 36*(5), 277-283.

West, R., & Brown, J. (2013). Theory of Addiction, Second Edition. Oxford: Wiley.

Wood, R. T., Griffiths, M. D., Chappell, D., & Davies, M. N. (2004). The structural characteristics of video games: A psycho-structural analysis. Cyberpsychology & Behavior, 7(1), 1-10.

Young, K. (1998). Internet addiction: The emergence of a new clinical disorder. *CyberPsychology & Behavior, 1*, 237-244.

第二章

网络游戏成瘾的流行率、危害及代表性理论模型

一、网络游戏成瘾的流行率

近年来，网络游戏成瘾在青少年群体中变得越来越普遍（Kuss et al.，2013）。长期沉迷于网络游戏会对青少年的生理、心理、行为和人格等方面造成损害（Chen et al.，2021）。研究发现，每天使用屏幕时间超过5小时的重度游戏玩家出现沮丧情绪、自杀意念和自杀计划的风险更高（Messias et al.，2011）。不但如此，网络游戏成瘾会破坏青少年的大脑功能和结构，导致大脑功能障碍和异常的通路连接（Wang et al.，2019），使青少年出现情绪调节障碍（Yen et al.，2017）、决策认知障碍（Yao et al.，2015）和冲动控制障碍（Weinstein & Lejoyeux，2020）等一系列问题。

在青少年网络游戏成瘾的流行率方面，当前的研究结果之间差异巨大，如有研究报告称德国的流行率为6.5%，美国为23.4%，澳大利亚为4.3%，埃及为24.0%，中国为10.3%（Khalil et al.，2020；Paschke et al.，2021；Rikkers et al.，2016；Xiang et al.，2020；Zhai et al.，2020）。金泰尔等（Gentile et al.，2017）使用基于或类似于网络游戏成瘾定义的标准进行研究，发现各国的流行率为1%～9%，具体受被调查对象的年龄、所属国家、性别等影响。不同研究结论之间存在巨大差异的原因在于，对网络游戏成瘾流行率开展研究十分困难。首先，在样本的选择上，很多研究选取的是具有倾向性的样本，例如，以研究游戏的名义招募被试可能会吸引有游戏成瘾问题的人。其次，抽样方法存在很大差异，有的研究

采用随机网络抽样方法，有的研究采用班级抽样方法，有的研究采取广告招募等方法，这些抽样方法的不同可能会影响最后的研究结果。最后，诊断工具存在差异。目前除了常用的 Young 网络成瘾测验、DSM-5 推荐的网络游戏成瘾诊断标准、ICD-11 的推荐标准外，还存在数十个自行开发的网络游戏成瘾诊断标准，这些诊断标准的质量参差不齐，研究侧重各有不同，其测量的效果也千差万别。以上因素综合作用，导致不同研究报告的流行率之间存在差异。

下面，我们介绍一些典型的研究。

（一）得出较高成瘾率的研究主要集中在美国和东亚地区

雷贝因（Rehbein）等采用 DSM-5 推荐的网络游戏成瘾诊断标准对 11 003 名青少年（13～18 岁）进行了大规模调查，选择美国每个州具有代表性的学校作为样本，结果发现，根据 DSM-5 的推荐标准，11.6%的被试可能被归类为网络游戏成瘾（即符合 9 条标准中的 5 条）（Rehbein et al.，2015）。患有网络游戏成瘾的人玩游戏的时间更长，逃学的次数更多，学习成绩更差，并且有睡眠问题（King & Delfabbro，2018）。研究者（Wang et al.，2014）调查了中国香港青少年的视频和网络游戏习惯模式，以及游戏成瘾的普遍性和相关因素，发现有 94%的青少年报告曾使用过视频或网络游戏，其中有 15.6%的人被确认为游戏成瘾者。

（二）欧洲国家似乎在这个问题上困扰较少

穆勒等（Müller et al.，2015）基于 12 938 名 14～17 岁青少年的代表性样本，评估了 7 个欧洲国家网络游戏成瘾的流行率和相关因素。结果发现，1.6%的样本符合网络游戏成瘾的标准，另有 5.1%的人因符合多达 4 个标准而存在发展为网络游戏成瘾的风险。另外，普祖鲁斯基（Przybylski）等进行了 4 项调查研究（N=18 932），采用了开放的科学方法，在收集和分析数据收集之前就已进行了研究预登记。结果发现，在玩游戏的人中，超过 2/3 的人报告没有任何网络游戏障碍的症状。研究结果显示，普通人群中只有极小部分人（0.3%～1.0%）可能符合潜在的网络游戏障碍的诊断标准。与赌博障碍的比较显示，基于网络游戏的成瘾性可能比赌博的成瘾性要低得多（Przybylski et al.，2017）。

类似低成瘾率的研究还有：在 816 名挪威青少年样本中，成瘾率为 0.6%（Mentzoni et al.，2011）；在 1718 名中国青少年样本中，成瘾率为 2.0%（Mak et al.，2014）；在 902 名荷兰玩家的代表群体中，成瘾率为 1.3%（Haagsma et al.，

2012）；在 13～16 岁荷兰青少年群体中，成瘾率为 1.5%（van Rooij et al.，2011）；在 1287 名澳大利亚青少年样本中，成瘾率为 1.8%（King et al.，2014）。

（三）元分析的结果

在 DSM-5 发布之前，弗格森等（Ferguson et al.，2011）的一项元分析综合了 33 项已发表的研究报告和博士论文。尽管研究者注意到其中一些研究报告了虚假的高比率，但他们仍得出结论：网络游戏成瘾的总体发病率大约为 3.1%（Ferguson et al.，2011）。在另一项元分析中，研究者（Mihara & Higuchi，2017）归纳了 37 个横向研究和 13 个纵向研究中网络游戏成瘾的发病率，结果显示，网络游戏成瘾的发病率为 0.7%～27.5%。在绝大多数研究中，男性的网络游戏成瘾发病率高于女性，并且年轻人高于老年人，地理区域对患病率没有什么影响。而威廉姆斯等（Williams et al.，2012）认为，网络游戏成瘾的发病率约为 1%，在年轻男性中更为常见。这个数字与对其他成瘾行为（包括赌博障碍）的估计相比更保守一些。

最近，史蒂文斯等（Stevens et al.，2021）统计了 2009—2019 年发表的 53 项研究，这些研究涉及 17 个国家的 226 247 名参与者，史蒂文斯等使用随机效应模型对研究结果进行了元分析，对比了潜在的差异来源，包括评估工具、参与者的年龄和性别、样本大小和类型、研究地区和数据收集年份等。结果显示，全球网络游戏成瘾的患病率为 3.05%；如果只考虑符合严格抽样标准（如分层随机抽样）的研究，这个数字被调整为 1.96%。男性与女性的游戏障碍率之比约为 2.5∶1。该研究得出结论，网络游戏成瘾的患病率低于强迫性购买的患病率，高于病态赌博的患病率，游戏障碍的流行率似乎被方法学特征夸大了，特别是测量工具和抽样问题。

二、网络游戏成瘾的危害

（一）与传统成瘾相比，网络游戏成瘾的独特性

在仔细讨论游戏成瘾如何对一个人造成伤害之前，我们先总结一下网络游戏成瘾与传统成瘾的相似性与独特性。

网络游戏成瘾与传统的成瘾类型（如毒品成瘾）和赌博成瘾共享许多共同的特征。比如，物质成瘾的重要机制是因为长期摄入某种药物或物质（如阿片类药物、酒精、尼古丁）后产生的一种由冲动性使用逐渐转变为强迫性使用的慢性障

碍（Koob & Le Moal，2005）。长期使用成瘾物质会导致个体包括奖赏系统在内的大脑结构和功能的持久改变，这被认为是成瘾的基础（Blum et al.，2000；Koob & Volkow，2010；Torregrossa et al.，2011）。大量研究证实，网络游戏成瘾与传统成瘾具有相似的发病机制。综合来说，成瘾是生理/基因、个体特征/行为以及社会环境交互作用的结果。多巴胺在毒品成瘾中发挥着奖赏的功效。腹侧纹状体（VS）上更高或更低水平的多巴胺 D2 释放（一种多巴胺功能的标记）被认为是防止或促进毒品寻求的因素，能够影响个体继续服用毒品的可能性或者从偶尔使用发展成为成瘾的敏感性因素（Carli et al.，2013；Chen et al.，2013；Kasanetz et al.，2010；Ko et al.，2012；Sagheddu et al.，2015）。

渴求（craving）指我们对某种事物表现出的强烈欲望。渴求是成瘾的重要特征，也是成瘾判别与诊断的重要指标（American Psychiatric Association，2013）。渴求反映了个体的动机状态（Sayette，2016；Sinha & Li，2007），促使成瘾者寻求毒品。同时，渴求也是行为治疗，如认知行为疗法（CBT）（Potenza et al.，2013）或者药物治疗效果的关键指标（Grant et al.，2008）。渴求会破坏人们的认知过程并使人们的自我调节失败（Engelmann et al.，2012；Sayette，2016）；它会促使我们转移注意力，减少对成瘾过程的监控（Sayette，2016；Tiffany，1990）；同时，它会影响我们的决策行为，使我们更注重短期利益而放弃长远收益（Dong & Potenza，2014；Piper，2015；Wilson et al.，2014）。

但是同时，网络游戏成瘾又有其独特性。

首先，与传统物质成瘾相比，网络游戏成瘾无任何的外部物质摄入。传统物质成瘾需要通过摄入相应的化学物质/药物来刺激相关神经递质的释放，进而引起欣快感；而网络游戏成瘾不需要任何外部物质的摄入，仅仅是精神层面的欣快体验（American Psychiatric Association，2013；Petry et al.，2015），这一点是网络游戏成瘾非常独特的地方。因此，网络游戏成瘾者更多追求精神层面的奖赏，且这一精神奖赏也会产生某些传统物质成瘾所具有的特征，如戒断反应、耐受性等。

其次，与赌博成瘾相比，网络游戏成瘾不需要金钱等外部强化。很多人会将网络游戏成瘾与赌博成瘾相对比。赌博成瘾的重要特征之一是个体对“赢”的渴望及其带来的金钱上的收益（Potenza，2014），网络游戏成瘾则不同，目前大多数网络游戏是需要收费的（如购买道具、点卡等），游戏过程需要玩家投入金钱，玩家难以看到物质回报。玩家的收益更多停留在虚拟层面，如更高的游戏级别、在游戏里有更大的号召作用等，而这类奖赏都是虚拟的，是精神层面的。再如，视频游戏在消费方式和对玩家的潜在后果方面与打扑克或饮酒不同。赌徒经常会遭遇经济损失，产生情绪困扰和重大生活困难（如与伴侣的冲突、物质资产的损失、法律问题、破产或失业）。酗酒者会经历类似的人际关系压力和伤害，此外，酗酒还会对其健康和福祉产生负面影响，包括患心脏病、大脑和肝脏损伤、出现记忆和注意力问题，以及醉酒时身体受伤的风险增加等问题。受网络游戏成瘾影响的人（如果有的话）很少报告有此类问题。

因此，网络游戏成瘾作为一种独特的成瘾形式，无外部物质摄入，无须外部强化物，它更多是精神层面的奖赏，从而让人沉溺其中。

（二）网络游戏成瘾的危害

提及网络游戏成瘾的危害，我们最容易想到的是，一些网络游戏成瘾者可能会像赌博成瘾者那样在游戏中投入大量的金钱。比如，一些玩家可能会“追逐损失”，即在游戏中冲动地花钱以提高他们的游戏表现。现在很多游戏中被戏称为“人民币玩家”的人，就是通过付费购买武器或等级来达到更好的游戏体验和游戏表现。虽然玩家强调，除了最初购买游戏装备（如更好的电脑和显示器、更快的网速、功能更强大的手机等）时花费较大外，后面的游戏成本相对较低（Kaptsis et al.，2016）。但是，不可忽视的是，游戏过程持续时间长，总体花费依然是一个不小的数字。同时，个体在游戏上花费过多金钱会造成其在其他方面的投入减少，甚至会造成财务困难。如果网络游戏成瘾者是孩子，其没有自己的收入来源，为了解决钱的来源问题，其可能会走向偷窃、校园霸凌等犯罪道路。

网络游戏成瘾的另一个显而易见的危害是会对个体的身体产生负面影响。网络游戏成瘾者通常会在游戏上极端地投入大量时间，甚至每天玩游戏的时间达到8～12小时（Baggio et al.，2016）。将大量时间花在游戏上，就必然会使个体减少在其他活动上付出的时间，干扰其正常的社会功能，包括基本活动（即睡眠、饮食、个人卫生）、与现实世界的社会互动（即与人交谈、与朋友面对面、拜访他人）和重要的责任（包括学业成绩、工作业绩、照顾孩子等）。

不仅如此，玩游戏时，玩家通常会保持某种姿势较长时间，因此，重复性劳损导致的身体疼痛问题经常会困扰他们，很多玩家还常伴有睡眠不足和生物钟混乱（很多玩家彻夜玩游戏，造成黑白颠倒）等问题，导致白天工作的时候疲劳和昏昏欲睡（Männikkö et al.，2015）。

网络游戏成瘾明显地改变了玩家对日常生活事件的优先级排序，导致他们对与网络游戏无关的信息、人和事件的兴趣大大降低，他们也变得越来越没有能力和动力来调整自己的游戏时间。玩家忽视了现实世界和他在其中扮演的角色，专注于虚拟世界里的一切。这种冷漠和脱离现实的行为会带来一系列负面结果。网络游戏成瘾行为创造了一个不断扩大的“空白”人际交往时间，随着时间的推移，由于自我效能的丧失和/或技能的退化，网络游戏成瘾者可能会发现自己越来越难以参与其他活动。当不玩游戏时，他们往往更容易回忆起游戏，游戏意图吞噬他们的思考。他们越来越不关心当前的现实以及与游戏不相关的问题，一味地减少用于非游戏的认知投入，导致其在学校无法学习，或在职场上无法有效地完成工作任务或根本无法完成任务，也无法与他人进行有意义的互动。

在非游戏领域缺乏积极的强化和成功体验，会导致玩家进一步退缩到游戏中。他们在接触网络游戏后很短的时间内（通常短于 3 个月）可能会经历负面后果，如在学校经历失败、在工作中被训斥或失去工作、与家人或伴侣争吵等。在不玩或不能够玩游戏的时候，他们常常保持消极的情绪状态（通常是易怒、悲伤和无聊），并且这种感觉会被其他与不良饮食和缺乏睡眠有关的情绪变化放大。当感觉无力改变现状时，他们可能会更加脱离现实世界，寻求游戏的缓解作用。玩游戏的想法需要更少的意志努力，比思考现实世界的事情更令人愉快。对自己和游戏之外生活质量的思考可能是非常痛苦的，并可能会导致自杀想法的出现（Wu et al.，2015），这种想法往往会被与游戏相关的行为（如浏览游戏网站）“屏蔽”。

为了控制离开游戏设备的时间，玩家会采取“捷径”来继续或维持他们的游戏。他们会发展出一种行为回避模式，如逃学、请“病假”、回避社交活动等。这是因为，当无法玩游戏时，他们会体验到失落甚至痛苦，就像生活缺乏目标一样没有趣味。

这些负面的行为和认知变化源于过度游戏导致的大脑功能变化。由于大脑功能的改变，个体的自我调节能力下降，导致游戏相关刺激的优先级上升，干扰了个体正常的认知功能，使其缺乏对自我行为的反思和控制，包括忽视自己、他人和现实世界。简而言之，对于网络游戏成瘾者来说，游戏吞噬了现实。

三、网络游戏成瘾的代表性理论模型

理论模型可以帮助我们从更宏观的视角厘清不同因素之间的关系以及这些因素之间的作用机制，帮助我们解释已有的具体研究成果，并对未来的研究提供指导作用。

在网络游戏成瘾的研究方面有几个代表性的理论模型。之所以要着重介绍这几个模型，是因为它们为网络游戏成瘾提供了清晰的理论框架，对不同因素之间的作用提供了明确的关系解释。这些模型总结了过去研究者对网络游戏成瘾研究的进展，将零散的具体研究统合了起来。认清它们在网络游戏成瘾中发挥的作用机制和作用方式，对未来研究具有指导意义。

（一）戴维斯的病态网络应用认知-行为模型

图 2-1 是戴维斯在 2001 年提出的认知-行为模型，该模型用来解释“病理性网络使用”的发展情况（Davis，2001）。其核心思想主要有以下几个方面。

首先，该模型区分了近端因素和远端因素。该模型中靠近病因链近端的因素（即近端因素）是病态网络使用发生的充分条件，靠近远端的因素（即远端因素）则是病态网络使用发生的必要条件。

其次，该模型的核心因素是适应不良认知（maladaptive cognition），它位于病态网络使用病因链的近端，是病态网络使用发生的充分条件。具有某些病理性特征，如抑郁、社会焦虑等的个体会利用网络来实现与人交流的愿望，保持对“虚

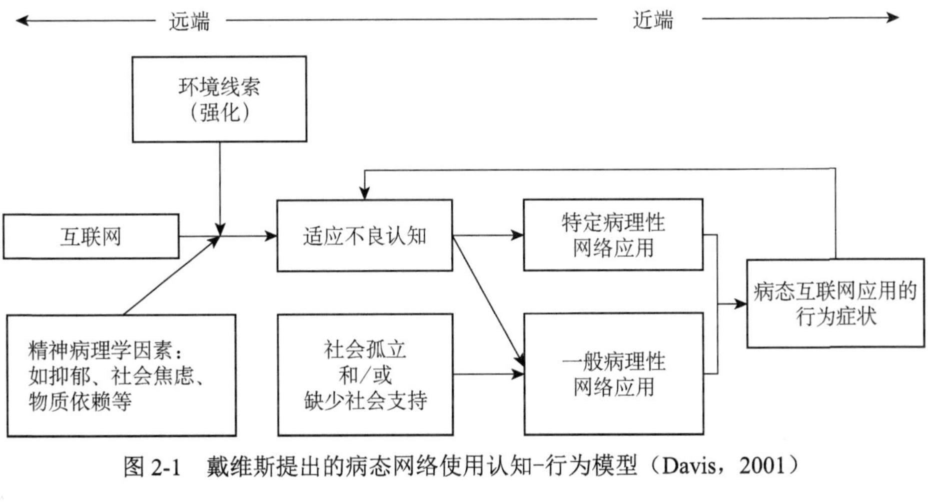

图 2-1　戴维斯提出的病态网络使用认知-行为模型（Davis，2001）

拟社会生活”的渴望，而这一过程会反过来进一步强化他们的不良行为。戴维斯认为，病态网络使用的认知症状先于情感或行为症状出现，并且会导致情感和行为症状的出现。有病态网络使用症状的个体在某些特定方面存在认知障碍，从而加剧个体网络成瘾的程度。该模型认为，病态网络使用会受到不良倾向（个体易患网络游戏成瘾的素质）和生活事件（压力源）的影响，它们位于病态网络使用病因链的远端，是病态网络使用产生的必要条件。该模型对特定病态网络使用（specific PIU）和一般病态网络使用（generalized PIU）做了界定。个体易患病态网络使用的特征包括个体具有抑郁、社会焦虑和物质依赖等特征，具有这些特征的个体更容易发展出病态网络使用行为。

该模型提出，适应不良认知主要分为两类：关于自我的想法和关于世界的想法。第一类认知概念包括自我怀疑、低自我效能感和消极的自我评价。脆弱的人通常会有消极的自我概念，并且随着在网络活动中投入的不断增加而增强，他们会认为自己在现实中是“不受欢迎的人”。在上网时，他们认为网络是获得积极社会反馈的最可靠的手段。第二类认知是关于世界的想法，对于这类想法，戴维斯提出了“现实世界的自我”与理想的“网络自我”的区分。很多人会有“我只有在网络上才是好的”“我在网下毫无价值，但在网上我是个人物”“网络是我唯一能感到安全的地方”“在线下没有人爱我”等认知，这些都是适应不良认知。

导致适应不良认知的个体因素有抑郁、焦虑、物质成瘾等，它们与网络情境的强化作用发生相互作用。我们发现，这一模型与对抑郁的描述具有极高相似度，原因在于戴维斯在提出模型的时候借用了大量抑郁症的相关理论。比如，当一个人对自我的判断是“无价值”或“不可爱”的时候，网络活动可以给他们提供补偿机制，他们可以在网络上找到自己的位置和自信。

另外，这一模型描述了两类病态网络使用：第一种是特定病态网络使用，指的是为了特定目的（如上网、购物或赌博）而在网络上发生的病态行为；第二种是一般病态网络使用，指的是在网络上发生的所有网络行为，不指向具体的目的。影响一般病态网络使用的因素包括社会疏离、缺乏社会支持等。

一个人对网络活动的过度投入可能会带来负面情绪，如产生负面社会评价和反馈等，而个体可以从网络游戏中获得积极反馈，这种反馈会使玩家进一步将网络活动置于其他活动之上，由此形成了一个恶性循环：消极情绪诱发个人更多关于网络活动的记忆，对网络的记忆又会鼓励人们参与网络活动。尽管该模型并非针对网络游戏提出的，它只是将网络游戏作为一种特定的网络行为进行论述，但该模型对于理解网络游戏成瘾仍具有指导意义。

（二）董和波坦扎的网络游戏成瘾认知-行为模型

随着对网络游戏成瘾研究，包括对物质成瘾和非物质成瘾认知神经机制的研究（Schiebener & Brand，2017）的逐渐深入，对网络游戏成瘾的影像学研究为我们深刻认识网络游戏成瘾提供了新的依据。在借鉴大量认知神经科学研究结论的基础上，董和波坦扎（Dong & Potenza，2014）提出了网络游戏成瘾认知-行为模型，见图 2-2。该模型认为，虽然没有外部化学物质的摄入，但网络游戏也像毒品成瘾一样，过度进行在线游戏会改变个体的大脑功能和结构以及相关的认知能力，而这一过程又会反过来强化游戏行为，使游戏行为得以延续。

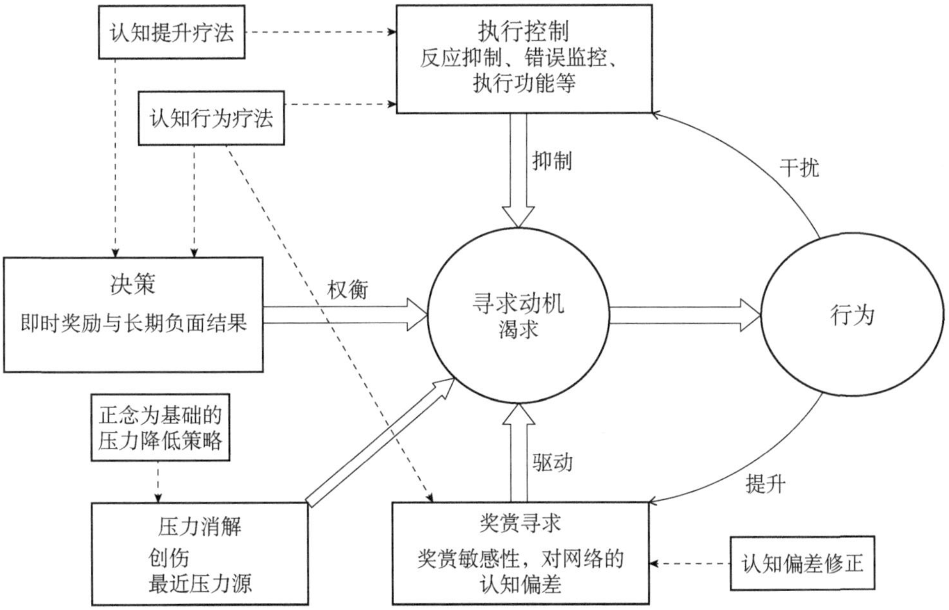

图 2-2　董和波坦扎的网络游戏成瘾认知-行为模型（Dong & Potenza，2014）

注：图中虚线表示推荐的干预策略

董和波坦扎的模型关注三个组成部分及其在网络游戏成瘾行为中的作用：与寻求奖励和减轻压力有关的动机驱动、与执行功能有关的行为控制，以及与决策有关的权衡利弊与动机考量。该模型提出，与寻求奖励有关的动机会驱动有问题的游戏行为，而执行功能的减弱会使个体无法控制自己的游戏寻求行为，同时决策能力的受损会导致个体无法做出最佳决定。三者结合在一起，最终导致个体难以克制自己的游戏寻求行为，从而选择用游戏来即时满足自己的渴望。

董和波坦扎的模型提出，网络游戏成瘾症状是由各种相互关联的心理过程交互作用的。首先，网络游戏成瘾者常表现出奖励敏感性增强、损失敏感性减弱的特征，这意味着这些人更容易长时间地玩游戏，因为他们往往有更强的游戏动机。对于成瘾玩家来说，获胜会引起他们更强烈的生理反应，而失败的经历则无法诱发强烈的惩罚感。其次，该模型强调了执行控制系统的重要作用。执行控制系统能抑制玩家寻求奖励的动机，使他们克制游戏行为。研究发现，网络游戏成瘾者的反应抑制和认知控制能力受损。他们愿意投入更多的注意力在游戏上（即游戏任务能获得更多关注），游戏成绩也会诱发他们的自动追寻行为（即自动启动和完成游戏活动）。最后，抑制控制和游戏渴求的斗争最终反映在决策结果上。决策过程需要个体对不同信息进行权衡，以做出最终选择，特别是在权衡游戏的短期快乐和对生活的长期负面后果方面。董和波坦扎解释说，网络游戏成瘾者往往有“对未来的近视眼”，他们只追求当前的即时快乐，不太考虑这一行为带来的长期负面影响。

将董和波坦扎的模型与戴维斯的模型进行对比，戴维斯的模型倾向将网络成瘾看作一种社会适应障碍，而董和波坦扎的模型则倾向将网络成瘾看作一种情绪控制障碍。董和波坦扎的模型能更好地解释网络游戏成瘾者的行为，包括在游戏时忘记了时间、面对消极结果仍然决定继续游戏等，强调寻求奖励及其对大脑的影响，这与游戏成瘾的概念非常吻合。董和波坦扎的模型在解释个人的动机驱动和压力方面有明显的优势。治疗师可以通过改变个体的动机，使用认知策略来抵制冲动和管理导致风险的行为等。

（三）布兰德等的自我-情感-认知-执行交互模型

另一个代表性模型是自我-情感-认知-执行的交互模型（interaction of person-affect-cognition-execution model，I-PACE 模型），该模型由布兰德等（Brand et al.，2016）提出，并在 2019 年得到了修订和完善（Brand et al.，2019）。我们在这里介绍的是 2019 年的版本（Brand et al.，2019），见图 2-3。

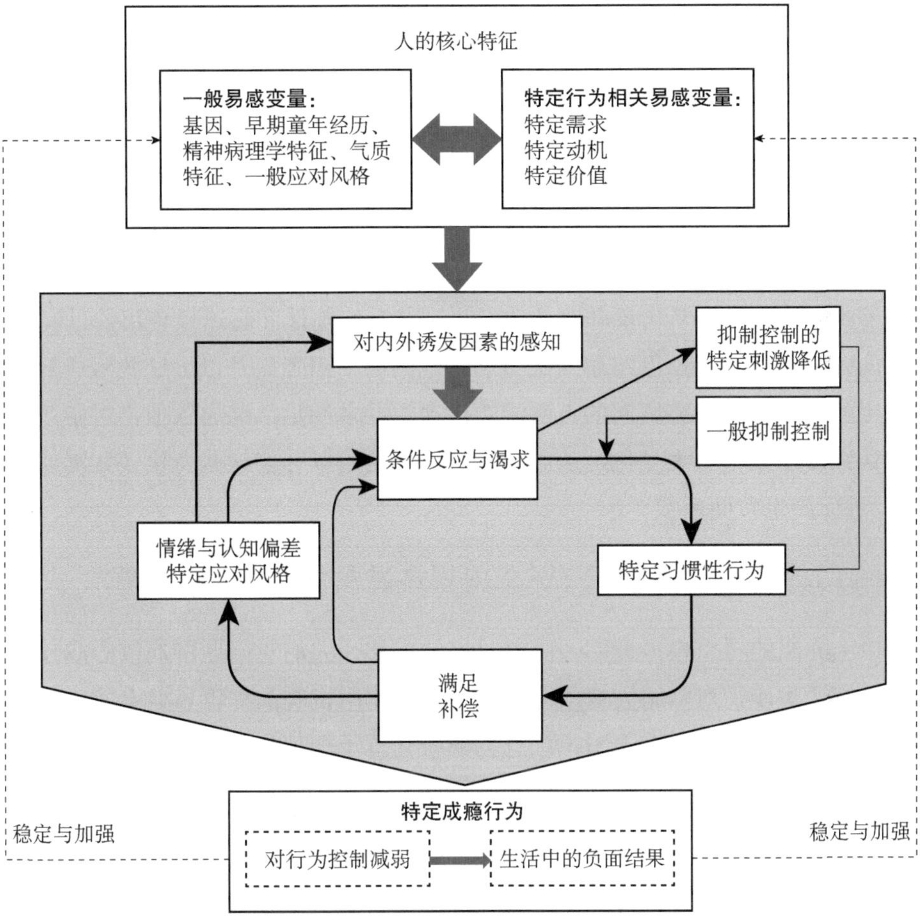

图 2-3　网络应用障碍的 I-PACE 模型（Brand et al.，2019）

I-PACE 模型综合了网络使用障碍领域广泛的理论和实验结论，提供了一个全面的理论框架。该模型不限于网络游戏成瘾，旨在解释网络应用障碍的相关问题，包括其他发生在网络环境中的成瘾性行为，如网络赌博、观看色情制品、网络购物和网络社交等。该模型对目前已知的影响网络成瘾行为的因素进行了全面整合，详细地概述了模型中每个因素与其他因素的相互作用方式。总的来说，I-PACE 模型包括以下几个主要部分。

1）倾向性变量，指的是个人的核心特征。这些特征在一段时间内保持相对稳定，包括一般易感因素（如基因、早期童年经历、精神病理学特征、气质特征、一般应对风格等），同时还包括特定行为相关易感因素，如特定需求、特定动机和特定价值等，这些因素将从根本上影响一个人的行为反应模式。

2）对内部或外部刺激的情感和认知反应，以及由相关线索诱发的反应，主要指接触游戏刺激后个体的情绪和思维变化，包括应对倾向、认知偏差、注意偏差、特定应对风格、渴望和冲动、特定习惯性行为等。

3）执行和抑制性控制的缺陷，指抑制游戏行为的执行功能和反应抑制方面的缺陷。

4）游戏或其他网络应用的后果，指过度应用网络导致的愉悦和补偿体验，以及随着时间的推移，从自愿和冲动的行为过渡到习惯性和强迫性使用的过程。

I-PACE 模型认为，网络游戏成瘾和其他网络使用障碍是以上这些组成部分相互作用的结果。有成瘾倾向的人从游戏活动中寻求满足，这导致他们对游戏的情感和认知反应发生重大变化，从而导致习惯性使用以补偿这些变化（如渴望、冲动），进而产生负面后果。

（四）模型的发展体现了人们对网络游戏成瘾认识的加深

以上介绍的三个模型表明，随着时间的推移，人们对问题游戏核心成分的思考普遍有了进步，对网络游戏成瘾相关因素和作用机制的分析日益全面。早期戴维斯等（Davis et al.，2001）对网络行为的研究基于抑郁症理论和网络对维持社会功能的意义，从网络提供了逃避现实中的挫折的途径这一角度来理解网络成瘾。随后，董和波坦扎（Dong & Potenza ，2014）的模型在更大程度上接受了“成瘾”这一界定，强调过高的渴望和受损的控制力等认知能力在网络游戏成瘾中的作用。开始强调玩家并不一定是靠网络逃避现实的，而是受到游戏特定动机的驱动，比如，获取更高的游戏等级。再后来，布兰德等（Brand et al.，2016，2019）的理论模型将更多特征因素纳入其中，强调一个人自身的先天特征和动机将决定网络游戏成瘾者的最终行为选择。

在这一过程中，我们看到网络游戏障碍从最初作为网络使用障碍的一个亚型而得到研究，到后来网络游戏成瘾逐渐独立出来成为一种独特的障碍类型。这一名称的变更与 DSM-5 和 ICD-11 对这一心理障碍的认识相一致。DSM-5 编写者最初考虑将“网络成瘾”纳入，放在“需要进一步研究的内容”的部分。但经过一年的反复辩论，最终他们决定将这一类别修改为“网络游戏成瘾”并放入 DSM-5 中。这表明，网络游戏成瘾有其独有的特征，不再仅仅作为网络成瘾的亚型而存在。因此，董和波坦扎的理论模型是最符合当前 DSM-5 概念范畴的关于网络游戏成瘾理论模型。

但是，包括布兰德等（Brand et al., 2016）在内的研究人员仍然认为除了在线游戏之外，其他与网络相关的成瘾行为也应该引起人们的足够重视，他们仍然支持将“网络成瘾”这一界定纳入 ICD-11 中。因此，布兰德 等的理论模型更符合 ICD-11 对网络游戏成瘾界定的理论模型。最终 ICD-11 将“游戏成瘾”纳入其中，将网络游戏成瘾作为游戏成瘾的一个亚型而存在。

本章总结

当前对网络游戏成瘾的研究尚存争议，很多学者对 DSM-5 中网络游戏成瘾概念的批判从来没有停止过。近年来的大量研究，包括采用流行病学或神经影像学的研究，进一步支持了网络游戏成瘾这一障碍的存在。因此，我们倾向认为，游戏成瘾被研究人员和临床医生接受只是一个时间问题。未来研究的核心在于对这一诊断标准的完善、对相关神经机制的深入研究以及对可能干预策略的深入探讨。

参考文献

American Psychiatric Association. (2013). *Diagnostic and statistical manual of mental disorders (5th ed.)*. Arlington: American Psychiatric Association Press.

Baggio, S., Dupuis, M., Studer, J., Spilka, S., Daeppen, J. B., Simon, O., . . . Gmel, G. (2016). Reframing video gaming and internet use addiction: Empirical cross-national comparison of heavy use over time and addiction scales among young users. *Addiction, 111*(3), 513-522.

Blum, K., Braverman, E. R., Holder, J. M., Lubar, J. F., Monastra, V. J., Miller, D., . . . Comings, D. E. (2000). Reward deficiency syndrome: A biogenetic model for the diagnosis and treatment of impulsive, addictive, and compulsive behaviors. *Journal of Psychoactive Drugs, 32*, 1-112.

Brand, M., Wegmann, E., Stark, R., Muller, A., Wolfling, K., Robbins, T. W., & Potenza, M. N. (2019). The interaction of person-affect-cognition-execution (I-PACE) model for addictive behaviors: Update, generalization to addictive behaviors beyond internet-use disorders, and specification of the process character of addictive behaviors. *Neuroscience and Behavioural Reviews, 104*, 1-10.

Brand, M., Young, K. S., Laier, C., Wolfling, K., & Potenza, M. N. (2016). Integrating psychological and neurobiological considerations regarding the development and maintenance of specific internet-use disorders: An interaction of person-affect-cognition-execution (I-PACE) model. *Neuroscience and Behavioural Reviews, 71*, 252-266.

Carli, V., Durkee, T., Wasserman, D., Hadlaczky, G., Despalins, R., Kramarz, E., . . . Kaess, M. (2013).

The association between pathological internet use and comorbid psychopathology: A systematic review. *Psychopathology, 46*(1), 1-13.

Chen, B. T., Yau, H. J., Hatch, C., Kusumoto-Yoshida, I., Cho, S. L., Hopf, F. W., & Bonci, A. (2013). Rescuing cocaine-induced prefrontal cortex hypoactivity prevents compulsive cocaine seeking. *Nature, 496*(7445), 359-362.

Chen, S., Wang, M., Dong, H., Wang, L., Jiang, Y., Hou, X., . . . Dong, G. H. (2021). Internet gaming disorder impacts gray matter structural covariance organization in the default mode network. *Journal of Affective Disorders, 288*, 23-30.

Davis, R. A. (2001). A cognitive-behavioral model of pathological internet use. *Computers in Human Behavior, 17*(2), 187-195.

Dong, G., & Potenza, M. N. (2014). A cognitive-behavioral model of internet gaming disorder: Theoretical underpinnings and clinical implications. *Journal of Psychiatric Research, 58*, 7-11.

Engelmann, J. M., Versace, F., Robinson, J. D., Minnix, J. A., Lam, C. Y., Cui, Y., . . . Cinciripini, P. M. (2012). Neural substrates of smoking cue reactivity: A meta-analysis of fMRI studies. *Neuroimage, 60*(1), 252-262.

Ferguson, C. J., Coulson, M., & Barnett, J. (2011). A meta-analysis of pathological gaming prevalence and comorbidity with mental health, academic and social problems. *Journal of Psychiatric Research, 45*(12), 1573-1578.

Gentile, D. A., Bailey, K., Bavelier, D., Brockmyer, J. F., Cash, H., Coyne, S. M., . . . Young, K. (2017). Internet gaming disorder in children and adolescents. *Pediatrics, 140*(S2), 81-85.

Grant, J. E., Kim, S. W., Hollander, E., & Potenza, M. N. (2008). Predicting response to opiate antagonists and placebo in the treatment of pathological gambling. *Psychopharmacology, 200*(4), 521-527.

Haagsma, M. C., Pieterse, M. E., & Peters, O. (2012). The prevalence of problematic video gamers in the Netherlands. *Cyberpsychology, Behavior, and Social Networking, 15*(3), 162-168.

Kaptsis, D., King, D. L., Delfabbro, P. H., & Gradisar, M. (2016). Withdrawal symptoms in internet gaming disorder: A systematic review. *Clinical Psychology Review, 43*, 58-66.

Kasanetz, F., Deroche-Gamonet, V., Berson, N., Balado, E., Lafourcade, M., Manzoni, O., & Piazza, P. V. (2010). Transition to addiction is associated with a persistent impairment in synaptic plasticity. *Science, 328*(5986), 1709-1712.

Khalil, S. A., Kamal, H., & Elkholy, H. (2020). The prevalence of problematic internet use among a sample of Egyptian adolescents and its psychiatric comorbidities. *International Journal of Social Psychiatry*, 0020764020983841.

King, D. L., & Delfabbro, P. H. (2018). *Internet Gaming Disorder: Theory, Assessment, Treatment, and Prevention*. New York: Academic Press.

King, D. L., Delfabbro, P. H., Kaptsis, D., & Zwaans, T. (2014). Adolescent simulated gambling via digital and social media: An emerging problem. *Computers in Human Behavior, 31*, 305-313.

Ko, C. H., Yen, J. Y., Yen, C. F., Chen, C. S., & Chen, C. C. (2012). The association between internet addiction and psychiatric disorder: A review of the literature. *European Psychiatry, 27*(1), 1-8.

Koob, G. F., & Le Moal, M. (2005). Plasticity of reward neurocircuitry and the 'dark side' of drug addiction. *Nature Neuroscience, 8*(11), 1442-1444.

Koob, G. F., & Volkow, N. D. (2010). Neurocircuitry of addiction. *Neuropsychopharmacology, 35*(1), 217-238.

Kuss, D. J., van Rooij, A. J., Shorter, G. W., Griffiths, M. D., & van de Mheen, D. (2013). Internet addiction in adolescents: Prevalence and risk factors. *Computers in Human Behavior, 29*(5), 1987-1996.

Mak, K. K., Lai, C. M., Watanabe, H., Kim, D. I., Bahar, N., Ramos, M., . . . Cheng, C. (2014). Epidemiology of internet behaviors and addiction among adolescents in six Asian countries. *Cyberpsychology, Behavior, and Social Networking, 17*(11), 720-728.

Männikkö, N., Billieux, J., & Kääriäinen, M. (2015). Problematic digital gaming behavior and its relation to the psychological, social and physical health of Finnish adolescents and young adults. *Journal of Behavioral Addictions, 4*(4), 281-288.

Mentzoni, R. A., Brunborg, G. S., Molde, H., Myrseth, H., Skouverøe, K. J. M., Hetland, J., & Pallesen, S. (2011). Problematic video game use: Estimated prevalence and associations with mental and physical health. *Cyberpsychology, Behavior, and Social Networking, 14*(10), 591-596.

Messias, E., Castro, J., Saini, A., Usman, M., Peeples, D. J. S., & Behavior, L. T. (2011). Sadness, suicide, and their association with video game and internet overuse among teens: Results from the youth risk behavior survey 2007 and 2009. *Suicide and Life-Threatening Behavior, 41*(3), 307-315.

Mihara, S., & Higuchi, S. (2017). Cross - sectional and longitudinal epidemiological studies of Internet gaming disorder: A systematic review of the literature. *Psychiatry Clinical Neurosciences, 71*(7), 425-444.

Müller, H., Gove, J. L., Webb, J. S., & Cheang, A. (2015). *Understanding and comparing smartphone and tablet use: Insights from a large-scale diary study*. Paper Presented at the Proceedings of the Annual Meeting of the Australian Special Interest Group for Computer Human Interaction, Parkville, VIC, Australia.

Paschke, K., Sack, P. M., & Thomasius, R. (2021). Validity and psychometric properties of the internet gaming disorder scale in three large independent samples of children and adolescents. *International Journal of Environmental Research Public Health, 18*(3), 1095.

Petry, N. M., Rehbein, F., Ko, C. H., & O'Brien, C. P. (2015). Internet Gaming Disorder in the DSM-5. *Current Psychiatry Reports, 17*(9), 72.

Piper, M. E. (2015). Withdrawal: Expanding a key addiction construct. *Nicotine & Tobacco Research, 17*(12), 1405-1415.

Potenza, M. N. (2014). The neural bases of cognitive processes in gambling disorder. *Trends in Cognitive Sciences, 18*(8), 429-438.

Potenza, M. N., Balodis, I. M., Franco, C. A., Bullock, S., Xu, J., Chung, T., & Grant, J. E. (2013). Neurobiological considerations in understanding behavioral treatments for pathological gambling. *Psychology of Addictive Behaviors, 27*(2), 380-392.

Przybylski, A. K., Weinstein, N., & Murayama, K. (2017). Internet gaming disorder: investigating the clinical relevance of a new phenomenon. *American Journal of Psychiatry, 174*(3), 230-236.

Rehbein, F., Kliem, S., Baier, D., Moble, T., &Petry, N. (2015). Prevalence of Internet gaming disorder in German adolescents: diagnostic contribution of the nine DSM-5 criteria in a state-wide representative sample. *Addiction, 110*(5), 842-851.

Rikkers, W., Lawrence, D., Hafekost, J., & Zubrick, S. R. (2016). Internet use and electronic gaming by children and adolescents with emotional and behavioural problems in Australia–Results from the second child and adolescent survey of mental health and wellbeing. *BMC Public Health, 16*(1), 1-16.

Sagheddu, C., Muntoni, A. L., Pistis, M., & Melis, M. (2015). Endocannabinoid signaling in motivation, reward, and addiction: Influences on mesocorticolimbic dopamine function. *International Review of Neurobiology, 125*, 257-302.

Sayette, M. A. (2016). The role of craving in substance use disorders: Theoretical and methodological issues. *Annual Review of Clinical Psychology, 12*, 407-433.

Schiebener, J., & Brand, M. (2017). Decision-making and related processes in internet gaming disorder and other types of internet-use disorders. *Current Addiction Reports, 4*(3), 262-271.

Sinha, R., & Li, C. S. (2007). Imaging stress- and cue-induced drug and alcohol craving: Association with relapse and clinical implications. *Drug and Alcohol Review, 26*(1), 25-31.

Stevens, M. W., Dorstyn, D., Delfabbro, P. H., & King, D. L. (2021). Global prevalence of gaming disorder: A systematic review and meta-analysis. *Australian and New Zealand Journal of Psychiatry, 55*(6), 553-568.

Tiffany, S. T. (1990). A cognitive model of drug urges and drug-use behavior: Role of automatic and nonautomatic processes. *Psychological Review, 97*(2), 147-168.

Torregrossa, M. M., Corlett, P. R., & Taylor, J. R. (2011). Aberrant learning and memory in addiction. *Neurobiology of Learning Memory, 96*(4), 609-623.

van Rooij, A. J., Schoenmakers, T. M., Vermulst, A. A., van den Eijnden, R. J., & van de Mheen, D. (2011). Online video game addiction: Identification of addicted adolescent gamers. *Addiction, 106*(1), 205-212.

Wang, C. W., Chan, C. L., Mak, K. K., Ho, S. Y., Wong, P. W., & Ho, R. T. (2014). Prevalence and correlates of video and internet gaming addiction among Hong Kong adolescents: A pilot study. *Scientific World Journal, 2014*, 874648.

Wang, M., Zheng, H., Du, X., & Dong, G. (2019). Mapping internet gaming disorder using effective connectivity: A spectral dynamic causal modeling study. *Addict Behav Addictive Behaviors, 90*, 62-70.

Weinstein, A., & Lejoyeux, M. (2020). Neurobiological mechanisms underlying internet gaming disorder. *Dialogues in Clinical Neuroscience, 22*(2), 113-126.

Williams, R. J., Volberg, R. A., & Stevens, R. M. (2012). *The population prevalence of problem gambling: Methodological influences, standardized rates, jurisdictional differences, and worldwide trends*. Report Prepared for the Ontario Problem Gambling Research Centre and the

Ontario Ministry of Health and Long Term Care.

Wilson, S. J., Delgado, M. R., McKee, S. A., Grigson, P. S., MacLean, R. R., Nichols, T. T., & Henry, S. L. (2014). Weak ventral striatal responses to monetary outcomes predict an unwillingness to resist cigarette smoking. *Cognitive, Affective & Behavioral Neuroscience, 14*(4), 1196-1207.

Wu, C. Y., Lee, M. B., Liao, S. C., & Chang, L. R. (2015). Risk factors of internet addiction among internet users: An online questionnaire Survey. *PLoS One, 10*(10), e0137506.

Xiang, H., Tian, X., Zhou, Y., Chen, J., Potenza, M. N., & Zhang, Q. (2020). The relationship between behavioral inhibition and behavioral activation systems, impulsiveness, and internet gaming disorder among students of different ages. *Frontiers in Psychiatry, 11*, 1546.

Yao, Y. W., Wang, L. J., Yip, S. W., Chen, P. R., Li, S., Xu, J., . . . Fang, X. Y. (2015). Impaired decision-making under risk is associated with gaming-specific inhibition deficits among college students with internet gaming disorder. *Psychiatry Research, 229*(1-2), 302-309.

Yen, J. Y., Yeh, Y. C., Wang, P. W., Liu, T. L., Chen, Y. Y., & Ko, C. H. (2017). Emotional regulation in young adults with internet gaming disorder. *International Journal of Environmental Research and Public Health, 15*(1), 30.

Zhai, Z. W., Hoff, R. A., Howell, J. C., Wampler, J., Krishnan-Sarin, S., & Potenza, M. N. (2020). Differences in associations between problematic video-gaming, video-gaming duration, and weapon-related and physically violent behaviors in adolescents. *Journal of Psychiatric Research, 121*, 47-55.

第三章

网络游戏成瘾的风险因素

一、网络游戏成瘾风险因素的研究意义

很多人有玩网络游戏的经历，但是只有少部分人会发展成为网络游戏成瘾（Przybylski et al.，2017）。可是，就是这占比非常小的人群却让整个社会谈“游”色变，让上至游戏主管部门，下至学校教师、孩子父母，均对网络游戏产生畏惧心理，游戏开发公司也因此背负了沉重的道德负担。如果我们能够有效辨别游戏成瘾的易感人群，或者厘清那些容易导致成瘾的人格特质，就能在玩家玩游戏初期进行额外关注，在他们上瘾之前及时给予干预，这将大大降低网络游戏成瘾的发生概率，减少网络游戏给社会带来的恐慌感，同时也能减轻游戏公司背负的道德束缚，使他们可以全方位参与国际竞争。

游戏本是一种娱乐方式，适度地玩游戏能够使个体缓解压力，使其与他人互动交流。对于很多玩家来说，玩网络游戏和欣赏电影、阅读书籍、运动健身等生活娱乐方式相当。不同的玩家可以通过分享游戏经历获取友情，也会有玩家组织群体性的大型社交聚会（Kain，2016）。不但如此，游戏还被证明具有改善社交退缩的功能，帮助他们增强社交信心、改善情绪、结交新的朋友（Grohol，2016；Tateno et al.，2016）。网络游戏通常需要不同玩家之间的密切合作，因此它能帮助玩家团队提升协作能力。很多游戏还具有益智功能，能提升孩子在逻辑、读写和数学方面的能力。游戏使人具有更快的反应速度和更好的专注力，以及更好的视觉敏感度和辨别能力。对老年人网络游戏行为的研究发现，电子游戏可使老年人玩家“保持警觉”，提高他们的记忆力、分析能力和同时应对多种任务的能力，有利于对抗大脑衰老（King & Delfabbro，2018）。

当前，一些与网络游戏相关的周边产品开始流行起来。比如，游戏直播蓬勃发展，甚至成为直播网站收入的重要来源。网络游戏解说成为一个高收入职业。游戏玩家可以在网站发布游戏评论和预测新游戏发展等，这些行为可以获得大量的点击率，从而使发布者获得丰厚的回报。大型的游戏展会就像流行音乐会一样，数以万计的游戏迷聚集在一起，分享他们的游戏乐趣。同时，职业竞技俱乐部和电子竞技联赛开始出现，并吸引海量粉丝追随。电子竞技具有现实竞技无法提供的游戏体验、视觉刺激和激烈程度。电子竞技可以锻炼和提高参与者的思维能力、反应能力、四肢协调能力和意志力，培养其团队精神。早在 2003 年，国家体育总局就批准将电子竞技作为第 99 个正式体育竞赛项目。2018 年，雅加达亚运会将电子竞技纳为表演项目。2020 年，亚奥理事会宣布电子竞技项目成为亚运会的正式比赛项目。

总之，网络游戏已经成为一项重要的文化消遣活动，融入日常生活的许多领域，并深刻改变了参与者和非参与者的生活。游戏在世界范围内大规模普及，大量与游戏相关的亚文化兴起、亚组织成立，成为世界范围内一股不可阻挡的趋势。

网络成瘾的 I-PACE 模型（Brand et al.，2019）强调，网络成瘾是多种促成因素相互作用的结果，强调用户的心理特征对成瘾的作用，这些特征是用户发展成为问题游戏行为者的基础。然而，并非所有易感玩家会对所有的游戏上瘾，也并非所有具有成瘾性的游戏会让所有玩家成瘾，危害是通过易成瘾的玩家和具有成瘾特征的游戏的互动产生的（Clark，2015；Korn & Shaffer，1999）。

综合目前对网络游戏成瘾的最新研究，相关的危险因素和预测因素主要包含以下几个方面：人口学因素，如性别、年龄等；心理学因素，如人格差异、自尊、自我效能感、自我控制能力等；生理学与病理学因素，如并发症、基因、成瘾易感人群等；社会学因素，包括教育、家庭、同伴影响等。除此之外，游戏相关因素（即游戏的结构设计）也会影响网络游戏成瘾的发展，但这超出了本书探讨的范畴。

除了风险因素，还有一些网络游戏成瘾的“保护性”因素，它们是指能阻止个体网络游戏成瘾的特征。关注这些因素能为一系列干预策略的开发和减少伤害工作提供指导。同时，尽管这一领域的大部分指导性证据是基于横向研究结论的，但这些因素对预测网络游戏成瘾的作用不断得到追踪研究的证实。

需要说明的是，这里所列举的造成网络游戏成瘾的各种因素不是独立的，它们在很大程度上是彼此相互作用的。例如，有注意缺陷的人可能因为在学校成绩不佳而产生低自尊。同时，这些因素可能会动态发展。比如，在游戏过程中，一个人对游戏的态度和感知可能会随时间的变化而变化，玩家对游戏成本和收益的看法也会随时间的变化而变化。

二、人口学因素

（一）男性更易网络游戏成瘾

大量研究发现，男性有更高的概率发展成为网络游戏成瘾者（Andreassen et al.，2016）。有研究结果表明，男性网络游戏成瘾的发病率是女性的 2 倍以上（Durkee et al.，2012；King et al.，2012a，2012b）。DSM-5 中也提到这一性别差异现象，指出男性的网络成瘾发病率显著高于女性，但目前并未有合理的解释（American Psychiatric Association，2013；Li & Chung，2006；Yang & Tung，2007；罗喆慧等，2010；张锦涛等，2011），而且，该差异具有跨年龄的稳定性，不同年龄段的人群表现出类似特征（邹红等，2014）。研究者以中国台湾地区大学生为样本的研究发现，男性网络游戏成瘾的比例为 7.2%，而女性仅为 1.4%，比例远远低于男性（Ko et al.，2014b）。金等以韩国青少年被试为样本的研究发现，男性网络游戏成瘾的比例（8.8%）显著高于女性（2.3%）（Kim et al.，2016）。一项跨文化调查发现，男、女网络游戏成瘾的比例大约分别为 6.3%和 2.4%（Borgonovi，2016）。这些研究结果表明，网络游戏成瘾的性别差异在不同国家和文化中具有普遍性。

面对这一现状，人们首先想到的原因可能是：男性更爱玩游戏，女性玩家较少。但是，研究证明这一印象是错误的。首先，调查发现女性群体中也有大量的游戏玩家。其次，从游戏玩家发展为成瘾人群的比例来讲，女性玩家发展为成瘾者的比例要低。以上研究结果大多报告的是网络游戏成瘾者在游戏玩家中所占的比例，排除了不同性别玩家人数多寡的差异。

另外人们可能想到的原因是男、女玩家在游戏水平上存在差异，即男性的游戏水平更高。但这一看法也是错误的。研究证明，女性在游戏技能上并不输于男性。女性在游戏中的表现不仅不输于男性，甚至在某些方面的表现要好于男性（Shen et al.，2016；Paul & Amundson，2014）。

那么，是什么原因导致网络游戏成瘾发病率存在性别差异呢？综合当前的研究，主要有以下几种解释。

1）性别差异广泛存在于各类成瘾之中。大量研究发现成瘾具有性别差异。无论是在成瘾的形成阶段、维持阶段，还是在戒除阶段，都存在显著的性别差异。女性在从“偶然使用”毒品到发展为成瘾的过程中表现出更快的转换，并且在戒除的时候表现出更大的戒断反应；在治疗过程中，女性也倾向于表现出更大的复发性。对动物的研究表明，在服用毒品的时候，伏隔核（NAcc）上的多巴胺活动具有性别差异：过度摄入可卡因的雌性小鼠（相对于雄鼠）在非服药期间表现出更少的多巴胺释放。在毒品摄入变成行为习惯之后，背外侧纹状体（DS）上的多巴胺释放增加。这些神经系统之间的平衡与变化的性别差异被认为是成瘾具有性别差异的根本原因（Koob & Le Moal，1997，2005，2008；Noël et al.，2013；Robinson & Berridge，2000，2001；Verdejo-García & Bechara，2009）。

2）男、女的游戏目的存在差异。从人类进化的角度看，历史上，男性更多负责打猎，女性更多负责采摘和分配资源。不同的行为造成不同性别个体对信息的处理是不同的，男性倾向于直接传达信息（便于发信号打猎），而女性则喜欢收集零碎的信息、分享情绪以建立部落之间的联结[如八卦（gossip），掌握部落里的各种八卦是一种生存和管理手段]。

同样的性别差异也在游戏中体现出来。通过合作而取得胜利，甚至是赢得别人的尊重，都是男性的社会需求在游戏中的表达。因此，在竞技类、运动类等适合男性的游戏中，雄性化（注意是雄性化，不一定是男性）大脑倾向于变得兴奋，肾上腺素分泌会增加，从而使其表现得更好。女性更希望从游戏中获得社交和情感连接。女性向的游戏大多有相对和谐的游戏文化，节奏也较慢。男性会在一些游戏里跟朋友打团，玩相对刺激、硬核的玩法，但这类游戏对女性的吸引力较小。总之，男、女游戏目的的差异决定了他们的游戏类型和游戏行为投入程度也不同。

3）男性更有可能参与风险更高的游戏。例如，竞技射击游戏和大型多人在线游戏，虽然许多女性确实也在玩这些流行的网络游戏（包括许多相同的游戏），而且游戏市场的整体性别比例正在变得更加均衡（Brand et al.，2017），但男性仍然倾向于报告比女性更频繁地玩游戏和更长时间地玩游戏。游戏类型差异也会造成发病率的差异。尽管有很多侧重于某些性别的游戏类型，比如，男性喜欢具有控制感、征服感的游戏，而女性所玩的游戏常常包含情感成分（Brevers et al.，2013；Verdejo-García & Bechara，2009），但这一差异并不是绝对的。特别是近年来，随着手游（如“王者荣耀”）和大型逃杀类（俗称“吃鸡”）网络游戏的兴起，在此类“快节奏，简单化”的游戏中，男、女玩家的数量已经基本持平，不存在明显的性别差异。

4）目前市面上的大量游戏主要是由男性为男性开发的，更多迎合男性玩家。比如，市面上的游戏通常在游戏模式、功能（如竞争、领土入侵、暴力和统治）以及美学（如女性化形象、粗俗的幽默）上更吸引男性，尤其是男性青少年。然而，游戏行业并不完全是由男性的兴趣驱动的，游戏内容所涵盖的范围正日益拓宽，越来越多的女性作为游戏开发者和其他角色进入这个行业，这可能会导致更多针为女性的喜好量身定做的游戏出现。

与之相反，许多游戏对女性玩家的吸引力更强，包括社交游戏、故事驱动的游戏和休闲游戏。然而，这些类型的游戏往往耗时较短，走向成瘾的风险较低，这也可能是造成女性网络游戏成瘾发病率较低的原因之一。

5）男性有更大概率存在其他潜在问题，而这些问题最终会导致网络游戏成瘾。这些问题包括特定的人格问题（de Bolle et al.，2015；Grijalva et al.，2015）、注意力问题[注意缺陷多动障碍（ADHD）患者被网络游戏吸引的概率更高]（Gershon & Gershon，2002）、冒险行为（Byrnes et al.，1999；Sariyska et al.，2017）、冲动和寻求感觉（Cross et al.，2011；Dong et al.，2018），以及缺乏寻求帮助的倾向（Addis & Mahalik，2003）等。这些男性患病倾向更大的问题通常是，网络游戏成瘾并发症有很大概率是造成网络游戏成瘾的原因。

（二）年龄

研究发现，年龄与问题游戏（problematic gaming）风险呈倒“U”形关系，二者之间的相关性在青春期达到峰值，20 岁以后风险通常会降低（Kuss & Griffiths，2012）。关于青春期，通常的定义为 12～18 岁的一段时期，这段时期也是个体最容易出现成瘾性障碍的时期，包括网络游戏成瘾（Gentile et al.，2017a，2017b；Tejeiro et al.，2012）。这种脆弱性是神经系统不成熟（即发展中的前额叶皮层，负责决策和控制冲动）、叛逆期发展（即解决社会归属和身份的需求以及挑战权威）和文化影响（例如，过大的学习压力、新的责任和更强的独立性）综合作用的结果。

1）儿童期是大脑迅速发展的时期，也是网络游戏成瘾的高风险时期。儿童期是大脑迅速走向成熟的时期，也是各类认知、社会能力迅速发展的时期。以猴子为研究对象的研究发现，额叶皮层中的多巴胺能神经元在青春期和成年早期会一直支配发育过程（Wolke et al.，2019），以人为对象的研究也发现同样的特征（Kojima et al.，2019）。多巴胺是与成瘾高度相关的因素，多巴胺的兴奋会让儿童对外部世界充满好奇，使其想去探索和尝试新鲜事物，加上儿童对自身行为缺乏足够的把控能力（Dong & Potenza，2014；Posner & Dehaene，1994），对是非利弊缺乏足够的判断能力，非常容易被网络游戏吸引。

2）儿童期是一个独特的神经发展时期。在 10～24 岁的发展窗口期，人的神经系统会发生多种复杂变化，在突触层面、分子层面和大脑组织网络层面都会迅速发展。其中，荷尔蒙和性类固醇的分泌能够显著影响突触和网络结构的改变（Arain et al.，2013），前额叶执行控制区域正在逐步建立对次级情绪处理相关皮层，包括边缘皮层和杏仁核（amygdala）环路等的调节（Benes & Berretta，2001；Giedd et al.，1999）。这些区域的损伤会导致个体自我控制能力的降低。

3）在儿童期，个体的大脑神经元髓鞘化尚未完成，大脑发育不成熟，网络游戏成瘾的消极影响可能会更严重。人类大脑在儿童期迅速发展，大脑神经元之间不断建立新的连接，大脑髓鞘化逐步形成。游戏给儿童提供的世界非常单一，甚至脱离现实，使他们的神经元无法接受足够的现实刺激，进而干扰神经元髓鞘化的过程。儿童对游戏的持续沉迷可能会导致他们无法对现实行为形成有效的防御机制，可能使其今后无法适应社会生活。

4）网络游戏成瘾会对儿童造成不可逆的损伤。青少年期对成瘾类物质的使用和成瘾行为的泛滥会导致成年期后一系列问题的产生。比如，研究发现，青少年酒精滥用行为与他们未来的过早死亡、犯罪、性疾病传播，以及女性意外受孕等密切相关（American Psychiatric Association，2013；Weinstein & Lejoyeux，2020）。这些行为会对他们的大脑产生长期的消极影响，甚至可能会造成大脑的永久损伤。

对问题游戏和网络游戏成瘾的研究表明，游戏行为在青春期通常会更加频繁（Brand et al.，2017），因此可能会成为个体应对各种生理和心理变化以及新角色期望的一种手段。在青春期中后期（如中学考试）和青年期（如进入劳动力市场、形成成人关系）等高压力和高绩效要求时期，游戏活动可能更容易对正常生活造成影响。

三、心理学因素

（一）人格特征

人格是个体持续、稳定表现出来的心理与行为特点的总和。人格的重要特征在于它具有倾向性。沃尔瑟等（Walther et al.，2012）选取 2553 名 12～25 岁的样本，研究了大五人格特征和赌博、游戏、烟草、酒精和大麻使用 5 种障碍的关系。结果发现，高冲动性是所有 5 种障碍中唯一同时存在的人格因素。该研究还发现，问题游戏与易怒/攻击性、社交焦虑、注意力缺陷问题和低自尊等密切相关。

大量研究探究了网络游戏成瘾与大五人格的关系，发现网络游戏成瘾与某些人格特征和心理特征密切相关，主要包括神经质（难以平衡焦虑、敌对、压抑、自我意识、冲动、脆弱等情绪的特质，即不具有保持情绪稳定的能力）（Peters & Malesky，2008）、外倾性（表现出热情、社交、果断、活跃、冒险、乐观等特质）（Cole & Hooley，2013）、宜人性（具有信任、利他、直率、依从、谦虚、移情等特质）（Collins et al.，2012）、责任性（显示出胜任、公正、条理、尽职、成就、自律、谨慎、克制等特点）（Braun et al.，2016）、开放性（具有想象、审美、情感丰富、求异、创造、智能等特质）等（Wang et al.，2015）。

除大五人格相关因素之外，很多人格特征也被发现与网络游戏成瘾密切相关，比如，较高的攻击性（Gervasi et al.，2017）、更强的破坏规则的倾向（Müller et al.，2015）、难以自控的冲动性（Billieux et al.，2015a，2015b；Lee et al.，2012；Rho et al.，2018）等。除此之外，特质焦虑（Mehroof & Griffiths，2010）、自恋（Stopfer et al.，2015）等也被发现与网络游戏成瘾存在显著相关。不过，研究者也发现了很多能够避免人们走向网络游戏成瘾的因素，如较低冲动性（Collins et al.，2012）、高自觉性（Müller et al.，2014）、高外向性（Kuss et al.，2013）以及更好的情绪调节能力等（Liau et al.，2015）。不难发现，这些基本上是不利因素的反面。

尽管某些特定的人格特征被认为能够提高或降低网络游戏成瘾的风险，但我们必须注意两点：第一，这些研究得出的更多是相关关系，我们无法确定这些心理特质是造成网络游戏成瘾的原因还是网络游戏成瘾的结果，因此，在解释和应用这些结果的时候必须十分慎重；第二，某些关系可能比相关关系更为复杂，比如，研究者发现某些因素发挥着调节作用，结果期望在各种成瘾行为中起着重要作用，能调节个体对网络活动结果的认知（Gwaltney et al.，2005；Lauritsen & Rosenberg，2016；Yi et al.，2015）。有研究发现，积极的结果期望（如体验快乐、愉悦或兴奋）会提高网络游戏成瘾的风险（Hou & Fang，2014；Wu et al.，2016）。回避的结果期望（如逃避现实、缓解压力、压制消极情绪）发挥着调节作用（Laier et al.，2018；Lin et al.，2008；Müller et al.，2021）。特定的结果期望与人格特质相互作用，提高了网络游戏成瘾的发生概率（Laier et al.，2018；Müller et al.，2021）。因此，Brand 等针对网络游戏成瘾的病因学模型，将积极和回避的结果期望作为启动或巩固游戏成瘾的重要因素（Brand et al.，2019）。

（二）低自尊

自尊是个人基于自我评价产生和形成的一种自重、自爱、自我尊重，并要求受到他人、集体和社会尊重的情感体验。低自尊的人信心不足，容易自我批评，难以建立和维持友谊。游戏可以提供情感安慰，并且可以提供“更安全”（如匿名、非面对面）的社交途径（Kowert et al.，2014；Lo et al.，2005）。在网络游戏成瘾中，自尊已被确定为发展和维持网络问题行为的风险因素和预测因素（Andreassen et al.，2016；Beard et al.，2017；Brand et al.，2016）。多个网络游戏成瘾模型都认为，对自己的能力和在现实世界中的地位感到不太确定的人，更有可能通过使用网络和玩网络游戏来进行补偿（Davis，2001；King & Delfabbro，2014，2016；Turkle，2017）。低自尊会导致个体产生压力和负面情绪，这一体验可以通过参与网络游戏来转移或补偿（Kim & Haridakis，2009）。有研究者提出，玩在线视频游戏的欲望来自个体对社会心理问题的补偿需求（Kardefelt-Winther，2014）。一项大规模研究将成瘾性社交媒体使用与较高的自恋和较低的自尊联系起来（Andreassen et al.，2017）。斯特蒂纳等（Stetina et al.，2011）调查了各种类型的网络游戏玩家，发现存在问题的大型游戏玩家往往在抑郁和低自尊的得分上比其他玩家高，低自尊可能是个体过度参与游戏以迎合群体归属需求的风险因素。

与此同时，低自尊也与许多精神障碍的认知症状（如失去目标、对未来不确定）有关，这些症状往往是成瘾的常见风险因素（Kuss et al.，2017）。有研究发现，网络成瘾与药物滥用、抑郁症、社交恐惧症和恐惧性焦虑，以及反社会/攻击性行为有关（Beutel et al.，2011；Kuss et al.，2014；Ko et al.，2006）。一项元分析发现，酗酒、注意力缺陷、多动症、抑郁症和焦虑与网络成瘾程度呈显著相关（Ho et al.，2014）。自尊与网络成瘾有关，即使在将物质使用障碍、情绪障碍和饮食障碍作为协变量考虑进去之后，结果依然如此（Sevelko et al.，2018）。因此，在未来的预防、干预以及病因学模型的构思中，研究者应识别低自尊群体，并将对其自尊的干预作为核心内容之一。

（三）低自我效能感

自我效能感是指个体对自己是否有能力完成某一行为所进行的推测与判断。具有较强自我效能感的人愿意为实现目标或为完成一项任务付出努力。自我效能感已被广泛应用于成瘾研究和干预之中，并得以证明它与许多成瘾行为有关，如饮酒、药物滥用、吸烟和问题饮食行为等（Cheng et al.，2020；Jiang et al.，2020；Kim et al.，2021；Wölfling et al.，2020；Yao et al.，2021）。也有研究发现，自我效能感与网络成瘾和游戏使用有关。研究显示，参与调节个人网络使用行为的网络自我效能感是问题网络使用行为的重要预测因素之一（Kräplin et al.，2021；Weinstein & Lejoyeux，2020）。相反，一个人拒绝或抵制物质滥用的能力与网络成瘾呈负相关（Wang et al.，2019）。

低自我效能感的人倾向认为他们无法在大多数日常活动中取得成功，因此他们会被那些更容易获取成功体验的游戏活动所吸引（Jeong & Kim，2011）。在游戏使用方面，不同年龄段的游戏成瘾者都有低自我效能感的特征（Wang et al.，2017）。游戏活动往往只需要最低限度的努力和相对较少的时间，就会让玩家得到积分、奖牌、奖杯或其他“成功”的象征。那些在日常生活中很少得到鼓励或其他积极强化的人非常容易被游戏的积极反馈所吸引。更有研究表明，通过自我效能感能提高心理健康水平，有效防止成年玩家走向成瘾（Chung et al.，2020）。

（四）童年创伤经历

缺乏安全感的青少年可能会在网络游戏中寻求虚拟世界带给其的安全感和情感安慰（Milani et al.，2009），而这种行为可能会逐步发展成为一种逃避模式，造成个体与父母和同伴冲突的进一步加剧。研究指出，一些有童年创伤经历的游戏玩家将网络游戏作为缓解早期亲子关系中痛苦记忆的途径。斯基门蒂等（Schimmenti et al.，2014）调查了 310 名 18～19 岁的学生，以评估有问题的网络使用和亲子关系创伤的关系。他们发现，有网络使用问题的被试在童年时期遭受过身体和性虐待的概率更大，在测量焦虑和回避依恋态度的量表上的得分更高。斯基门蒂等的另一项研究调查了 250 名大型多人在线游戏的成年玩家，考察与成瘾症状有关的依恋特征。结果发现，几乎一半（47%）的问题游戏被试报告了依恋相关问题，他们通过游戏来逃避痛苦的虐待记忆（Schimmenti et al.，2012）。相反，父母的温暖照顾和安全的亲子关系被发现对成瘾行为有防护作用。有研究者对 3034 名青少年进行了为期两年的追踪研究，发现良好的亲子关系和温暖的家庭环境与病理性游戏症状的减少有关（Liau et al.，2015）。

另外，在心理学因素上，还有自我控制能力不足、缺乏较好的风险决策能力和跨期决策能力等，我们将在专门的章节对其进行论述。

四、生理学与病理学因素

（一）并发症

研究发现，网络游戏成瘾与抑郁症、注意缺陷多动障碍、焦虑、强迫症状、敌意或攻击性高度相关（Chung et al.，2020）。抑郁症似乎是所有年龄段的网络游戏成瘾人群（青少年、成人和普通人群）中最常见的并发症。研究者认为，抑郁症更多是作为一种并发症而成为网络游戏成瘾的重要促成因素（Laconi et al.，2017；Sioni et al.，2017；Wang et al.，2018）。戴维斯和布兰德等的网络游戏成瘾理论模型都指出，情绪障碍，包括抑郁和焦虑，是根植于个体内部的影响玩家网络游戏成瘾易感性的重要因素（Davis，2001；Brand et al.，2016）。过去有大量关于网络成瘾和心理病理学之间联系的研究（Ha et al.，2007；Ho et al.，2014；Ko et al.，2014a；Yen et al.，2007a，2007b；Young & Rogers，1998），其中一些研究聚焦在线游戏活动对个体心理健康的影响（Andreassen et al.，2016；King et al.，2013）。

并发症和网络游戏成瘾之间的联系也在临床样本（即寻求治疗的网络游戏成瘾群体）中得到了验证。在一项对 263 名网络游戏成瘾患者和 153 名健康被试的研究中，研究者（Hyun et al.，2015）采用分级逻辑回归分析方法考察个人因素（性别和年龄）、认知因素（智商和持久性错误）、精神病理状况（多动症、抑郁症、焦虑症和冲动症）和社会互动因素（家庭环境、社会焦虑和自尊）的影响，发现 4 个因素都与网络游戏成瘾显著相关，其中精神病理状况是作用最强的风险因素。

在目前的研究条件下，我们尚无法确定网络游戏成瘾和这些心理障碍的因果关系，可能是某种特定的心理障碍对个体发展成为网络成瘾者有影响，也可能相反，即一个被诊断为网络成瘾的人可能原本就具有各种负面特质，心理障碍只是其中之一。当然，也有可能这两个过程同时存在、相互影响。另外，目前的大量研究并没有对网络的使用类型进行有效控制，而是将网络成瘾作为一个整体进行研究。在许多研究中，玩电子游戏是网络成瘾者最常见的活动（Hygen et al.，2020；Jeong et al.，2019；Lee et al.，2018；Lin et al.，2020），但研究者在分析结果时仍然没有单独考虑到这一方面。同时，由于网络游戏成瘾与精神病理学之间关系的复杂性，包括可能存在的发表偏差等，我们应谨慎解释这些结果（González-Bueso et al.，2018；Hygen et al.，2020）。

（二）基因

成瘾的生理基础特别是基因基础，一直是研究者关注的焦点。目前，研究者对网络游戏成瘾的行为表现和临床意义研究较多，但对其背后的分子遗传机制却知之甚少。最近的大规模双生子研究表明，遗传在网络游戏成瘾中发挥着重要作用（Li et al.，2014；Vink et al.，2016）。文克等对荷兰双胞胎登记处的 5247 对同卵和异卵青少年双生子的网络使用行为进行了个体差异调查，发现遗传因素可以解释 48%的差异（Vink et al.，2016）。李等观察了 825 对中国青少年双胞胎，发现遗传因素可以解释 58%～66%的差异（Li et al.，2014）。多巴胺受体 D2 基因、儿茶酚胺-O-甲基转移酶基因、5-羟色胺转运体基因和胆碱能受体尼古丁 α4 基因都被证实与网络成瘾存在显著相关（Han et al.，2007；Lee et al.，2008；Montag et al.，2012）。最近，金等通过测序分析筛选了 100 多个与神经递质的产生、作用和代谢有关的候选基因变异，发现神经营养受体酪氨酸激酶 3（NTRK3）基因的 rs2229910 与网络游戏成瘾有关（Kim et al.，2016）。

除了遗传因素，人的神经反应特征和行为也会受到包括微小核糖核酸（miRNA）在内的非编码核糖核酸的表观遗传控制（Issler & Chen，2015；Kocerha et al.，2015）。微小核糖核酸是小型非编码单链核糖核酸分子（长度为 20～23 个核苷酸），通过降解微小核糖核酸对蛋白编码基因的表达进行负向调节，在多种疾病的病理过程中发挥关键作用（Ambros，2001）。一系列证据表明，微小核糖核酸在人类中枢神经系统（CNS）中含量丰富，能对目标基因的表达水平进行微调，而这些基因参与了中枢神经系统的发育和成熟（Issler & Chen，2015）。最近的研究发现，微小核糖核酸的表达在精神疾病患者的脑组织中发生了改变，它们的表达谱可能是精神疾病的生物标志物（Hollins & Cairns，2016；Issler & Chen，2015；Kocerha et al.，2015）。Lee 等通过研究发现了 3 种微小核糖核酸（hsa-miR-200c-3p、hsa-miR-26b-5p、hsa-miR-652-3p）在网络游戏成瘾组的水平显著下降，所有 3 种微小核糖核酸均改变的个体比没有改变的个体患网络游戏成瘾的风险显著升高（Lee et al.，2018）。

尽管研究证明了基因与网络游戏成瘾的关系，但目前对基因的研究样本数量相对较少，无法达到基因研究所需要的大样本。因此，这些结论仍待更严格的检验。与此同时，这些基因也被证明与其他问题行为，如攻击、冒险等密切相关。因此，我们更应认为这些基因对网络游戏成瘾的影响不是特定的，它们会影响人类所有类似行为，而网络游戏成瘾仅仅是其中一种行为。

五、社会学因素

除了我们上面提到的个体因素外，个人所处的社会和环境特征也会影响他们参与游戏活动，其中包括同伴影响、个体家庭经济状况、父母教养方式等。

（一）同伴影响

对于处在青春期的青少年来说，同伴的影响非常重要。为了更受同伴欢迎，他们有时会不顾行为的后果而做出盲从同伴的选择，甚至在同伴的影响下做出冒险行为。研究发现，人们的第一次屏幕游戏经历大多发生在 5 岁时（King et al.，2013，2018），此时是个体在家庭中首次接触到游戏设备的年龄。但是，此时的游戏行为风险较小，且父母能对他们的行为进行有效控制。青春期才是游戏问题的高发阶段，青春期是一个重要的分离期，其特点是青少年开始寻求自主性和独立性。父母的心理控制干扰了青少年的基本心理需求（Ko et al.，2009），可能导致他们从同伴那里寻求亲密关系和支持（Wölfling et al.，2020），并增加他们与问题不良青少年建立联系的可能性（Jiang et al.，2020）。

经常和存在行为问题的游戏者交往，个体就有更大的网络游戏成瘾风险。儿童有更多的机会接触游戏，有更多的社会激励来维持游戏，有更大的可能被邀请作为团体中的一员定期玩游戏。此时，与同伴在线玩游戏成为一种“义务”，玩家需要加入团队并定期进行游戏。这种时间承诺会让玩家感受压力，进而继续玩下去。此时，游戏不单单是个人行为，而是作为群体活动的重要组成部分，在这种情况下，个体玩游戏的时间通常会超过预期，但鉴于其他人也在以同样模式玩游戏，这种行为可能会被合理化为“正常”。

作为一项团队活动，团队的成功能激发个人的成就感，让个体感觉即便花比预期更长的时间也是“值得的”。团体成员之间通过相互鼓励，将玩游戏的负面结果（如疲劳、精力下降）赋予正面含义，甚至让玩家感觉在别人之前离开游戏是不合作的表现或“害怕错过”关键内容（Przybylski et al.，2013）。玩家甚至会选择主动增加游戏时间，因为他们会担心自己的游戏水平或进度不能与同龄人保持一致，拖团队的后腿和进度。

同样，持续玩游戏会影响青少年在现实世界中的友谊。科维特等（Kowert et al.，2014）的研究发现，经常玩社交网络游戏的青少年玩家往往拥有更小和更低质量的线下社交圈，他们将社交的重心越来越多地转移到线上世界，越来越依赖于网络团体间的相互支持。因此，多人在线游戏的社会位移效应能进一步增加游戏行为，玩家越来越优先考虑在线社交的联系而不是现实世界的联系。因此，拥有一个由不玩游戏或很少玩游戏的亲密朋友组成的现实友谊网络，能大大降低青少年发展为网络游戏成瘾的风险。

即便同伴群体不是网络游戏群体，与行为问题青少年交往同样会增加他们发展为网络游戏成瘾的风险。研究发现，与存在行为问题同伴的关系是影响青少年网络游戏成瘾的一个重要预测因素（Kim et al.，2021；Zhou et al.，2020）。青少年通过观察学习模仿同伴行为，而问题行为同伴通过行为示范和同伴压力反过来影响他们（Cheng et al.，2020），这会增加他们做出类似问题行为的可能性。如果学来的不良行为导致社会排斥或遭到父母的训斥，而他们同样有获取社会接受的需求，那么这一需求将更多通过网络游戏得到补偿。研究表明，网络游戏可以迅速满足个人的社会心理需求，青少年可以在网络游戏中取得虚拟成功，以逃避现实生活中的人际压力（Kräplin et al.，2021）。一项为期一年的追踪研究表明，不良的亲子关系会增加他们与存在问题同伴的交往，使他们更有机会发展成为网络游戏成瘾者（Zhou et al.，2020）。当青少年表现出问题行为时，父母可能会对他们变得更加严格，并试图迫使改变他们的行为。但随着青少年越来越多地与存在行为问题的同伴进行交往且关系日益密切，他们的父母可能会放弃对孩子的管教（Wang et al.，2019）。因此，在父母心理控制到青少年网络游戏成瘾的路径中，具有行为问题的同伴起着中介作用（Weinstein & Lejoyeux，2020；Zhou et al.，2020）。

（二）家庭的影响

在预防青少年走向网络游戏成瘾这件事上，家长是最重要、最关键的人。家长与孩子朝夕相处，因此对孩子有更多的了解，对孩子的行为有更多的影响。家庭教养方式、家庭环境和家庭氛围对孩子的成长均具有关键作用。

家庭结构和家庭关系在网络游戏成瘾的发展中起着重要作用（Choo et al.，2015）。研究发现，亲子关系、父母对媒体使用的限制和监督以及父母的婚姻状况和社会经济地位状况，都会影响青少年网络游戏成瘾者的发展（Schneider et al.，2017）。来自单亲家庭或混合家庭的青少年比来自双亲家庭的青少年出现问题游戏行为的风险更大（Lam et al.，2009；Yen et al.，2007a，2007b）。有研究发现，来自具有较好家庭关系和功能的中国台湾青少年出现问题游戏行为的可能性较低（Chiu et al.，2004）。另一项对 600 名青少年的研究指出，较低的家庭活动参与度与问题游戏有关（Jeong & Kim，2011）。雷贝因和拜耳的一项为期 5 年的追踪研究发现，童年时父亲参与抚养和父母的有效监督可预测个体在青春期时较低的问题游戏概率（Rehbein & Baier，2013）。同样，与其他青少年相比，患有网络游戏成瘾的青少年报告其父母之间的信任程度较低和沟通较少，并且父母经常会愤怒和彼此疏远（King & Delfabbro，2017）。总之，来自不太稳定、不太温暖的家庭，以及家庭功能不健全的青少年更容易出现问题游戏和参与其他能够“逃避家庭”的游戏活动；而正面的家庭教养（如温暖的家庭氛围、管教严格、双亲等）对网络游戏成瘾有预防作用，勤奋的家庭成员会将青少年的注意力从游戏转移到其他活动上（Kim & Kim，2015）。安全的家庭关系也有助于降低其他风险，包括心理健康相关的问题和具有危险性的生活事件（Allen et al.，2007；Laible et al.，2000），进而降低他们发生网络游戏成瘾的概率。

此外，父母的心理控制也会影响青少年的网络游戏成瘾（Lin et al.，2020）。父母的心理控制指的是父母利用其权威，通过调节孩子的思想和/或情感来控制他们的行为，从而干预他们发展认同和自主的能力（Barber，1996）。我们把心理控制单独拿出来讲，原因在于我们的文化深受传统儒家思想的影响，强调子女对父母的充分尊重和顺从（Chen et al.，2020；Ho，1994）。中国父母可能倾向于采用具有控制性的养育方式，如心理控制（Chao，1994；Yang et al.，2020）。中国的父母在子女的教育上投入了巨大的精力，认为拥有知识是改变命运的重要保证。因此，他们非常关注孩子的学习成绩（Chen & Uttal，1988；Zhu et al.，2017），与学习无关的事情则处于次要地位。

追踪研究表明，父母的心理控制与青少年的网络成瘾，包括网络游戏成瘾，呈正相关（Li et al.，2013；Song et al.，2014；Yang et al.，2020）。一项涉及中国香港3328名学生的追踪研究显示，父母的心理控制对青少年的网络成瘾有正向预测作用（Shek et al.，2018）。父母的过度心理控制会削弱个体的内在动机，而青春期是寻求自主性的重要时期，父母的心理控制干扰了个体的基本心理需求（Barber & Harmon，2002；Li et al.，2013），这导致他们对那些容易满足心理需求的网络游戏表现出沉迷（Zhu et al.，2015）。

父母进行心理控制的重要表现在于过度干预孩子的行为和选择，这在一定程度上会提高孩子反叛父母的概率。在我国进行的一项追踪研究显示，父母的心理控制会提高儿童与存在问题行为同伴接触的风险（Tian et al.，2019）。一项对荷兰青少年的追踪研究表明，父母的过度监督不但不能满足青少年的基本心理需求，反而能预测他们与存在问题同伴的关系（Keijsers et al.，2012）。普祖鲁斯基等证明，网络游戏能迅速满足青少年对自主性、证明自身能力和与他人建立联系的基本心理需求（Przybylski et al.，2010）。当青少年花大量时间玩网络游戏时，他们的学习时间就会减少，这反过来会导致家长更频繁地使用心理控制，力图改变局面，最终造成恶性循环。

六、网络游戏成瘾的预测因素

前面部分更多综述了不同因素和网络游戏成瘾之间的相关关系，依据这些结论，我们无法确定这些因素是造成网络游戏成瘾的原因还是网络游戏成瘾的结果。因此，在解释和应用这些研究结论时必须十分慎重。

当然，研究者并未放弃对网络游戏成瘾预测因素的探索。

董等追踪了某大学刚入学的所有大一学生，采用症状自评量表（SCL-90）在入学时对他们进行了测查。一年后，研究者发现其中 59 名学生发展成为网络游戏成瘾者，于是再次测量了这 59 名学生的 SCL-90 得分，并对这 59 名发展为网络游戏成瘾学生的前后数据进行比较发现，在网络游戏成瘾之前，他们在强迫维度的得分是不正常的；在网络游戏成瘾之后，他们在抑郁、焦虑、敌对、人际关系敏感和精神病性等维度上的得分明显升高，表明这些是网络游戏成瘾的结果。躯体化、偏执和焦虑维度在这期间没有变化，表明这些维度与网络游戏成瘾没有关系。该研究未能找到有效预测网络游戏成瘾的因素，但证明了网络游戏成瘾会在某些方面给成瘾者带来负面影响（Dong et al.，2011）。具体见图 3-1。

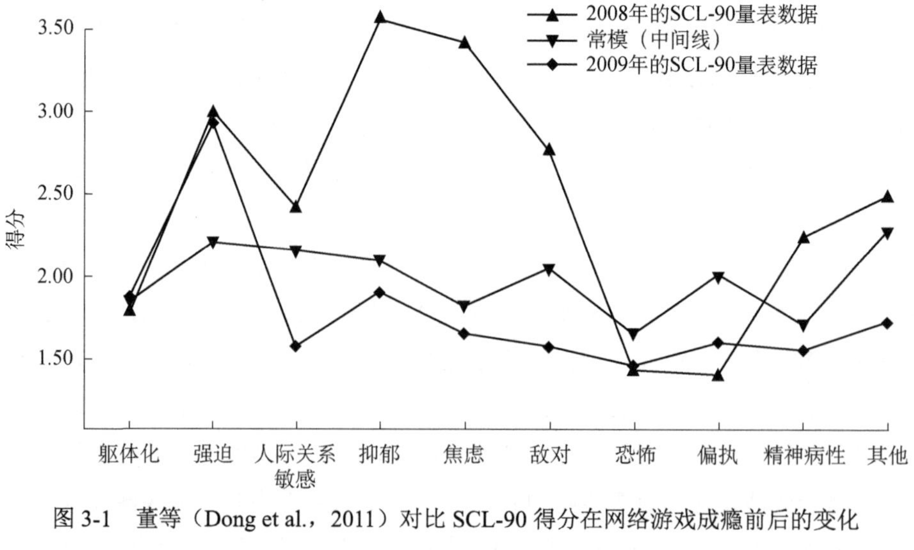

图 3-1　董等（Dong et al.，2011）对比 SCL-90 得分在网络游戏成瘾前后的变化

有研究发现，网络游戏成瘾和某些人格特征是可以相互预测的。研究追踪了网络游戏成瘾的高危人群，用自我报告方法评估了他们的网络游戏成瘾严重程度和抑郁程度，然后在追踪了一年时间后再次进行测量。结果发现，初次测量时的抑郁程度可显著预测一年后追踪时个体网络游戏成瘾的严重程度，初次测量时的网络游戏成瘾严重程度也能显著预测一年后追踪时个体的抑郁程度（Jeong et al.，2019）。另一项为期一年的追踪研究发现，初次测量时的生活目的，而不是社会支持，可以预测一年后个体网络游戏成瘾症状的减轻，社会支持和生活目的在不同时期可以相互预测、互为因果（Zhang et al.，2019）。

某些精神障碍也被发现对网络游戏成瘾具有预测作用。有研究发现，抑郁症、注意力缺陷/多动症、社交恐惧症和敌对情绪可预测两年后追踪结果中网络成瘾的出现，同时，敌对情绪和注意力缺陷/多动症分别是男性和女性青少年网络成瘾的最显著预测因素。该研究建议应及早关注注意力缺陷/多动症、敌意、抑郁和社交恐惧症人群的网络使用行为，并及时进行干预，以预防他们走向网络成瘾的道路（Ko et al.，2009）。另有研究者检验了多动症和网络成瘾之间的因果关系，并将动机和执行功能障碍作为协变量。结果表明，初测时的多动症分数可以预测追踪时的网络成瘾分数，但反之则不能。这表明多动症是网络成瘾的一个潜在风险因素，以过度偏爱即时奖励而非延迟奖励为特征的动机功能障碍比执行功能障碍更能预测网络成瘾（Zhou et al.，2020）。

也有研究者尝试采用生理指标对网络游戏成瘾进行预测。一项脑电图（electroencephalogram，EEG）研究追踪了20名网络游戏成瘾者和29名健康对照人群，在他们接受治疗6个月前后进行了静息状态脑电图扫描，治疗效果用Young网络成瘾测验（IAT）进行测量。研究发现，网络游戏成瘾者在初测时显示出δ和θ波段的静息状态脑电图活动增加，但增加的δ波段活动在治疗6个月后恢复正常，并与网络游戏成瘾症状的改善明显相关。此外，初测时较高的θ波段活动预示着治疗后成瘾症状改善的可能性较大（Kim et al.，2017）。此外，董等对149名玩家进行了扫描，在游戏前和突然停止游戏后（拔掉网线）分别让他们完成一项线索诱发的渴望任务，然后追踪他们的行为表现。一年后，发现有23名玩家发展为网络游戏成瘾者。他们比较了这23名从娱乐玩家发展成为成瘾玩家的被试和23名仍符合娱乐玩家标准的一对一匹配被试的原始数据，从娱乐玩家发展成为成瘾玩家的被试和仍符合娱乐玩家标准的被试在游戏前的线索诱发的渴望任务中表现出相似性，但时间和分组产生交互作用。这种交互作用与从娱乐玩家发展成为成瘾玩家的被试在游戏后的大脑激活水平提升有关。在娱乐玩家被试中，游戏环节后游戏线索诱导的豆状核激活可预测随后的网络游戏成瘾的发展（Dong et al., 2020）。如图 3-2 所示，结果提示，在游戏剥夺后的过高渴求（舍不得结束游戏）对未来网络游戏成瘾具有预测作用。

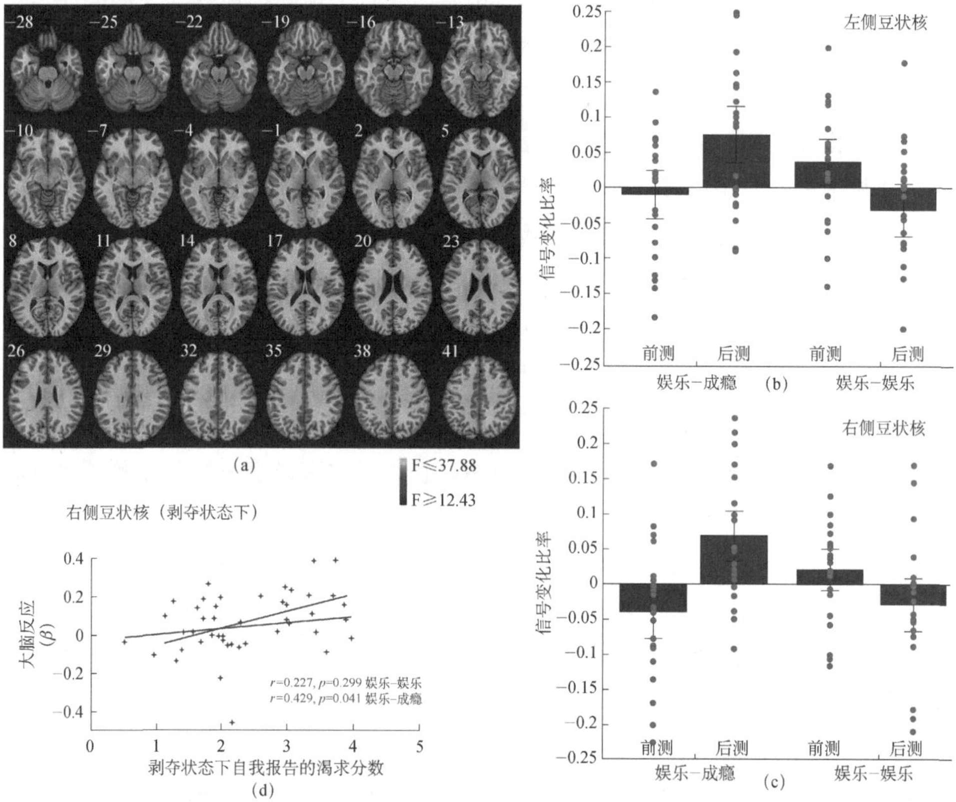

图 3-2　追踪显示能预测网络游戏成瘾的大脑特征

注：图（a）显示，群组（成瘾、非成瘾）和测量（初测，追踪测试）在左右侧豆状核上产生交互作用。图（b）和图（c）显示了左右侧豆状核在不同群组和不同测量时间段的激活特征。图（d）显示了自我报告的渴求和大脑反应之间的关系，这一关系在发展成为成瘾的人群中达到显著性水平，而在娱乐组中不显著（见文后彩图 3-2）

本章总结

总结本章介绍的所有因素后我们发现以下群体是高风险人群：男性、12～25 岁、具有特质性冲动和并发的精神病理状况、低自尊等。此外，来自混乱家庭抚养模式和不安全家庭关系的人的日常生活相对单一，有更多机会接触游戏；与存在问题游戏行为的同伴交往的人更容易发展为网络游戏成瘾者。

此外，我们还发现一些能够预防（阻止）个体网络游戏成瘾的因素，包括女性、年龄较大（25 岁以上）、具有较好的自我控制能力、外向、在现实世界中有朋友圈、有较高的自我效能感等，这些特征能较好地降低玩家发展成为网络游戏成瘾者的概率。

参 考 文 献

罗喆慧, 万晶晶, 刘勤学, 方晓义. (2010). 大学生网络使用、网络特定自我效能与网络成瘾的关系. *心理发展与教育,* (6), 60-68.

张锦涛, 刘勤学, 邓林园, 方晓义, 刘朝莹, 兰菁. (2011). 青少年亲子关系与网络成瘾：孤独感的中介作用. *心理发展与教育, 27*(6), 641-647.

邹红, 金盛华, 吴嵩. (2014). 青少年家庭经济地位与网络成瘾的关系：人际关系的调节作用. *教育研究与实验,* (2), 90-94.

Addis, M. E., & Mahalik, J. R. (2003). Men, masculinity, and the contexts of help seeking. *American Psychologist, 58*(1), 5-14.

Allen, J. P., Porter, M., McFarland, C., McElhaney, K. B., & Marsh, P. (2007). The relation of attachment security to adolescents' paternal and peer relationships, depression, and externalizing behavior. *Child Development, 78*(4), 1222-1239.

Ambros, V. (2001). microRNAs: Tiny regulators with great potential. *Cell, 107*(7), 823-826.

American Psychiatric Association. (2013). *Diagnostic and statistical manual of mental disorders (5th ed.)*. Arlington VA: American Psychiatric Association Press.

Andreassen, C. S., Billieux, J., Griffiths, M. D., Kuss, D. J., Demetrovics, Z., Mazzoni, E., & Pallesen, S. (2016). The relationship between addictive use of social media and video games and symptoms of psychiatric disorders: A large-scale cross-sectional study. *Psychology of Addictive Behaviors, 30*(2), 252.

Andreassen, C. S., Pallesen, S., & Griffiths, M. D. (2017). The relationship between addictive use of social media, narcissism, and self-esteem: Findings from a large national survey. *Addictive Behaviors, 64*, 287-293.

Arain, M., Haque, M., Johal, L., Mathur, P., Nel, W., Rais, A., . . . Sharma, S. (2013). Maturation of the adolescent brain. *Neuropsychiatric Disease Treatment, 9*, 449.

Barber, B. K. (1996). Parental psychological control: Revisiting a neglected construct. *Child Development, 67*(6), 3296-3319.

Barber, B. K., & Harmon, E. L. (2002). Violating the self: Parental psychological control of children and adolescents. In B. K. Barber (Ed.). *Intrusive Parenting: How Psychological Control Affects Children and Adolescents* (pp. 15-52). New York: American Psychological Association.

Beard, C. L., Haas, A. L., Wickham, R. E., & Stavropoulos, V. (2017). Age of initiation and internet gaming disorder: The role of self-esteem. *Cyberpsychology, Behavior, and Social Networking, 20*(6), 397-401.

Benes, F. M., & Berretta, S. (2001). GABAergic interneurons: Implications for understanding schizophrenia and bipolar disorder. *Neuropsychopharmacology, 25*(1), 1-27.

Beutel, M. E., Brähler, E., Glaesmer, H., Kuss, D. J., Wölfling, K., & Müller, K. W. (2011). Regular and problematic leisure-time internet use in the community: Results from a German population-based survey. *Cyberpsychology, Behavior, and Social Networking, 14*(5), 291-296.

Billieux, J., Schimmenti, A., Khazaal, Y., Maurage, P., & Heeren, A. (2015a). Are we overpathologizing everyday life? A tenable blueprint for behavioral addiction research. *Journal of Behavioral Addictions, 4*(3), 119-123.

Billieux, J., Thorens, G., Khazaal, Y., Zullino, D., Achab, S., & van der Linden, M. (2015b). Problematic involvement in online games: A cluster analytic approach. *Computers in Human Behavior, 43*, 242-250.

Blum, K., Braverman, E. R., Holder, J. M., Lubar, J. F., Monastra, V. J., Miller, D., . . . Comings, D. E. (2000). Reward deficiency syndrome: A biogenetic model for the diagnosis and treatment of impulsive, addictive, and compulsive behaviors. *Journal of Psychoactive Drugs, 32*, 1-112.

Borgonovi, F. (2016). Video gaming and gender differences in digital and printed reading performance among 15-year-olds students in 26 countries. *Journal of Adolescence, 48*, 45-61.

Brand, J. E., Todhunter, S., & Jervis, J. (2017). Digital Australia 2018 (DA18). *Retrivied from http://www. igea. net/wp-content/uploads//07/Digital-Australia--DA18-Final-1. pdf.*

Brand, M., Wegmann, E., Stark, R., Muller, A., Wolfling, K., Robbins, T. W., & Potenza, M. N. (2019). The interaction of person-affect-cognition-execution (I-PACE) model for addictive behaviors: Update, generalization to addictive behaviors beyond internet-use disorders, and specification of the process character of addictive behaviors. *Neuroscience and Behavioural Reviews, 104*, 1-10.

Brand, M., Young, K. S., Laier, C., Wolfling, K., & Potenza, M. N. (2016). Integrating psychological and neinternet-use disorders: An interaction of person-affect-cognition-execution (I-PACE) model. *Neuroscience and Behavioural Reviews, 71*, 252-266.

Braun, B., Stopfer, J. M., Müller, K. W., Beutel, M. E., & Egloff, B. (2016). Personality and video gaming: Comparing regular gamers, non-gamers, and gaming addicts and differentiating between game genres. *Computers in Human Behavior, 55*, 406-412.

Brevers, D., Bechara, A., Cleeremans, A., & Noël, X. (2013). Iowa Gambling Task (IGT): Twenty years after-gambling disorder and IGT. *Frontiers in Psychology, 4*, 665.

Byrnes, J. P., Miller, D. C., & Schafer, W. D. (1999). Gender differences in risk taking: A meta-analysis. *Psychological Bulletin, 125*(3), 367.

Carli, V., Durkee, T., Wasserman, D., Hadlaczky, G., Despalins, R., Kramarz, E., . . . Kaess, M. (2013). The association between pathological internet use and comorbid psychopathology: A systematic review. *Psychopathology, 46*(1), 1-13.

Chao, R. K. (1994). Beyond parental control and authoritarian parenting style: Understanding Chinese parenting through the cultural notion of training. *Child Development, 65*(4), 1111-1119.

Chen, B. T., Yau, H. J., Hatch, C., Kusumoto-Yoshida, I., Cho, S. L., Hopf, F. W., & Bonci, A. (2013). Rescuing cocaine-induced prefrontal cortex hypoactivity prevents compulsive cocaine seeking. *Nature, 496*(7445), 359-362.

Chen, C., & Uttal, D. H. (1988). Cultural values, parents' beliefs, and children's achievement in the United States and China. *Human Development, 31*(6), 351-358.

Chen, Y., Zhu, J., Yu, C., Wang, M., Zhu, Y., & Zhang, W. (2020). The explanatory mechanism of child impulsivity in the bidirectional associations between parental psychological control and child physical aggression. *Journal of Child Family Studies, 29*(7), 2039-2050.

Cheng, Y. S., Ko, H. C., Sun, C. K., & Yeh, P. Y. (2020). The relationship between delay discounting and internet addiction: A systematic review and meta-analysis. *Addictive Behaviors*, 106751.

Chiu, S. I., Lee, J. Z., & Huang, D. H. (2004). Video game addiction in children and teenagers in Taiwan. *CyberPsychology Behavior, 7*(5), 571-581.

Choo, H., Sim, T., Liau, A. K., Gentile, D. A., & Khoo, A. (2015). Parental influences on pathological symptoms of video-gaming among children and adolescents: A prospective study. *Journal of Child Family Studies, 24*(5), 1429-1441.

Chung, S. J., Jang, J. H., Lee, J. Y., Choi, A., Kim, B. M., Park, M. K., . . . Choi, J.-S. (2020). Self-efficacy and clinical characteristics in casual gamers compared to excessive gaming users and non-gamers in young adults. *Journal of Clinical Medicine, 9*(9), 2720.

Clark, L. (2015). Commentary on: Are we overpathologizing everyday life? A tenable blueprint for behavioral addiction research: On the slippery slopes: The case of gambling addiction. *Journal of Behavioral Addictions, 4*(3), 132-134.

Cole, S. H., & Hooley, J. M. (2013). Clinical and personality correlates of MMO gaming: Anxiety and absorption in problematic internet use. *Social Science Computer Review, 31*(4), 424-436.

Collins, E., Freeman, J., & Chamarro-Premuzic, T. (2012). Personality traits associated with problematic and non-problematic massively multiplayer online role playing game use. *Personality Individual Differences, 52*(2), 133-138.

Cross, C. P., Copping, L. T., & Campbell, A. (2011). Sex differences in impulsivity: A meta-analysis. *Psychological Bulletin, 137*(1), 97.

Davis, R. A. (2001). A cognitive-behavioral model of pathological internet use. *Computers in Human Behavior, 17*(2), 187-195.

de Bolle, M., de Fruyt, F., McCrae, R. R., Löckenhoff, C. E., Costa Jr, P. T., Aguilar-Vafaie, M. E., . . . Allik, J. (2015). The emergence of sex differences in personality traits in early adolescence: A cross-sectional, cross-cultural study. *Journal of Personality Social Psychology, 108*(1), 171.

Dong, G., Lu, Q., Zhou, H., & Zhao, X. (2011). Precursor or sequela: Pathological disorders in people with internet addiction disorder. *PLoS One, 6*(2), e14703.

Dong, G., & Potenza, M. N. (2014). A cognitive-behavioral model of internet gaming disorder: Theoretical underpinnings and clinical implications. *Journal of Psychiatric Research, 58*, 7-11.

Dong, G., Wang, M., Liu, X., Liang, Q., Du, X., & Potenza, M. N. (2020). Cue - elicited craving–

related lentiform activation during gaming deprivation is associated with the emergence of internet gaming disorder. *Addiction Biology, 25*(1), e12713.

Dong, G., Zheng, H., Liu, X., Wang, Y., Du, X., & Potenza, M. N. (2018). Gender-related differences in cue-elicited cravings in internet gaming disorder: The effects of deprivation. *Journal of Behavioral Addictions*, *7*(4), 953-964.

Durkee, T., Kaess, M., Carli, V., Parzer, P., Wasserman, C., Floderus, B., . . . Bobes, J. (2012). Prevalence of pathological internet use among adolescents in Europe: Demographic and social factors. *Addiction, 107*(12), 2210-2222.

Gentile, D. A., Bailey, K., Bavelier, D., Brockmyer, J. F., Cash, H., Coyne, S. M., . . . Young, K. (2017a). Internet gaming disorder in children and adolescents. *Pediatrics, 140*(S2), 81-85.

Gentile, D. A., Berch, O. N., Choo, H., Khoo, A., & Walsh, D. A. (2017b). Bedroom media: One risk factor for development. *Developmental Psychology, 53*(12), 2340.

Gershon, J., & Gershon, J. (2002). A meta-analytic review of gender differences in ADHD. *Journal of Attention Disorders, 5*(3), 143-154.

Gervasi, A. M., La Marca, L., Costanzo, A., Pace, U., Guglielmucci, F., & Schimmenti, A. (2017). Personality and internet gaming disorder: A systematic review of recent literature. *Current Addiction Reports, 4*(3), 293-307.

Giedd, J. N., Blumenthal, J., Jeffries, N. O., Castellanos, F. X., Liu, H., Zijdenbos, A., . . . Rapoport, J. L. (1999). Brain development during childhood and adolescence: A longitudinal MRI study. *Nature Neuroscience, 2*(10), 861-863.

González-Bueso, V., Santamaría, J. J., Fernández, D., Merino, L., Montero, E., & Ribas, J. (2018). Association between internet gaming disorder or pathological video-game use and comorbid psychopathology: A comprehensive review. *International Journal of Environmental Research Public Health, 15*(4), 668.

Grijalva, E., Newman, D. A., Tay, L., Donnellan, M. B., Harms, P. D., Robins, R. W., & Yan, T. (2015). Gender differences in narcissism: A meta-analytic review. *Psychological Bulletin, 141*(2), 261-310.

Grohol, J. M. (2016). Pokémon Go reportedly helping people's mental health, depression. *World of Psychology*.

Gwaltney, C. J., Shiffman, S., Balabanis, M. H., & Paty, J. A. (2005). Dynamic self-efficacy and outcome expectancies: Prediction of smoking lapse and relapse. *Journal of Abnormal Psychology, 114*(4), 661.

Ha, J. H., Kim, S. Y., Bae, S. C., Bae, S., Kim, H., Sim, M., . . . Cho, S. C. (2007). Depression and internet addiction in adolescents. *Psychopathology, 40*(6), 424-430.

Han, D. H., Lee, Y. S., Yang, K. C., Kim, E. Y., Lyoo, I. K., & Renshaw, P. F. (2007). Dopamine genes and reward dependence in adolescents with excessive internet video game play. *Journal of Addiction Medicine, 1*(3), 133-138.

Ho, D. Y. (1994). Filial piety, authoritarian moralism, and cognitive conservatism in Chinese societies. *Genetic, Social, and General Psychology Monographs, 120*(3), 349-365.

Ho, R. C., Zhang, M. W., Tsang, T. Y., Toh, A. H., Pan, F., Lu, Y., . . . Lai, C.-M. (2014). The association between internet addiction and psychiatric co-morbidity: A meta-analysis. *BMC Psychiatry, 14*(1), 1-10.

Hollins, S. L., & Cairns, M. J. (2016). MicroRNA: Small RNA mediators of the brains genomic response to environmental stress. *Progress in Neurobiology, 143*, 61-81.

Hou, S., & Fang, X. (2014). The explicit and implicit outcome expectancies of internet games and their relationships with internet gaming behaviors among college students. *Computers in Human Behavior, 39*, 346-355.

Hygen, B. W., Skalická, V., Stenseng, F., Belsky, J., Steinsbekk, S., & Wichstrøm, L. (2020). The co-occurrence between symptoms of internet gaming disorder and psychiatric disorders in childhood and adolescence: Prospective relations or common causes? *Journal of Child Psychology Psychiatry Clinical Neurosciences, 61*(8), 890-898.

Hyun, G. J., Han, D. H., Lee, Y. S., Kang, K. D., Yoo, S. K., Chung, U.-S., & Renshaw, P. F. (2015). Risk factors associated with online game addiction: A hierarchical model. *Computers in Human Behavior, 48*, 706-713.

Issler, O., & Chen, A. (2015). Determining the role of microRNAs in psychiatric disorders. *Nature Reviews Neuroscience, 16*(4), 201-212.

Jeong, E. J., & Kim, D. H. (2011). Social activities, self-efficacy, game attitudes, and game addiction. *Cyberpsychology, Behavior, and Social Networking, 14*(4), 213-221.

Jeong, H., Yim, H. W., Lee, S. Y., Lee, H. K., Potenza, M. N., Jo, S. J., & Son, H. J. (2019). Reciprocal relationship between depression and internet gaming disorder in children: A 12-month follow-up of the iCURE study using cross-lagged path analysis. *Journal of Behavioral Addictions, 8*(4), 725-732.

Jiang, C., Li, C., Zhou, H., & Zhou, Z. (2020). Individuals with internet gaming disorder have similar neurocognitive impairments and social cognitive dysfunctions as methamphetamine-dependent patients. *Adicciones*, 1342.

Jones, B. T., Corbin, W., & Fromme, K. (2001). A review of expectancy theory and alcohol consumption. *Addiction, 96*(1), 57-72.

Kain, E. (2016). Pokémon GO'is more than just a game and it's bringing people together. *Forbes*. New York. Accessed July, 11.

Kardefelt-Winther, D. (2014). The moderating role of psychosocial well-being on the relationship between escapism and excessive online gaming. *Computers in Human Behavior, 38*, 68-74.

Kasanetz, F., Deroche-Gamonet, V., Berson, N., Balado, E., Lafourcade, M., Manzoni, O., & Piazza, P. V. (2010). Transition to addiction is associated with a persistent impairment in synaptic plasticity. *Science, 328*(5986), 1709-1712.

Keijsers, L., Branje, S., Hawk, S. T., Schwartz, S. J., Frijns, T., Koot, H. M., . . . Meeus, W. (2012). Forbidden friends as forbidden fruit: Parental supervision of friendships, contact with deviant peers, and adolescent delinquency. *Child Development, 83*(2), 651-666.

Kim, B. M., Lee, J., Choi, A. R., Chung, S. J., Park, M., Koo, J. W., . . . Choi, J. S. (2021). Event-related brain response to visual cues in individuals with internet gaming disorder: Relevance to attentional bias and decision-making. *Translational Psychiatry, 11*(1), 1-11.

Kim, B. S., Chang, S. M., Park, J. E., Seong, S. J., Won, S. H., & Cho, M. J. (2016). Prevalence, correlates, psychiatric comorbidities, and suicidality in a community population with problematic internet use. *Psychiatry Research, 244*, 249-256.

Kim, J., & Haridakis, P. M. (2009). The role of internet user characteristics and motives in explaining three dimensions of internet addiction. *Journal of Computer-Mediated Communication, 14*(4), 988-1015.

Kim, J. Y., Jeong, J. E., Rhee, J. K., Cho, H., Chun, J. W., Kim, T. M., . . . Kim, D. J. (2016). Targeted exome sequencing for the identification of a protective variant against internet gaming disorder at rs2229910 of neurotrophic tyrosine kinase receptor, type 3 (NTRK3): A pilot study. *Journal of Behavioral Addictions, 5*(4), 631-638.

Kim, K., & Kim, K. (2015). Internet game addiction, parental attachment, and parenting of adolescents in South Korea. *Journal of Child Adolescent Substance Abuse, 24*(6), 366-371.

Kim, Y. J., Lee, J. Y., Oh, S., Park, M., Jung, H. Y., Sohn, B. K., . . . Choi, J. S. (2017). Associations between prospective symptom changes and slow-wave activity in patients with internet gaming disorder: A resting-state EEG study. *Medicine, 96*(8), e6178.

King, D. L., & Delfabbro, P. H. (2014). The cognitive psychology of internet gaming disorder. *Clinical Psychology Review, 34*(4), 298-308.

King, D. L., & Delfabbro, P. H. (2016). The cognitive psychopathology of internet gaming disorder in adolescence. *Journal of Abnormal Child Psychology, 44*(8), 1635-1645.

King, D. L., & Delfabbro, P. H. (2017). Features of parent-child relationships in adolescents with internet gaming disorder. *International Journal of Mental Health Addiction, 15*(6), 1270-1283.

King, D. L., & Delfabbro, P. H. (2018). *Internet Gaming Disorder: Theory, Assessment, Treatment, and Prevention*. New York: Academic Press.

King, D. L., Delfabbro, P. H., & Griffiths, M. D. (2012a). Clinical interventions for technology-based problems: Excessive internet and video game use. *Journal of Cognitive Psychotherapy, 26*(1), 43.

King, D. L., Delfabbro, P. H., Griffiths, M. D., & Gradisar, M. (2012b). Cognitive - behavioral approaches to outpatient treatment of internet addiction in children and adolescents. *Journal of Clinical Psychology, 68*(11), 1185-1195.

King, D. L., Delfabbro, P. H., Zwaans, T., & Kaptsis, D. (2013). Clinical features and axis I comorbidity of Australian adolescent pathological internet and video game users. *Australian New Zealand Journal of Psychiatry, 47*(11), 1058-1067.

King, D. L., Herd, M. C., & Delfabbro, P. H. (2018). Motivational components of tolerance in internet gaming disorder. *Computers in Human Behavior, 78*, 133-141.

Ko, C. H., Liu, T. L., Wang, P. W., Chen, C. S., Yen, C. F., & Yen, J. Y. (2014a). The exacerbation of depression, hostility, and social anxiety in the course of internet addiction among adolescents: A prospective study. *Comprehensive Psychiatry, 55*(6), 1377-1384.

Ko, C. H., Yen, J. Y., Chen, C. C., Chen, S. H., Wu, K., & Yen, C. F. (2006). Tridimensional personality of adolescents with internet addiction and substance use experience. *The Canadian Journal of Psychiatry, 51*(14), 887-894.

Ko, C. H., Yen, J. Y., Chen, S. H., Wang, P. W., Chen, C. S., & Yen, C. F. (2014b). Evaluation of the diagnostic criteria of internet gaming disorder in the DSM-5 among young adults in Taiwan. *Journal of Psychiatric Research, 53*, 103-110.

Ko, C. H., Yen, J. Y., Chen, C. S., Yeh, Y. C., & Yen, C. F. (2009). Predictive values of psychiatric symptoms for internet addiction in adolescents: A 2-year prospective study. *Archives of Pediatrics & Adolescent Medicine, 163*(10), 937-943.

Ko, C. H., Yen, J. Y., Yen, C. F., Chen, C. S., & Chen, C. C. (2012). The association between internet addiction and psychiatric disorder: A review of the literature. *European Psychiatry, 27*(1), 1-8.

Kocerha, J., Dwivedi, Y., & Brennand, K. J. (2015). Noncoding RNAs and neurobehavioral mechanisms in psychiatric disease. *Molecular Psychiatry, 20*(6), 677-684.

Kojima, R., Sato, M., Akiyama, Y., Shinohara, R., Mizorogi, S., Suzuki, K., . . . Yamagata, Z. (2019). Problematic internet use and its associations with health - related symptoms and lifestyle habits among rural Japanese adolescents. *Psychiatry Clinical Neurosciences, 73*(1), 20-26.

Koob, G. F., & Le Moal, M. (1997). Drug abuse: Hedonic homeostatic dysregulation. *Science, 278*(5335), 52-58.

Koob, G. F., & Le Moal, M. (2005). Plasticity of reward neurocircuitry and the 'dark side' of drug addiction. *Nature Neuroscience, 8*(11), 1442-1444.

Koob, G. F., & Le Moal, M. (2008). Addiction and the brain antireward system. *Annual Review of Psychology, 59*, 29-53.

Koob, G. F., & Volkow, N. D. (2010). Neurocircuitry of addiction. *Neuropsychopharmacology, 35*(1), 217-238.

Korn, D. A., & Shaffer, H. J. (1999). Gambling and the health of the public: Adopting a public health perspective. *Journal of Gambling Studies, 15*(4), 289-365.

Kowert, R., Domahidi, E., Festl, R., & Quandt, T. (2014). Social gaming, lonely life? The impact of digital game play on adolescents' social circles. *Computers in Human Behavior, 36*, 385-390.

Kräplin, A., Scherbaum, S., Kraft, E. M., Rehbein, F., Bühringer, G., Goschke, T., & Mößle, T. (2021). The role of inhibitory control and decision-making in the course of internet gaming disorder. *Journal of Behavioral Addictions, 9*(4), 990-1001.

Kuss, D. J., Dunn, T. J., Wölfling, K., Müller, K. W., Hędzelek, M., & Marcinkowski, J. (2017). Excessive internet use and psychopathology: The role of coping. *Clinical Neuropsychiatry: Journal of Treatment Evaluation, 14*(1), 73-81.

Kuss, D. J., & Griffiths, M. D. (2012). Internet gaming addiction: A systematic review of empirical research. *International Journal of Mental Health Addiction, 10*(2), 278-296.

Kuss, D. J., Griffiths, M. D., Karila, L., & Billieux, J. (2014). Internet addiction: A systematic review of epidemiological research for the last decade. *Current Pharmaceutical Design, 20*(25), 4026-4052.

Kuss, D. J., van Rooij, A. J., Shorter, G. W., Griffiths, M. D., & van de Mheen, D. (2013). Internet addiction in adolescents: Prevalence and risk factors. *Computers in Human Behavior, 29*(5), 1987-1996.

Laconi, S., Pirès, S., & Chabrol, H. (2017). Internet gaming disorder, motives, game genres and psychopathology. *Computers in Human Behavior, 75*, 652-659.

Laible, D. J., Carlo, G., & Raffaelli, M. (2000). The differential relations of parent and peer attachment to adolescent adjustment. *Journal of Youth Adolescence, 29*(1), 45-59.

Laier, C., Wegmann, E., & Brand, M. (2018). Personality and cognition in gamers: Avoidance expectancies mediate the relationship between maladaptive personality traits and symptoms of internet-gaming disorder. *Frontiers in Psychiatry, 9*, 304.

Lam, L. T., Peng, Z. W., Mai, J. C., & Jing, J. (2009). Factors associated with internet addiction among adolescents. *Cyberpsychology Behavior, 12*(5), 551-555.

Lauritsen, K. J., & Rosenberg, H. (2016). Comparison of outcome expectancies for synthetic cannabinoids and botanical marijuana. *The American Journal of Drug Alcohol Abuse, 42*(4), 377-384.

Lee, H. W., Choi, J. S., Shin, Y. C., Lee, J. Y., Jung, H. Y., & Kwon, J. S. (2012). Impulsivity in internet addiction: A comparison with pathological gambling. *Cyberpsychology, Behavior, and Social Networking, 15*(7), 373-377.

Lee, M., Cho, H., Jung, S. H., Yim, S. H., Cho, S.-M., Chun, J. W., . . . Lee, J. E. (2018). Circulating microRNA expression levels associated with internet gaming disorder. *Frontiers in Psychiatry, 9*, 81.

Lee, Y. S., Han, D. H., Yang, K. C., Daniels, M. A., Na, C., Kee, B. S., & Renshaw, P. F. (2008). Depression like characteristics of 5HTTLPR polymorphism and temperament in excessive internet users. *Journal of Affective Disorders, 109*(1-2), 165-169.

Lejuez, C. W., Read, J. P., Kahler, C. W., Richards, J. B., Ramsey, S. E., Stuart, G. L., . . . Brown, R. A. (2002). Evaluation of a behavioral measure of risk taking: The balloon analogue risk task (BART). *Journal of Experimental Psychology: Applied, 8*(2), 75.

Li, M., Chen, J., Li, N., & Li, X. (2014). A twin study of problematic internet use: Its heritability and genetic association with effortful control. *Twin Research Human Genetics, 17*(4), 279-287.

Li, S. M., & Chung, T. M. (2006). Internet function and internet addictive behavior. *Computers in Human Behavior, 22*(6), 1067-1071.

Li, X., Li, D., & Newman, J. (2013). Parental behavioral and psychological control and problematic internet use among Chinese adolescents: The mediating role of self-control. *Cyberpsychology, Behavior, and Social Networking, 16*(6), 442-447.

Liau, A. K., Choo, H., Li, D., Gentile, D. A., Sim, T., & Khoo, A. (2015). Pathological video-gaming among youth: A prospective study examining dynamic protective factors. *Addiction Research Theory, 23*(4), 301-308.

Lin, M. P., Ko, H. C., & Wu, J. Y. W. (2008). The role of positive/negative outcome expectancy and refusal self-efficacy of internet use on internet addiction among college students in Taiwan. *CyberPsychology Behavior, 11*(4), 451-457.

Lin, S., Yu, C., Chen, J., Sheng, J., Hu, Y., & Zhong, L. (2020). The association between parental psychological control, deviant peer affiliation, and internet gaming disorder among Chinese adolescents: A two-year longitudinal study. *International Journal of Environmental Research Public Health, 17*(21), 8197.

Lo, S. K., Wang, C. C., & Fang, W. (2005). Physical interpersonal relationships and social anxiety among online game players. *Cyberpsychology Behavior, 8*(1), 15-20.

Mehroof, M., & Griffiths, M. D. (2010). Online gaming addiction: The role of sensation seeking, self-control, neuroticism, aggression, state anxiety, and trait anxiety. *Cyberpsychology, Behavior, and Social Networking, 13*(3), 313-316.

Milani, L., Osualdella, D., & Di Blasio, P. (2009). Quality of interpersonal relationships and problematic internet use in adolescence. *CyberPsychology Behavior, 12*(6), 681-684.

Montag, C., Kirsch, P., Sauer, C., Markett, S., & Reuter, M. (2012). The role of the CHRNA4 gene in internet addiction: A case-control study. *Journal of Addiction Medicine, 6*(3), 191-195.

Müller, K. W., Beutel, M., Egloff, B., & Wölfling, K. (2014). Investigating risk factors for internet gaming disorder: A comparison of patients with addictive gaming, pathological gamblers and healthy controls regarding the big five personality traits. *European Addiction Research, 20*(3), 129-136.

Müller, K. W., Janikian, M., Dreier, M., Wölfling, K., Beutel, M., Tzavara, C., . . . Tsitsika, A. (2015). Regular gaming behavior and internet gaming disorder in European adolescents: results from a cross-national representative survey of prevalence, predictors, and psychopathological correlates. *European Child Adolescent Psychiatry, 24*(5), 565-574.

Müller, K. W., Werthmann, J., Beutel, M. E., Wölfling, K., & Egloff, B. (2021). Maladaptive personality traits and their interaction with outcome expectancies in gaming disorder and internet-related disorders. *International Journal of Environmental Research Public Health, 18*(8), 3967.

Noël, X., Brevers, D., & Bechara, A. (2013). A triadic neurocognitive approach to addiction for clinical interventions. *Frontiers in Psychiatry, 4*, 179.

Paul, S., & Amundson, S. A. (2014). Differential effect of active smoking on gene expression in male and female smokers. *Journal of Carcinogenesis Mutagenesis, 5*, 1000198.

Peters, C. S., & Malesky, L. A. (2008). Problematic usage among highly-engaged players of massively multiplayer online role playing games. *CyberPsychology Behavior, 11*(4), 481-484.

Posner, M. I., & Dehaene, S. (1994). Attentional networks. *Trends in Neurosciences, 17*(2), 75-79.

Przybylski, A. K., Murayama, K., DeHaan, C. R., & Gladwell, V. (2013). Motivational, emotional, and behavioral correlates of fear of missing out. *Computers in Human Behavior, 29*(4), 1841-1848.

Przybylski, A. K., Rigby, C. S., & Ryan, R. M. (2010). A motivational model of video game engagement. *Review of General Psychology, 14*(2), 154-166.

Przybylski, A. K., Weinstein, N., & Murayama, K. (2017). Internet gaming disorder: Investigating the clinical relevance of a new phenomenon. *American Journal of Psychiatry, 174*(3), 230-236.

Rehbein, F., & Baier, D. (2013). Family-, media-, and school-related risk factors of video game addiction: A 5-year longitudinal study. *Journal of Media Psychology: Theories, Methods, and*

Applications, 25(3), 118-128.

Rho, M. J., Lee, H., Lee, T. H., Cho, H., Jung, D. J., Kim, D. J., & Choi, I. Y. (2018). Risk factors for internet gaming disorder: Psychological factors and internet gaming characteristics. *International Journal of Environmental Research Public Health, 15*(1), 40.

Robinson, T. E., & Berridge, K. C. (2000). The psychology and neurobiology of addiction: An incentive-sensitization view. *Addiction, 95*(8s2), 91-117.

Robinson, T. E., & Berridge, K. C. (2001). Incentive - sensitization and addiction. *Addiction, 96*(1), 103-114.

Sagheddu, C., Muntoni, A. L., Pistis, M., & Melis, M. (2015). Endocannabinoid signaling in motivation, reward, and addiction: Influences on mesocorticolimbic dopamine function. *International Review of Neurobiology, 125*, 257-302.

Sariyska, R., Lachmann, B., Markett, S., Reuter, M., & Montag, C. (2017). Individual differences in implicit learning abilities and impulsive behavior in the context of internet addiction and internet gaming disorder under the consideration of gender. *Addictive Behaviors Reports, 5*, 19-28.

Schimmenti, A., Guglielmucci, F., Barbasio, C., & Granieri, A. (2012). Attachment disorganization and dissociation in virtual worlds: A study on problematic internet use among players of online role playing games. *Clinical Neuropsychiatry, 9*(5), 187-195.

Schimmenti, A., Passanisi, A., Gervasi, A. M., Manzella, S., & Famà, F. I. (2014). Insecure attachment attitudes in the onset of problematic internet use among late adolescents. *Child Psychiatry Human Development, 45*(5), 588-595.

Schneider, L. A., King, D. L., & Delfabbro, P. H. (2017). Family factors in adolescent problematic internet gaming: A systematic review. *Journal of Behavioral Addictions, 6*(3), 321-333.

Sevelko, K., Bischof, G., Bischof, A., Besser, B., John, U., Meyer, C., & Rumpf, H. J. (2018). The role of self-esteem in internet addiction within the context of comorbid mental disorders: Findings from a general population-based sample. *Journal of Behavioral Addictions, 7*(4), 976-984.

Shek, D. T., Zhu, X., & Ma, C. (2018). The influence of parental control and parent-child relational qualities on adolescent internet addiction: A 3-year longitudinal study in Hong Kong. *Frontiers in Psychology, 9*, 642.

Shen, C., Ratan, R., Cai, Y. D., & Leavitt, A. (2016). Do men advance faster than women? Debunking the gender performance gap in two massively multiplayer online games. *Journal of Computer-Mediated Communication, 21*(4), 312-329.

Sioni, S. R., Burleson, M. H., & Bekerian, D. A. (2017). Internet gaming disorder: Social phobia and identifying with your virtual self. *Computers in Human Behavior, 71*, 11-15.

Song, J., Li, D., Gu, C., Zhao, L., Bao, Z., & Wang, Y. (2014). Parental control and adolescents' problematic internet use: The mediating effect of deviant peer affiliation. *Psychological Development Education, 30*(3), 303-311.

Stetina, B. U., Kothgassner, O. D., Lehenbauer, M., & Kryspin-Exner, I. (2011). Beyond the fascination of online-games: Probing addictive behavior and depression in the world of online-gaming. *Computers in Human Behavior, 27*(1), 473-479.

Stopfer, J. M., Braun, B., Müller, K. W., & Egloff, B. (2015). Narcissus plays video games. *Personality Individual Differences, 87*, 212-218.

Tateno, M., Skokauskas, N., Kato, T. A., Teo, A. R., & Guerrero, A. P. (2016). New game software (Pokémon Go) may help youth with severe social withdrawal, hikikomori. *Psychiatry Research, 246*, 848.

Tejeiro, R. A., Gómez-Vallecillo, J. L., Pelegrina, M., Wallace, A., & Emberley, E. (2012). Risk factors associated with the abuse of video games in adolescents. *Psychology, 3*(4), 310.

Tian, Y., Yu, C., Lin, S., Lu, J., Liu, Y., & Zhang, W. (2019). Parental psychological control and adolescent aggressive behavior: Deviant peer affiliation as a mediator and school connectedness as a moderator. *Frontiers in Psychology, 10*, 358.

Torregrossa, M. M., Corlett, P. R., & Taylor, J. R. (2011). Aberrant learning and memory in addiction. *Neurobiology of Learning Memory, 96*(4), 609-623.

Turkle, S. (2017). *Alone Together: Why We Expect More from Technology and Less from Each Other*. New York: Basic Books.

Verdejo-García, A., & Bechara, A. (2009). A somatic marker theory of addiction. *Neuropharmacology, 56*, 48-62.

Vink, J. M., van Beijsterveldt, T. C., Huppertz, C., Bartels, M., & Boomsma, D. I. (2016). Heritability of compulsive Internet use in adolescents. *Addiction Biology, 21*(2), 460-468.

Walther, B., Morgenstern, M., & Hanewinkel, R. (2012). Co-occurrence of addictive behaviours: Personality factors related to substance use, gambling and computer gaming. *European Addiction Research, 18*(4), 167-174.

Wang, C. W., Ho, R. T., Chan, C. L., & Tse, S. (2015). Exploring personality characteristics of Chinese adolescents with internet-related addictive behaviors: Trait differences for gaming addiction and social networking addiction. *Addictive Behaviors, 42*, 32-35.

Wang, H. R., Cho, H., & Kim, D.-J. (2018). Prevalence and correlates of comorbid depression in a nonclinical online sample with DSM-5 internet gaming disorder. *Journal of Affective Disorders, 226*, 1-5.

Wang, Y., Hu, Y., Xu, J., Zhou, H., Lin, X., Du, X., & Dong, G. (2017). Dysfunctional prefrontal function is associated with impulsivity in people with internet gaming disorder during a delay discounting task. *Frontiers in Psychiatry, 8*, 287.

Wang, Z., Liu, X., Hu, Y., Zheng, H., Du, X., & Dong, G. (2019). Altered brain functional networks in internet gaming disorder: Independent component and graph theoretical analysis under a probability discounting task. *CNS Spectrums, 24*(5), 544-556.

Weinstein, A., & Lejoyeux, M. (2020). Neurobiological mechanisms underlying internet gaming disorder. *Dialogues in Clinical Neuroscience, 22*(2), 113.

Wölfling, K., Duven, E., Wejbera, M., Beutel, M., & Müller, K. (2020). Discounting delayed monetary rewards and decision making in behavioral addictions–A comparison between patients with gambling disorder and internet gaming disorder. *Addictive Behaviors, 108*, 106446.

Wolke, S. A., Mehta, M. A., O'Daly, O., Zelaya, F., Zahreddine, N., Keren, H., . . . Pine, D. S. (2019).

Modulation of anterior cingulate cortex reward and penalty signalling in medication-naive young-adult subjects with depressive symptoms following acute dose lurasidone. *Psychological Medicine, 49*(8), 1365-1377.

Wu, J. Y. W., Ko, H. C., Wong, T. Y., Wu, L. A., & Oei, T. P. (2016). Positive outcome expectancy mediates the relationship between peer influence and internet gaming addiction among adolescents in Taiwan. *Cyberpsychology, Behavior, and Social Networking, 19*(1), 49-55.

Yang, S. C., & Tung, C. J. (2007). Comparison of internet addicts and non-addicts in Taiwanese high school. *Computers in Human Behavior, 23*(1), 79-96.

Yang, X., Jiang, X., Mo, P. K. H., Cai, Y., Ma, L., & Lau, J. T. F. (2020). Prevalence and interpersonal correlates of internet gaming disorders among Chinese adolescents. *International Journal of Environmental Research Public Health, 17*(2), 579.

Yao, Y. W., Zhang, J. T., Fang, X. Y., Liu, L., & Potenza, M. N. (2021). Reward - related decision - making deficits in internet gaming disorder: A systematic review and meta - analysis. *Addiction, 117*(1), 19-32.

Yen, J. Y., Ko, C. H., Yen, C. F., Wu, H. Y., & Yang, M. J. (2007a). The comorbid psychiatric symptoms of internet addiction: Attention deficit and hyperactivity disorder (ADHD), depression, social phobia, and hostility. *Journal of Adolescent Health, 41*(1), 93-98.

Yen, J. Y., Yen, C. F., Chen, C. C., Chen, S. H., & Ko, C. H. (2007b). Family factors of internet addiction and substance use experience in Taiwanese adolescents. *Cyberpsychology Behavior, 10*(3), 323-329.

Yi, S., Stewart, M., Collins, P., & Stewart, S. H. (2015). The activation of reward versus relief gambling outcome expectancies in regular gamblers: Relations to gambling motives. *Journal of Gambling Studies, 31*(4), 1515-1530.

Young, K. S., & Rogers, R. C. (1998). The relationship between depression and internet addiction. *Cyberpsychology Behavior, 1*(1), 25-28.

Zhang, M. X., Wang, X., Shu, M. Y., & Wu, A. M. (2019). Purpose in life, social support, and internet gaming disorder among Chinese university students: A 1-year follow-up study. *Addictive Behaviors, 99*, 106070.

Zhou, B., Zhang, W., Li, Y., Xue, J., & Zhang-James, Y. (2020). Motivational but not executive dysfunction in attention deficit/hyperactivity disorder predicts internet addiction: Evidence from a longitudinal study. *Psychiatry Research, 285*, 112814.

Zhu, J., Yu, C., Bao, Z., Jiang, Y., Zhang, W., Chen, Y., . . . Zhang, J. (2017). Deviant peer affiliation as an explanatory mechanism in the association between corporal punishment and physical aggression: A longitudinal study among Chinese adolescents. *Journal of Abnormal Child Psychology, 45*(8), 1537-1551.

Zhu, J., Zhang, W., Yu, C., & Bao, Z. (2015). Early adolescent internet game addiction in context: How parents, school, and peers impact youth. *Computers in Human Behavior, 50*, 159-168.

第四章

网络游戏成瘾者的游戏渴求特征及其认知神经机制

一、渴求及其在成瘾中的作用

动机是驱动一个人做出某种行为的内在力量，渴求是动机的外在表现形式。难以抑制的渴求是成瘾的一个重要特征，被列为诊断物质使用障碍的标准之一（American Psychiatric Association, 2013）。大量研究证明，渴求之所以能推动成瘾，核心原因在于它反映了药物寻求的动机状态（Sayette，2016；Sinha & Li，2007）。渴求不仅是各类物质成瘾，包括与酒精、尼古丁、大麻、可卡因和其他精神活性物质有关的成瘾的核心症状（Khoury et al.，2017），也与赌博（Potenza et al.，2003）和网络游戏成瘾（Dong et al.，2017）等行为成瘾有关。

渴求促进成瘾的作用机制在于它将人们的注意力转移到与成瘾有关的线索上（Sayette，2016；Tiffany，1990），并影响到人们对成瘾相关信息的评价（Sayette et al.，2010）。它能促使个体追求即时满足而不是长期回报，甚至使个体为了得到眼前的短期利益而承受长远的损失（Balodis & Potenza, 2015; Berridge & Kringelbach, 2015；Dong & Potenza，2016；Piper，2015；Wilson et al.，2014）。渴求是物质成瘾中促使成瘾者产生药物寻求行为的动力，也是促使戒断人群复吸的主要原因之一，在成瘾的形成和维持中发挥着重要作用（Ashrafioun et al.，2012，Carter & Tiffany，2001；Dong et al.，2019a）。鉴于这些原因，降低渴求是认知行为疗法等行为疗法的重要目标（Potenza et al.，2013）。

大量成瘾模型集中在奖励对渴求的作用上，所有精神活性药物都以大脑中的奖赏系统为目标，产生与成瘾或依赖有关的愉悦体验和情绪（Robbins，1976）。除此之外，也有证据表明负强化能够进一步刺激渴求，并且在维持成瘾行为方面发挥重要作用（Pettit et al.，1984）。乔治和库布提出了成瘾循环（addiction cycle），以此来描述不同强化物在成瘾过程中的作用，如图 4-1 所示（George & Koob，2017）。

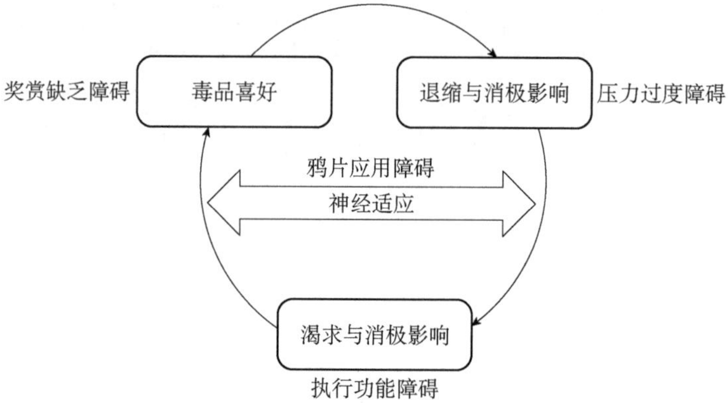

图 4-1 乔治和库布提出的成瘾循环（George & Koob，2017）

这一循环涉及三个关键驱动因素：毒品喜好（drug-liking）（与奖赏缺乏障碍有关，毒品带来的积极情绪产生正强化，促使人们在成瘾的早期阶段提高药物使用概率）、退缩与消极影响（withdraw and negative affect）（与药物戒断带来的压力和不安有关，使人们渴望服用药物以改善情绪并消除戒断症状），以及渴求与消极影响（craving and negative affect）。这些关键驱动因素对应的认知功能分别与奖赏缺乏障碍、压力过度障碍和执行功能障碍有关（George & Koob，2017）。在成瘾循环中，渴求在毒品成瘾的发展和维持过程中发挥着重要的驱动作用。

二、渴求常用研究范式与认知神经机制

（一）线索渴求任务

线索渴求任务（cue-craving task）是研究者常用的探讨成瘾人群在面对成瘾相关刺激时行为和大脑反应特征的范式。我们以图 4-2 的任务举例说明。在这一任务中，要求被试对图片进行简单的反应，反应的规则是：如果图片中有人的侧脸，就按“1”；如果没有人的侧脸，就按“2”。图片刺激材料可以分为 4 类：玩游戏（有人脸）、玩游戏（无人脸）、打字（有人脸）、打字（无人脸）。在实际的数据分

析中，我们将 4 类刺激材料分为两种条件，即玩游戏和打字，然后对比两种条件下大脑的反应特征。游戏图片对网络游戏成瘾群体具有特殊含义，能够诱发他们对游戏的渴求，他们的大脑会表现出不一样的特征。

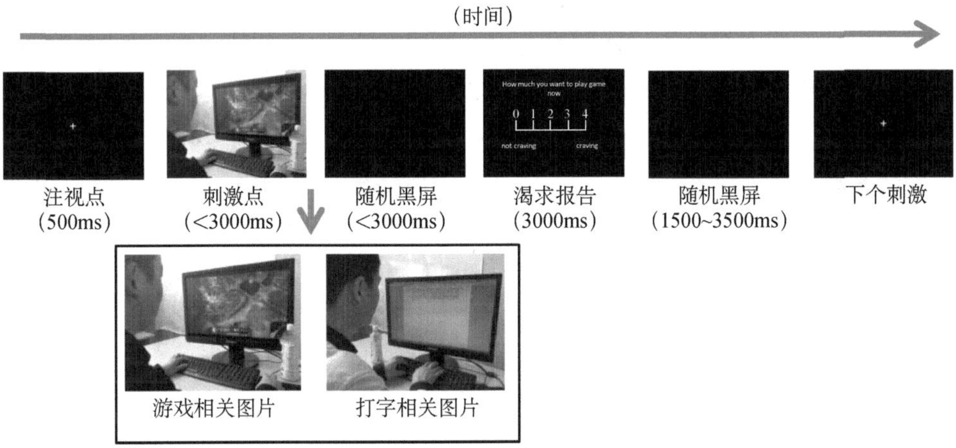

图 4-2　线索渴求任务流程示例

（二）网络游戏成瘾患者游戏渴求特征的认知神经机制

网络游戏刺激能引起大脑特征的变化，主要表现在与渴求相关的脑区上。安东斯等（Antons et al.，2020）总结了与成瘾行为的形成和维持相关的 4 个大脑网络以及涉及的脑区，见图 4-3。网络主要包括奖赏网络（reward network）、执行控制网络（ECN）、突显网络（salience network）和习惯网络（habit network）；与渴求相关的脑区主要包括纹状体（striatum）、杏仁核、眶额皮层（OFC）和前扣带回喙部（rACC）。

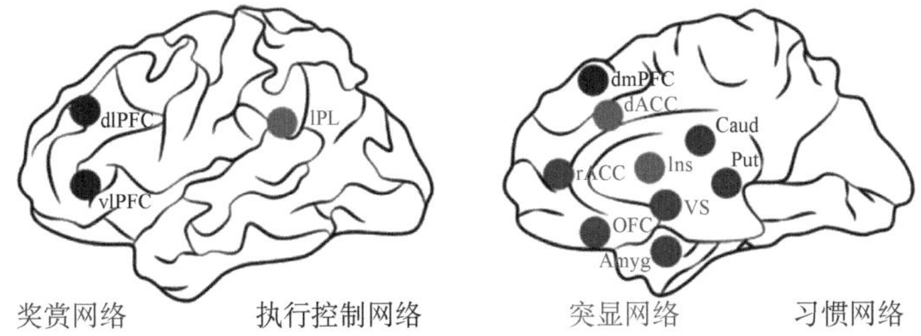

图 4-3　与成瘾行为的形成和维持相关的大脑网络以及涉及的脑区（Antons et al.，2020）

注：Amyg=杏仁核，Caud=尾状核，dACC=背侧前扣带回，dlPFC=背外侧前额叶，dmPFC=背内侧前额叶，Ins=岛叶，IPL=下顶叶，OFC=眶额皮层，Put=壳核，rACC=前扣带回喙部，vlPFC=腹外侧前额叶皮层，VS=腹侧纹状体（见文后彩图 4-3）

在网络游戏成瘾的相关研究中，虽然不同研究之间获得的相关脑区存在较大差异，但是我们可以从中归纳出一些核心发现。

1. 额叶-纹状体回路一直是研究的热点

应用动物和人类作为研究对象的研究表明，额叶-纹状体回路（frontostriatal circuit）的功能受损可能是成瘾特征中控制力受损的基础（Dong et al.，2019c，2020；Fineberg et al.，2010；Zhou et al.，2018）。对网络游戏成瘾的研究发现，与执行控制和奖赏处理相关的大脑网络/区域之间的沟通存在异常，执行控制相关脑区和奖赏相关脑区之间的功能连接相对减弱。金等发现，与对照组相比，网络游戏成瘾患者在眶额皮层和背外侧纹状体（DS）之间的功能连接减弱（以眶额皮层为兴趣区，测量其与纹状体区域的联系）（Kim et al.，2019）。另有研究发现，与对照组相比，网络游戏成瘾组在左侧内侧眶额皮层（mOFC）和枕叶之间的功能连接值明显减弱（以左侧眶额皮层和枕叶为兴趣区）（Han et al.，2018）。

有研究者招募了 40 名游戏娱乐玩家（将游戏作为娱乐手段，但是没有成瘾）和 30 名网络游戏成瘾被试，对比了他们在线索渴求任务中的大脑反应特征。结果显示，与游戏娱乐玩家相比，网络游戏成瘾被试的左侧眶额皮层激活水平升高，右侧前扣带回皮层、右侧楔前区的激活水平下降。眶额皮层的高激活与网络游戏成瘾被试对游戏的高渴求相关，前扣带回皮层的低激活表明网络游戏成瘾被试对游戏相关刺激的抑制能力受损（Wang et al.，2017）。有研究创设了“游戏中断”条件（在玩家玩游戏的过程中，主试悄悄拔掉网线迫使游戏中断），并比较了网络游戏成瘾被试和游戏娱乐玩家在游戏中断后完成线索渴求任务时的大脑特征。结果显示，与游戏娱乐玩家相比，网络游戏成瘾被试的前扣带回皮层（ACC）、海马旁回和背外侧前额叶皮层激活水平下降。自我报告的游戏渴求与前扣带回皮层、背外侧前额叶和海马旁回的激活水平之间呈明显负相关，表明网络游戏成瘾被试在游戏中断后往往无法抑制他们的游戏渴望，而游戏娱乐玩家则没有这一特征（Zhang et al.，2020）。有研究者对比了网络游戏成瘾被试、已经戒除网络游戏成瘾的人群和无成瘾经历的对照组在面对游戏刺激时渴求的大脑特征。结果显示，网络游戏成瘾被试的双侧背外侧前额叶皮层、左侧海马旁回、后扣带回和右侧前扣带回在对游戏线索的反应中激活水平更高。这些被激活的脑区与物质成瘾相对应的脑区重叠（Ko et al.，2013a）。研究者在被试在执行 Go/No-Go 任务时，用游戏图片作为背景来干扰被试的任务完成情况并诱发渴求。结果发现，与控制组相比，网络游戏成瘾组在游戏图片干扰条件下，右侧背外侧前额叶皮层和顶上小叶（SPL）的大脑激活水平升高的幅度小。此外，右侧背外侧前额叶皮层和顶上小叶的大脑激活与网络游戏成瘾组的反应抑制表现呈负相关（Liu et al.，2014）。

也有研究者尝试用元分析方法对不同研究结果进行归纳。通过元分析研究者发现，在线索反应性任务中，网络游戏成瘾者在双侧楔前叶和双侧扣带回表现出明显的高激活，在脑岛表现出明显的低激活（Zheng et al.，2019）。另一项元分析发现，网络游戏成瘾者额下回（IFG）与热执行功能（hot executive functions）的低激活相关（Yao et al.，2017）。

上面的结论表明，网络游戏成瘾群体的前额-纹状体（fronto-striatal）的联系受到损害。额叶上与执行控制相关的脑区的低激活反映了网络游戏成瘾群体行为控制能力的降低，而与奖赏相关脑区活跃程度的增加表明网络游戏成瘾群体具有更强烈的渴求，更强烈的渴求与受损的行为抑制能力最终导致网络游戏成瘾群体出现不受节制的游戏行为。这一结果可以解释为什么网络游戏成瘾被试会受制于对游戏的依赖，而游戏娱乐玩家则可以休闲地玩网络游戏，而不产生依赖性。

2. 脑岛在网络游戏成瘾渴求中发挥重要作用

对成瘾的研究关注的脑区大多集中在皮下系统，如纹状体、杏仁核等，还有研究考察了执行控制系统和皮下系统的关系。最近有研究开始关注脑岛在其中的作用，发现它在有意识的吸毒冲动中起着至关重要的作用。脑岛是一个将知觉状态和自我意识整合到有意识感觉的区域，对涉及风险和回报的决策过程很重要（Naqvi & Bechara，2009）。功能成像研究显示，当个体对毒品有渴求和冲动欲望时，其脑岛被激活。阿迪柯物等调查了吸烟者基于脑岛的功能连接特征，发现复吸与后脑岛和初级感觉运动皮层之间的功能连接减弱有关（Addicott et al.，2015）。

脑岛在行为成瘾（如网络游戏成瘾）中的作用也开始受到研究者的关注。刘等对比了网络游戏成瘾组和对照组基于脑岛的功能连接特征。发现与对照组比，网络游戏成瘾组的左后脑岛与双侧辅助运动区（SMA）和中间扣带回之间的功能连接减少，右侧脑岛与右侧额上回（SFG）之间的功能连接减少，脑岛亚区之间的功能整合减少。这表明网络游戏成瘾人群对游戏渴求的执行控制能力减弱，也表明了网络游戏成瘾与吸烟等物质成瘾在脑岛网络特征改变上的一致性（Liu et al.，2017）。在另外一项研究中，研究者对比了不同群体脑岛的静息态功能连接（rsFC）特征及其与网络游戏成瘾的关系。发现与控制组相比，网络游戏成瘾组的前脑岛与前扣带回皮层、壳核、角回，以及楔前叶的区域网络之间的静息态功能连接增强，而这些区域被认为参与了渴求等认知功能。网络游戏成瘾的严重程度与前脑岛和角回、颞上回（STG）之间的连接性呈正相关，网络游戏的持续时间与前脑岛和前扣带回之间的连接呈正相关（Zhang et al.，2016a）。这些研究都发现了在网络游戏成瘾群体中脑岛与奖赏相关脑区之间具有更强的功能连接。有追踪研究也证明了这一结论。董等追踪了 79 名网络游戏成瘾人群，一年后有 20 人不再符合网络游戏成瘾标准（已康复）。通过将他们与其余未康复组人群进行比较，探索他们在线索渴求任务中的大脑特征，发现双侧背外侧前额叶皮层和脑岛发生了明显的变化，未康复组的背外侧前额叶皮层的激活水平下降，而脑岛的激活水平升高（Dong et al.，2019a），这进一步证明了脑岛在游戏成瘾中的作用。

3. 腹侧纹状体与背外侧纹状体是渴求的核心脑区

纹状体作为奖赏环路的核心组成部分，从结构上可以分为腹侧和背侧两部分。腹侧纹状体包括伏隔核、嗅结节（olfactory tubercle），通过接收来自前额叶、眶额皮层和边缘结构的投射，对基于激励的学习、奖励的处理和冲动行为的控制做出贡献。背外侧纹状体分为背内侧部分（尾状核，caudate）和背外侧部分（壳核，putamen），其中尾状核主要接收来自背外侧前额叶皮层的投射，壳核主要接收来自感觉和运动皮层的投射，背外侧纹状体区域涉及习惯形成、强迫行为和调节控制。动物模型表明，在从最初的奖励驱动行为到习惯性、强迫性甚至依赖性用药的转变过程中，控制脑区从腹侧纹状体转换到了背外侧纹状体（Wang et al.，2021）。

对动物和人类的研究发现，与毒品有关线索的处理存在从腹侧纹状体向背外侧纹状体过渡的现象。基于网络游戏成瘾与传统成瘾之间的相似性，研究者比较了网络游戏成瘾人群与正常人群由线索渴求任务引起的腹侧纹状体和背外侧纹状体的神经激活情况。研究发现，与正常组相比，网络游戏成瘾组在腹侧纹状体和背外侧纹状体内表现出更高水平的线索诱发的脑激活。即便没有药物摄入，网络游戏成瘾组中仍发生了从腹侧纹状体到背外侧纹状体信息处理的过渡（Liu et al.，2017）。有研究者对 22 名网络游戏成瘾被试和 18 名控制组被试追踪了 6 个月，对比追踪前后的静息态数据，发现与对照组相比，网络游戏成瘾被试表现出左侧背外侧纹状体（代表为壳核）和左侧脑岛之间的功能连接减弱，而右侧腹侧纹状体和左侧脑岛之间的连接随时间的推移相对稳定。在后续的功能性磁共振扫描中，网络游戏成瘾被试呈现出从左侧壳核到右侧腹侧纹状体的功能连接减弱，表明持续的网络游戏成瘾状态伴随着纹状体内控制位置的转换（Wang et al.，2021）。一项研究探究了网络游戏成瘾被试是否会表现出腹侧被盖区–伏隔核（VTA-NAcc）之间功能连接的改变，以及这一改变是否与个体主观的游戏渴望有关。结果发现，与控制组相比，网络游戏成瘾组的腹侧被盖区和右侧伏隔核之间的静息态功能连接明显降低，腹侧被盖区和右侧伏隔核之间的静止状态功能连接强度与个体对网络的主观渴望呈负相关（Zhang et al.，2015）。这些研究都支持了网络游戏成瘾群体对游戏线索的处理存在从腹侧纹状体向背外侧纹状体过渡的现象。

4. 渴求相关脑区的功能连接特征及其与冲动控制系统的关系

网络游戏成瘾除了会影响与渴求相关的大脑区域的活动特征之外，还会影响大脑不同区域之间的功能连接。

首先，网络游戏成瘾会影响与渴求相关脑区的功能连接。董等应用静息态功能性磁共振成像（fMRI）技术，探索纹状体与大脑皮层的功能连接，发现网络游戏成瘾被试的功能连接减弱，主要表现在壳核和额上回、额中回（MFG）、额下回，以及腹侧纹状体和颞上回、额中回、额下回之间的功能连接减弱。这些功能连接的减弱与临床特征（游戏渴求、严重程度）存在相关（Dong et al.，2021b）。有研究者对个体在线索渴求任务中的大脑活动特征进行了独立成分分析（ICA），确定了 4 个与游戏线索反应有关的功能网络，包含与感觉处理有关的颞枕网络和颞叶–脑岛网络、参与记忆和执行功能的额顶网络、与奖励和动机处理有关的背侧网络等。进一步分析发现，网络游戏成瘾被试的颞枕网络和额顶网络特征与游戏成瘾程度呈正相关，这一特征与物质成瘾中线索反应脑区的改变相一致（Ma et al.，2019）。一项研究比较了不同被试在面对游戏线索时奖赏系统（纹状体）、控制系统（前额叶皮层）和互感意识系统（脑岛）之间的动态相互作用。动态因果模型分析显示，相对于娱乐玩家，网络游戏成瘾被试的额中回区域更容易受到壳核的抑制，表明在网络游戏成瘾群体中，壳核对前额叶皮层的抑制性神经调节破坏了三方系统之间的平衡（Wang et al.，2020）。另有一项研究应用内在连接分布（inner connectivity distribution，是一种数据处理方法）探究网络游戏成瘾的功能连接特征，发现与控制组相比，网络游戏成瘾被试在左角回和前额叶皮层的全脑连接减少。基于种子点的静息态功能连接分析显示，网络游戏成瘾组的左角回与默认模式网络相关区域的连接减少，而与突显网络和执行控制网络相关区域的连接增强（Liu et al.，2021）。

其次，网络游戏成瘾影响执行控制脑区和渴求相关脑区的相互作用。董等分别在负责执行控制相关脑区和奖赏相关脑区中选择种子点，然后选择伏隔核作为节点来寻找这两个网络之间的相互作用。结果发现，与健康对照组相比，网络游戏成瘾被试在执行控制网络中的功能连接减弱，在奖赏网络中的功能连接增强。在探索伏隔核和执行控制网络之间的相关性时，伏隔核-执行控制网络之间的联系与伏隔核-奖赏网络之间的联系呈负相关（Dong et al，2015）。网络游戏成瘾被试的控制网络和奖赏网络之间的负相关关系表明，执行控制障碍导致个体对网络游戏渴望的抑制能力下降（Pekal et al.，2018）。有研究追踪了 154 名网络游戏成瘾患者，发现一年后有 29 人戒除了成瘾。研究者对比了这些人前后两次在线索渴求任务中的大脑特征。结果发现，相对于未戒除网络游戏成瘾被试时，戒除网络游戏成瘾被试对游戏线索的渴望反应明显降低，前扣带回皮层、后扣带回皮层（PCC）和豆状核的大脑反应也降低了。动态因果模型分析显示，相对于成瘾时期，戒除成瘾后个体的前额叶皮层与豆状核之间的连接增加（Dong et al.，2019b）。一项研究利用独立成分分析确定了纹状体中的 6 个兴趣区，以它们作为种子点进行波谱动态因果模型（spDCM）分析。结果发现，与娱乐玩家相比，网络游戏成瘾被试显示出从右侧眶额皮层到右侧尾状核，以及从右侧背外侧前额皮层到左侧眶额皮层的抑制性有效连接降低，表明特定区域之间的相互作用被破坏可能导致了网络游戏成瘾个体前脑回路的功能障碍（Zeng et al.，2020）。

5. 孤独感对渴求的强化作用

孤独感被定义为一种悲伤的情绪，使人们感到自己被外部世界排斥，并难以与人建立友谊（Costello，1983）。研究表明，网络成瘾的人会感到更加孤独（Jang et al.，2008；Kormas et al.，2011）。网络可能会潜在地导致社会隔离，并阻碍个人现实社会关系的发展（Whang et al.，2003；Yen et al.，2007）。当然，研究者在这个问题上仍然存在争议：一方面，网络游戏可能为孤独个体提供了寻求社会支持的途径，进而导致过度游戏（Koyuncu et al.，2014；Lemmens et al.，2011）；另一方面，玩游戏的时间越多，个体分配给现实生活中社会关系的时间就会越少，这可能进一步导致了社会隔离和孤独（Chou et al.，2000）。

董等采集了 57 名网络游戏成瘾被试和 81 名匹配的娱乐玩家的静息态功能性磁共振扫描数据，使用 UCLA 孤独感量表（UCLA loneliness scale，University of California at Los Angels）来测量其孤独感。结果发现，左侧背外侧前额叶皮层与左侧中央前回、中央后回（PCG）和辅助运动区（SMA）之间的静息态功能连接减弱。更重要的是，背外侧前额叶皮层-中央前回和背外侧前额叶皮层-中央后回的静息态功能连接调节了网络游戏成瘾严重程度和孤独感得分之间的关系，并且背外侧前额叶皮层-中央前回和右背外侧前额叶皮层-辅助运动区的静息态功能连接调节了自我报告的游戏渴望和孤独感得分之间的关系。该研究证实了背外侧前额叶皮层在奖励控制（游戏渴望）和情绪调节（孤独感）之间的作用，即前额叶皮层-辅助运动区的静息态功能连接可以调节网络游戏成瘾和孤独感之间的关系（Dong et al.，2021b）。

6. *网络游戏成瘾群体渴求的性别差异*

前面章节介绍过，男性发展为网络游戏成瘾者的风险更大，不仅是因为他们参与游戏的比例更高，还因为男性更有可能参与成瘾风险更高的游戏，如竞技射击游戏和大型多人在线游戏。虽然许多女性确实也在玩这些流行的网络游戏（包括许多类似游戏），而且游戏市场的整体性别比例正在变得更加均衡，但男性仍然倾向于报告比女性更频繁和强度更大地玩游戏。

董等对比了男女不同玩家在玩游戏前和强制游戏中断（游戏机网线被悄悄拔掉）期间完成线索渴求任务时的大脑特征。结果发现，在游戏前，男性被试的背外侧前额叶皮层和额上回之间的功能连接减弱，而纹状体和丘脑之间的功能连接增强。但女性被试却没有表现出这一特征。在强制游戏中断期间，背外侧前额叶皮层和额上回之间的功能连接以及纹状体和丘脑之间的功能连接的变化因性别而异。这表明，在玩游戏和强制游戏中断期间，执行控制和渴求处理的大脑区域显示出不同性别的功能连接变化差异（Dong et al.，2019c）。另一项研究发现，与游戏有关的线索在男性和女性被试中都引起了更高水平的渴望。在游戏前，男性在纹状体、眶额皮层、额下回表现出较高水平的激活。在游戏之后，男性受试者在内侧额叶和双侧颞中回表现出更高水平的激活。在游戏前后对比中，男性被试比女性被试表现出更高水平的丘脑激活。在短期游戏中，相比女性，男性被诱发了更多与渴望有关的大脑激活（Dong et al.，2018a）。应用线索反应任务范式，周等对 32 名男性和 33 名女性网络游戏成瘾者在观看游戏相关图片和中性非游戏图片时的大脑反应进行了对比，并用格兰杰因果分析（GCA）研究了男性和女性网络游戏成瘾被试的有效连接模式是如何改变的。研究发现，游戏图片诱发了男性被试更高水平的大脑激活，包括左侧前扣带回皮层、上额回和后扣带回皮层；以后扣带回为种子点的因果分析显示，当暴露于游戏线索中时，与女性相比，男性的中颞回-后扣带回皮层-右前额叶皮层/海马旁回的有效功能连接增强。这表明与女性相比，游戏线索能更严重地干扰男性被试对游戏引起的渴望的抑制控制功能，使男性被试难以控制他们的游戏渴望进而难以停止其游戏行为（Zhou et al.，2021）。董等对比了网络游戏成瘾群体在玩游戏前和游戏被剥夺后线索渴求任务诱发的大脑活动，结果发现，当面对游戏线索时，女性娱乐玩家表现出比男性娱乐玩家拥有更强的执行控制力，这可能为抑制网络游戏成瘾提供了弹性空间；然而，一旦女性玩家发展成为网络游戏成瘾者，游戏能更大限度地损害她们的执行控制力，并增强她们对游戏的渴望，这可能使她们更难戒掉网络游戏成瘾（Dong et al.，2018a）。

7. 对渴求进行干预能降低网络游戏的成瘾程度

要进一步证明网络游戏成瘾和渴求相关大脑区域或大脑网络的关系，我们需要反向例子的支持。比如，如果我们对渴求进行干预，其是否会改变相应大脑区域的活跃特征，或改变与渴求相关大脑网络的功能连接特征？很多研究者在这个方面进行了尝试。

张等对网络游戏成瘾被试进行了渴求行为干预（CBI），并比较了干预前后其大脑反应特征的变化。结果发现，网络游戏成瘾被试的腹侧纹状体与左侧下顶叶、右侧额下回和左侧额中回的静息态功能连接增强，且这些变化与网络游戏成瘾的严重程度呈正相关。此外，与干预无效组相比，干预有效组显示出腹侧纹状体-左侧下顶叶功能连接明显减弱，同时干预后成瘾的严重程度也有所改善（Zhang et al.，2018）。张等的另一项研究发现，在接受渴求行为干预治疗后，个体的网络游戏成瘾严重程度和线索诱发的渴求水平有所下降，前脑岛的激活水平提升，脑岛与舌回和楔前叶的功能连接减弱，表明渴求行为干预能有效地降低网络游戏成瘾的渴求和严重程度（Zhang et al.，2016c）。张等的另一项研究也显示，与控制组被试相比，网络游戏成瘾被试的眶额皮层和后扣带回皮层的低频振幅（ALFF）减小，后扣带回皮层和背外侧前额叶皮层之间的静息态功能连接增强，与未接受干预的网络游戏成瘾被试相比，接受渴求行为干预的被试表现出静息态功能连接的改变，主要为眶额皮层与海马/海马旁回、后扣带回皮层与辅助运动区之间的功能连接明显减弱（Zhang et al.，2016b）。一项研究采用多体素模式分析（MVPA）方法，依据神经特征预测被试的网络游戏成瘾状态和网络游戏成瘾治疗结果（每周游戏时间变化的百分比)。结果发现，多体素模式分析在网络游戏成瘾组和控制组被试的分类中显示出较高的准确度，对分类贡献最大的脑区是双侧额叶中回、楔前叶等。多体素模式分析的结果能够预测渴望行为干预组的临床表现，预测模型中影响最大的脑区是右侧额中回、额上回等（Wang et al.，2020）。

8. 网络游戏成瘾群体与其他成瘾群体的渴求特征对比

网络游戏成瘾和吸烟成瘾有共同的临床特征，比如，不顾消极后果而过度投入等，这两类群体在面对渴求条件的时候也表现出相似的特征。有研究者对比吸烟成瘾和网络游戏成瘾两个群体，观察到背外侧前额叶皮层的静息态功能连接改变。与控制组相比，网络游戏成瘾组和吸烟成瘾组的右侧脑岛与背外侧前额叶皮层、左侧额下回与背外侧前额叶皮层的静息态功能连接减弱。与吸烟成瘾组相比，网络游戏成瘾组的左侧颞下回和右侧眶额皮层的静息态功能连接增强。结果证实，吸烟成瘾和网络游戏成瘾有类似的与渴望和冲动抑制有关的神经机制（Ge et al.，2017）。另一项研究招募了 16 名同时患有网络游戏成瘾和吸烟成瘾的被试（合并组）和 16 名对照组，发现与对照组相比，合并组的前扣带回皮层和海马旁回对线索诱发的游戏冲动和吸烟渴望的激活水平更高，表明网络游戏成瘾和吸烟成瘾在前扣带回等对线索诱导的反应性方面有相似的机制（Ko et al.，2013b）。

本章总结

渴求是成瘾的核心特征之一，这一点在网络游戏成瘾群体中也得到了证明。大量的研究结论进一步支持了乔治和库布（George & Koob，2017）的成瘾阶段模型，如图 4-4 所示。在这一模型中，他们将成瘾周期分三个阶段：兴奋感、负面影响与退缩、期待。这三个阶段分别反映了毒品应用带来的强烈奖励、奖赏缺乏/压力过度和执行功能缺乏，所涉及的大脑区域分别为基底神经节，杏仁核及周边和前额叶皮层。这为与毒品成瘾有关的强迫性寻药行为提供了强大的动力。图 4-4 右上部分表示随着时间的推移，个体的成瘾程度不断加深，潜在动机从最初的积极强化到逐渐被消极强化的消极情绪状态所取代；右下部分展示了在戒断和复发过程中体内生化特征的变化轨迹；波浪线表示成瘾渴求程度的变化，a 表示达到峰值，b 表示到达最低值。图 4-4 的右下角方框内图例表示在这一过程中不同指标的变化趋势。

对网络游戏成瘾渴求的研究支持了这一模型，同时也表明网络游戏成瘾具有和传统成瘾类似的发展过程和生理机制。

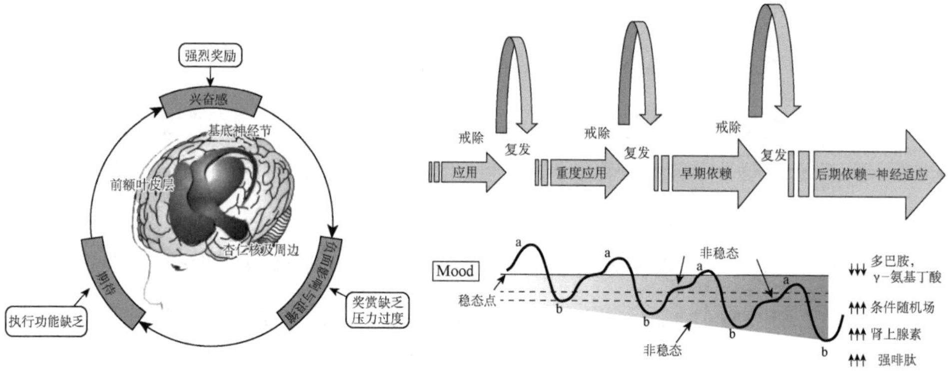

图 4-4 乔治和库布的成瘾阶段模型图（George & Koob，2017）

参 考 文 献

Addicott, M. A., Sweitzer, M. M., Froeliger, B., Rose, J. E., & McClernon, F. J. (2015). Increased functional connectivity in an insula-based network is associated with improved smoking cessation outcomes. *Neuropsychopharmacology, 40*(11), 2648-2656.

American Psychiatric Association. (2013). *Diagnostic and statistical manual of mental disorders (5th ed.)*. Arlington: American Psychiatric Association Press.

Antons, S., Brand, M., & Potenza, M. (2020). Neurobiology of cue-reactivity, craving, and inhibitory control in non-substance addictive behaviors. *Journal of Neurology Science,* 415, 116952.

Ashrafioun, L., & Rosenberg, H. (2012) Methods of assessing craving to gamble: A narrative review. *Psychology of Addictive Behaviors, 26*(3):536-549.

Balodis, I. M., & Potenza, M. N. (2015). Anticipatory reward processing in addicted populations: A focus on the monetary incentive delay task. *Biological Psychiatry, 77*(5), 434-444.

Berridge, K. C., & Kringelbach, M. L. (2015). Pleasure systems in the brain. *Neuron, 86*(3), 646-664.

Carter, B. L., Tiffany, S. T. (2001). The cue-availability paradigm: The effects of cigarette availability on cue reactivity in smokers. *Exp Clin Psychopharmacol Experimental and Clinical Psychopharmacology, 9*(2):183-190.

Chou, C., Hsiao, M. C. J. C., & Education. (2000). Internet addiction, usage, gratification, and pleasure experience: The Taiwan college students' case. *Computers & Education, 35*(1), 65-80.

Costello, E. (1983). Loneliness: A sourcebook of current theory, research and therapy. *Journal of Behavior Therapy and Experimental Psychiatry, 14*(3), 281.

Dong, G. H., & Potenza, M. N. (2016). Risk-taking and risky decision-making in internet gaming disorder: Implications regarding online gaming in the setting of negative consequences. *Journal of Psychiatric Research, 73*, 1-8.

Dong, G. H., Lin, X., Hu, Y. B., Xie, C. M., & Du, X. X. (2015). Imbalanced functional link between executive control network and reward network explain the online-game seeking behaviors in internet gaming disorder. *Scientific Reports, 5*, 9197.

Dong, G. H., Liu, X. Y., Zheng, H., Du, X. X., & Potenza, M. N. (2019a). Brain response features during forced break could predict subsequent recovery in internet gaming disorder: A longitudinal study. *Journal of Psychiatric Research, 113*, 17-26.

Dong, G. H., Wang, L. X., Du, X. X., & Potenza, M. N. (2017). Gaming increases craving to gaming-related stimuli in individuals with internet gaming disorder. *Biological Psychiatry: Cognitive Neuroscience and Neuroimaging, 2*(5), 404-412.

Dong, G. H., Wang, L. X., Du, X. X., & Potenza, M. N. (2018a). Gender-related differences in neural responses to gaming cues before and after gaming: Implications for gender-specific vulnerabilities to internet gaming disorder. *Social Cognitive and Affective Neuroscience, 13*(11), 1203-1214.

Dong, G. H., Wang, M., Zhang, J., Du, X., & Potenza, M. N. (2019b). Functional neural changes and altered cortical-subcortical connectivity associated with recovery from internet gaming disorder. *Journal of Behavioral Addictions, 8*(4), 692-702.

Dong, G. H., Wang, M., Zheng, H., Wang, Z., Du, X. X., & Potenza, M. N. (2020). Disrupted prefrontal regulation of striatum-related craving in internet gaming disorder revealed by dynamic causal modeling: Results from a cue-reactivity task. *Psychological Medicine, 7*, 1-13.

Dong, G. H., Wang, Z. L., Wang, Y. F., Du, X. X., & Potenza, M. N. (2019c). Gender-related functional connectivity and craving during gaming and immediate abstinence during a mandatory break: Implications for development and progression of internet gaming disorder. *Progress in Neuro-Psychopharmacology and Biological Psychiatry, 88*, 1-10.

Dong, G. H., Zheng, H., Liu, X. Y., Wang, Y. F., Du, X. X., & Potenza, M. N. (2018b). Gender-related differences in cue-elicited cravings in internet gaming disorder: The effects of deprivation. *Journal of Behavioral Addictions, 7*(4), 953-964.

Dong, H. H., Wang, M., Zhang, J., Hu, Y., Potenza, M. N., & Dong, G. H. (2021a). Reduced frontostriatal functional connectivity and associations with severity of internet gaming disorder. *Addiction Biology, 26*(4), e12985.

Dong, H. H., Wang, M., Zheng, H., Zhang, J., & Dong, G. H. (2021b). The functional connectivity between the prefrontal cortex and supplementary motor area moderates the relationship between internet gaming disorder and loneliness. *Progress in Neuro-Psychopharmacology and Biological Psychiatry, 108*, 110154.

Fineberg, N. A., Potenza, M. N., Chamberlain, S. R., Berlin, H. A., Menzies, L., Bechara, A., . . . Hollander, E. (2010). Probing compulsive and impulsive behaviors, from animal models to endophenotypes: A narrative review. *Neuropsychopharmacology, 35*(3), 591-604.

Ge, X., Sun, Y., Han, X., Wang, Y., Ding, W., Cao, M., . . . Zhou, Y. (2017). Difference in the functional connectivity of the dorsolateral prefrontal cortex between smokers with nicotine dependence and individuals with internet gaming disorder. *BMC Neuroscience, 18*(1), 54.

George, O., & Koob, G. F. (2017). Individual differences in the neuropsychopathology of addiction. *Dialogues in Clinical Neuroscience, 19*(3), 217-229.

Han, X., Wang, Y., Jiang, W., Bao, X., Sun, Y., Ding, W., . . . Zhou, Y. (2018). Resting-state activity of prefrontal-striatal circuits in internet gaming disorder: Changes with cognitive behavior therapy and predictors of treatment response. *Frontiers in Psychiatry, 9*, 341.

Jang, K. S., Hwang, S. Y., & Choi, J. Y. (2008). Internet addiction and psychiatric symptoms among Korean adolescents. *Journal of School Health, 78*(3), 165-171.

Khoury, B., Kogan, C., & Daouk, S. (2017). *International Classification of Diseases 11th Edition (ICD-11). Encyclopedia of personality and individual differences*, Cham, Switsland, Springer Press.

Kim, J. Y., Chun, J. W., Park, C. H., Cho, H., Choi, J., Yang, S., . . . Kim, D. J. (2019). The correlation between the frontostriatal network and impulsivity in internet gaming disorder. *Scientific Reports, 9*(1), 1191.

Ko, C. H., Liu, G. C., Yen, J. Y., Chen, C. Y., Yen, C. F., & Chen, C. S. (2013a). Brain correlates of craving for online gaming under cue exposure in subjects with internet gaming addiction and in remitted subjects. *Addiction Biology, 18*(3), 559-569.

Ko, C. H., Liu, G. C., Yen, J. Y., Yen, C. F., Chen, C. S., & Lin, W. C. (2013b). The brain activations for both cue-induced gaming urge and smoking craving among subjects comorbid with internet gaming addiction and nicotine dependence. *Journal of Psychiatric Research, 47*(4), 486-493.

Kormas, G., Critselis, E., Janikian, M., Kafetzis, D., & Tsitsika, A. (2011). Risk factors and psychosocial characteristics of potential problematic and problematic internet use among adolescents: A cross-sectional study. *BMC Public Health, 11*, 595.

Koyuncu, T., Unsal, A., & Arslantas, D. (2014). Assessment of internet addiction and loneliness in secondary and high school students. *Journal of the Pakistan Medical Association, 64*(9), 998-1002.

Kraplin, A., Scherbaum, S., Kraft, E. M., Rehbein, F., Buhringer, G., Goschke, T., & Mossle, T. (2020). The role of inhibitory control and decision-making in the course of internet gaming disorder. *Journal of Behavioral Addictions, 9*(4), 990-1001.

Lemmens, J. S., Valkenburg, P. M., & Peter, J. J. C. i. h. b. (2011). Psychosocial causes and consequences of pathological gaming. *Computers in Human Behavior, 27*(1), 144-152.

Liu, G. C., Yen, J. Y., Chen, C. Y., Yen, C. F., Chen, C. S., Lin, W. C., & Ko, C. H. (2014). Brain activation for response inhibition under gaming cue distraction in internet gaming disorder. *The Kaohsiung Journal of Medical Sciences, 30*(1), 43-51.

Liu, L., Potenza, M. N., Lacadie, C. M., Zhang, J. T., Yip, S. W., Xia, C. C., . . . Fang, X. Y. (2021). Altered intrinsic connectivity distribution in internet gaming disorder and its associations with psychotherapy treatment outcomes. *Addiction Biology, 26*(2), e12917.

Liu, L., Yip, S. W., Zhang, J. T., Wang, L. J., Shen, Z. J., Liu, B., . . . Fang, X. Y. (2017). Activation of the ventral and dorsal striatum during cue reactivity in internet gaming disorder. *Addiction Biology, 22*(3), 791-801.

Ma, S. S., Worhunsky, P. D., Xu, J. S., Yip, S. W., Zhou, N., Zhang, J. T., . . . Fang, X. Y. (2019). Alterations in functional networks during cue-reactivity in internet gaming disorder. *Journal of Behavioral Addictions, 8*(2), 277-287.

Naqvi, N. H., & Bechara, A. (2009). The hidden island of addiction: The insula. *Trends in Neurosciences, 32*(1), 56-67.

Pekal, J., Laier, C., Snagowski, J., Stark, R., & Brand, M. (2018). Tendencies toward internet-pornography-use disorder: Differences in men and women regarding attentional biases to pornographic stimuli. *Journal of Behavioral Addictions, 7*(3), 574-583.

Pettit, H. O., Ettenberg, A., Bloom, F. E., & Koob, G. F. (1984). Destruction of dopamine in the nucleus accumbens selectively attenuates cocaine but not heroin self-administration in rats. *Psychopharmacology, 84*(2), 167-173.

Piper, M. E. (2015). Withdrawal: Expanding a key addiction construct. *Nicotine & Tobacco Research, 17*(12), 1405-1415.

Potenza, M. N., Balodis, I. M., Franco, C. A., Bullock, S., Xu, J., Chung, T., & Grant, J. E. (2013). Neurobiological considerations in understanding behavioral treatments for pathological gambling. *Psychology of Addictive Behaviors, 27*(2), 380-392.

Potenza, M. N., Steinberg, M. A., Skudlarski, P., Fulbright, R. K., Lacadie, C. M., Wilber, M. K., . . . Wexler, B. E. (2003). Gambling urges in pathological gambling: A functional magnetic resonance imaging study. *Archives of General Psychiatry, 60*(8), 828-836.

Robbins, T. W. (1976). Relationship between reward-enhancing and stereotypical effects of psychomotor stimulant drugs. *Nature, 264*(5581), 57-59.

Sayette, M. A. (2016). The role of craving in substance use disorders: Theoretical and methodological issues. *Annual Review of Clinical Psychology, 12*, 407-433.

Sayette, M. A., Schooler, J. W., & Reichle, E. D. (2010). Out for a smoke: The impact of cigarette craving on zoning out during reading. *Psychological Science, 21*(1), 26-30.

Sinha, R., & Li, C. S. (2007). Imaging stress- and cue-induced drug and alcohol craving: Association with relapse and clinical implications. *Drug and Alcohol Review, 26*(1), 25-31.

Tiffany, S. T. (1990). A cognitive model of drug urges and drug-use behavior: Role of automatic and nonautomatic processes. *Psychological Review, 97*(2), 147-168.

Wang, L., Wu, L., Wang, Y., Li, H., Liu, X., Du, X., & Dong, G. (2017). Altered brain activities associated with craving and cue reactivity in people with internet gaming disorder: Evidence from the comparison with recreational internet game users. *Frontiers in Psychology, 8*, 1150.

Wang, M., Dong, H., Zheng, H., Du, X., & Dong, G. H. (2020). Inhibitory neuromodulation of the putamen to the prefrontal cortex in internet gaming disorder: How addiction impairs executive control. *Journal of Behavioral Addictions, 9*(2), 312-324.

Wang, M., Zheng, H., Zhou, W., Jiang, Q., & Dong, G. H. (2021). Persistent dependent behaviour is accompanied by dynamic switching between the ventral and dorsal striatal connections in internet gaming disorder. *Addiction Biology*, e13046.

Wang, Z. L., Potenza, M. N., Song, K. R., Fang, X. Y., Liu, L., Ma, S. S., . . . Zhang, J. T. (2020). Neural classification of internet gaming disorder and prediction of treatment response using a cue-reactivity fMRI task in young men. *Journal of Psychiatric Research*.

Whang, L. S., Lee, S., & Chang, G. (2003). Internet over-users' psychological profiles: A behavior sampling analysis on internet addiction. *CyberPsychology & Behavior, 6*(2), 143-150.

Wilson, S. J., Delgado, M. R., McKee, S. A., Grigson, P. S., MacLean, R. R., Nichols, T. T., & Henry, S. L. (2014). Weak ventral striatal responses to monetary outcomes predict an unwillingness to resist cigarette smoking. *Cognitive, Affective & Behavioral Neuroscience, 14*(4), 1196-1207.

Yao, Y. W., Liu, L., Ma, S. S., Shi, X. H., Zhou, N., Zhang, J. T., & Potenza, M. N. (2017). Functional and structural neural alterations in internet gaming disorder: A systematic review and meta-analysis. *Neuroscience and Behavioural Reviews, 83*, 313-324.

Yen, J. Y., Ko, C. H., Yen, C. F., Wu, H. Y., & Yang, M. J. (2007). The comorbid psychiatric symptoms of internet addiction: Attention deficit and hyperactivity disorder (ADHD), depression, social phobia, and hostility. *Journal of Adolescent Health, 41*(1), 93-98.

Zeng, N., Wang, M., Dong, H., Du, X., & Dong, G. H. (2020). Altered dynamic interactions within frontostriatal circuits reflect disturbed craving processing in internet gaming disorder. *CNS Spectrums*, 1-9.

Zhang, J., Hu, Y., Li, H., Zheng, H., Xiang, M., Wang, Z., & Dong, G. (2020). Altered brain activities associated with cue reactivity during forced break in subjects with internet gaming disorder. *Addictive Behaviors, 102*, 106203.

Zhang, J. T., Ma, S. S., Li, C. R., Liu, L., Xia, C. C., Lan, J., . . . Fang, X. Y. (2018). Craving behavioral intervention for internet gaming disorder: Remediation of functional connectivity of the ventral striatum. *Addiction Biology, 23*(1), 337-346.

Zhang, J. T., Ma, S. S., Yip, S. W., Wang, L. J., Chen, C., Yan, C. G., . . . Fang, X. Y. (2015). Decreased functional connectivity between ventral tegmental area and nucleus accumbens in internet gaming disorder: Evidence from resting state functional magnetic resonance imaging. *Behavioral & Brain Functions, 11*(1), 37.

Zhang, J. T., Yao, Y. W., Li, C. S., Zang, Y. F., Shen, Z. J., Liu, L., . . . Fang, X. Y. (2016a). Altered resting-state functional connectivity of the insula in young adults with internet gaming disorder. *Addiction Biology, 21*(3), 743-751.

Zhang, J. T., Yao, Y. W., Potenza, M. N., Xia, C. C., Lan, J., Liu, L., . . . Fang, X. Y. (2016b). Altered resting-state neural activity and changes following a craving behavioral intervention for internet gaming disorder. *Scientific Reports, 6*, 28109.

Zhang, J. T., Yao, Y. W., Potenza, M. N., Xia, C. C., Lan, J., Liu, L., . . . Fang, X. Y. (2016c). Effects of craving behavioral intervention on neural substrates of cue-induced craving in internet gaming disorder. *Neuroimage Clinical, 12*, 591-599.

Zhang, Y., Mei, W., Zhang, J. X., Wu, Q., & Zhang, W. (2016d). Decreased functional connectivity of insula-based network in young adults with internet gaming disorder. *Experimental Brain Research, 234*(9), 2553-2560.

Zheng, H., Hu, Y., Wang, Z., Wang, M., Du, X., & Dong, G. (2019). Meta-analyses of the functional neural alterations in subjects with internet gaming disorder: Similarities and differences across different paradigms. *Progress in Neuro-Psychopharmacology and Biological Psychiatry, 94*, 109656.

Zhou, F., Zimmermann, K., Xin, F., Scheele, D., Dau, W., Banger, M., . . . Becker, B. (2018). Shifted balance of dorsal versus ventral striatal communication with frontal reward and regulatory regions in cannabis-dependent males. *Human Brain Mapping, 39*(12), 5062-5073.

Zhou, W., Zhang, Z., Yang, B., Zheng, H., Du, X., & Dong, G. H. (2021). Sex difference in neural responses to gaming cues in internet gaming disorder: Implications for why males are more vulnerable to cue-induced cravings than females. *Neuroscience Letters, 760*, 136001.

第五章

网络游戏成瘾者的认知控制特征及其认知神经机制

一、认知控制及其意义

认知控制是指个体为实现当前目标，选择控制自己的行为与思维的能力（Hughes et al.，2005）。认知控制障碍或冲动抑制能力下降是成瘾类疾病中常见的症状之一，它使个体不能有效控制自己的行为和冲动（Brand et al.，2019；David et al.，2008；Goldstein & Volkow，2011；Goschke，2014；van Holst et al.，2010）。小山等发现，与抑制控制相关的行为障碍是物质滥用的风险因素，成瘾群体中参与抑制控制的神经活动受到损伤（Koyama et al.，2017）。虽然与抑制控制相关的神经激活的改变可能部分归因于长期药物滥用，但也有研究支持将这一因素作为药物成瘾的风险因素（López-Caneda et al.，2014）。

网络游戏成瘾作为在诊断和病因上与其他行为成瘾（如赌博障碍）极其相似的障碍，与其他行为成瘾相比也具有类似的认知和神经损伤（Brand et al.，2016）。对于网络游戏成瘾者来说，冲动抑制能力受损表现为个体无法抵御游戏的诱惑，沉溺游戏中无法自拔等。网络游戏的成瘾模型假定，较低的抑制控制能力与网络游戏成瘾的发展和维持相关（Brand et al.，2016；Dong & Potenza，2014）。网络游戏成瘾与抑制控制表现和脑区功能改变有关（Irvine et al.，2013；Zheng et al.，2019）。董和波坦扎（Dong & Potenza，2014）提出的网络游戏成瘾认知-行为模型也将抑制控制损伤作为网络游戏成瘾的重要特征，认为抑制控制能力的降低会提高网络游戏成瘾的风险和戒除后复发的风险（Dong & Potenza，2014）。

认知控制包含多个认知过程，如反应启动、反应抑制/抑制控制、行为监控等。其中，反应启动是指个体根据一定的目标，调用恰当的认知过程去执行目标行为的能力。抑制控制是指控制自己当前的优势反应，转而做更重要的事情，以实现更高目标的能力（Diamond，2013）。行为监控是指个体通过对自身认知过程的监控来确定自身行为是否达到目标的能力（Ridderinkhof et al.，2004）。这 3 种能力对个体以目标为导向的行为反应非常关键：反应启动与抑制控制是个体做出正确决策的前提，行为监控则确保反应启动与抑制控制的正确进行。这些能力的异常或缺陷通常会导致个体做出不利的决策和行为，而成瘾就是其中的表现之一（Lin et al.，2020）。

成瘾研究中涉及最多的是抑制控制。抑制控制是认知控制的核心执行功能之一，指的是个体抑制与当前目标无关或不恰当的行为或思维的能力。比如，个体要去工作或做运动，就要停止继续打游戏。对物质成瘾的研究发现，物质成瘾患者在抑制控制方面表现出受损（Smith et al.，2014）。这些损害可能是长期物质成瘾的原因，也可能是物质滥用的结果（López-Caneda et al.，2014）。对具有高成瘾风险家族个体的纵向追踪研究发现，抑制控制障碍在物质滥用之前就存在，作为物质滥用的风险因素而存在（Koyama et al.，2017）。研究者分析了抑制控制与多种成瘾的关系，发现大麻和尼古丁的使用程度也与抑制控制能力受损有关（Liu et al.，2019）。

在抑制控制相关的大脑特征上，张等的元分析显示，与抑制控制相关的脑区激活主要在左半球，相关的脑区包括 3 个群组：辅助运动区延伸到背侧前扣带回皮层；额叶皮层，包括背外侧前额叶皮层以及前脑岛（anterior insula）延伸到丘脑皮层下区域；后部集群，包括角回并从角回延伸到颞上回。从功能网络的角度来看，这个抑制控制网络包含显著性网络（SN）（前脑岛、背侧前扣带回皮层和顶下小叶）和执行网络（背侧扣带回皮层、腹侧扣带回皮层）（Zhang et al.，2017）。

二、抑制控制的研究范式

在对抑制控制的研究中，最常用的研究任务有 Go/No-Go 任务、Stop-Signal（停止信号）任务、Stroop（斯特鲁普）任务等。这些任务具有共同的特征，通常包含两种刺激类型：优势反应刺激（如 Go/No-Go 任务中的 Go 刺激、Stop-Signal 任务中的 Go 刺激、Stroop 任务中的一致条件刺激）与抑制刺激（如 Go/No-Go 任务中的 No-Go 刺激、Stop-Signal 任务中的 Stop 刺激、Stroop 任务中的不一致条件刺激）。对于优势反应刺激，个体按照任务要求又快又准地对其做出按键反应；而对于抑制刺激，个体必须抑制对此类刺激的优势反应或屏蔽任务无关刺激的干扰以更好地完成任务。其中，个体对优势反应刺激的反应时和正确率常被作为反应启动的指标，对抑制刺激的反应时和正确率常被作为反应抑制的指标，行为监控则是个体遇到错误反应（如抑制失败）后的反应时。

图 5-1 以 Go/No-Go 任务为例，说明此类研究任务的特征。Go/No-Go 任务是研究反应停止能力的一种常用范式，此任务通常是随机交替呈现两个不同的字母或图案，要求被试对其中的某个刺激做出反应（Go 条件），而对另一个刺激不做出反应（No-Go 条件）。对 No-Go 刺激的错误反应通常被认为是反应停止困难的指标。

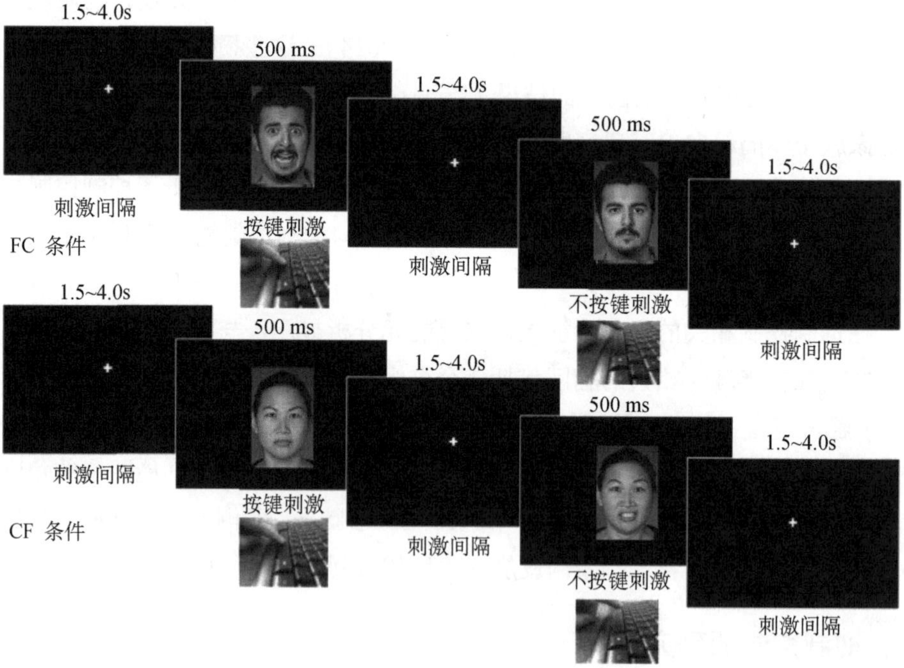

图 5-1 Go/No-Go 任务举例（Bjork et al.，2021）

注：上图为 Go/No-Go 任务的两个刺激举例。在该任务中，上排“FC 条件”中要求被试看到恐惧的脸就按键，看到中性的脸则不按键；下排“CF 条件”中，要求被试看到中性的脸就按键，看到惊讶的脸则不按键。这样设置的目的是保持两种反应模式下情绪面孔出现次数的平衡。在两种反应任务中，Go 刺激的出现次数要显著多于 No-Go 刺激（如二者比例为 5:1），这样可以使被试对 Go 刺激的反应形成反应优势，而当 No-Go 刺激出现时则需要被试抑制自己的反应冲动

三、对网络游戏成瘾者认知控制特征的相关研究及其结论

1. 抑制控制任务中网络游戏成瘾者大脑区域的激活

研究者采用抑制控制的研究范式，探讨了网络游戏成瘾人群抑制控制能力的特征。董等对比了网络游戏成瘾被试、娱乐玩家和较少接触游戏的人在完成 Stroop 色词任务时的大脑反应特征。结果显示，与娱乐玩家和较少接触游戏的人相比，网络游戏成瘾被试显示出较高的 Stroop 效应（对抑制刺激的反应时更长，错误率更高），且网络游戏成瘾被试在 Stroop 任务中的“颜色和词义不一致”条件下表现出更高的额叶皮层激活，表明他们的执行控制能力受损（Dong et al.，2017）。有研究发现，与对照组相比，网络游戏成瘾被试在抑制控制任务中的右侧顶上小叶、右侧岛叶、右侧楔前叶、右侧扣带回、右侧颞上回的激活增加，网络游戏成瘾被试的大脑功能出现异常，主要表现为额叶皮层功能受损（Liu et al.，2016）。一项元分析发现，在执行控制任务中，网络游戏成瘾患者在右侧颞上回、双侧楔前叶、双侧扣带回和脑岛表现出明显的高激活，在左侧额下回表现出低激活（Zheng et al.，2019）。有研究者对比了不同被试在 Go/No-Go 任务中的表现，发现网络游戏成瘾被试比对照组的冲动性得分更高。在“抑制”条件下，网络游戏成瘾被试的左侧眶额皮层和双侧尾状核的大脑激活水平比对照组高，表明参与反应抑制的纹状体网络和由前扣带回和岛状体组成的显著性网络对错误处理有贡献。网络游戏成瘾被试在错误信息监控方面表现出岛叶功能受损，为了保持他们的反应抑制表现，其前脑-纹状体网络的激活水平更高（Ko et al.，2014）。

董和波坦扎（Dong & Potenza，2016）应用风险决策任务探究网络游戏成瘾群体表现出“不顾后果而继续游戏”的原因，发现在风险决策过程中，网络游戏成瘾被试选择了更多不利的选择，前扣带回、后扣带回等表现出更低水平的激活。在风险决策过程中，网络游戏成瘾被试的反应时更短、额下回的激活水平更低，表明网络游戏成瘾被试在风险决策时的执行控制能力受损，与冲动控制有关的区域的激活水平更低。董等设计了一个连续输赢任务，以研究网络游戏成瘾被试的决策过程及其对后续决策的影响，发现网络游戏成瘾被试在连续获胜后，其额下回、脑岛、前扣带回皮层区域表现出更高水平的激活，而尾状核和后扣带回皮层的激活水平则降低。同时，网络游戏成瘾被试在连续输之后，大脑额下回的活动增加，后扣带回皮层的激活减弱，说明网络游戏成瘾被试投入了更多的认知资源来完成决策，这导致他们不能充分地激活执行控制功能（Dong et al.，2013）。

张等设计了游戏渴求调节任务，对比不同被试在执行这一任务时的大脑特征。结果发现，网络游戏成瘾被试比娱乐玩家在右前扣带回皮层、后扣带回皮层、眶额皮层以及左侧背外侧前额皮层和丘脑的激活增强。心理-生理交互作用分析显示，网络游戏成瘾被试的右后扣带回皮层和右下顶叶之间的功能连接减弱，表明网络游戏成瘾被试的渴求调节缺陷与奖赏网络和执行网络之间的不平衡相关，增强的游戏寻求动机和受损的执行控制是网络游戏成瘾被试难以抑制游戏渴求的原因（Zhang et al.，2021）。

2. 抑制控制任务中网络游戏成瘾者的大脑网络特征

研究者除了对抑制控制任务中大脑相关区域的活动特征进行了研究，对不同大脑功能网络以及网络之间的相互作用也进行了大量研究。研究者探讨了网络游戏成瘾被试在执行 Stroop 任务时的大脑活动特征，使用独立成分分析（ICA）确定了 4 个在两组之间存在差异的功能网络，发现在右侧执行控制网络中，与对照组相比，网络游戏成瘾被试在颞叶和额叶的功能连接增强，而在后扣带回皮层、颞叶和额叶的功能连接减弱，表明网络游戏成瘾与右侧执行控制网络的功能连接异常有关，网络游戏成瘾被试对游戏相关线索的易感性增强，但抑制控制能力下降（Wang et al.，2018）。在另一项研究中，研究者采用同样的方法探索了网络游戏成瘾群体在风险决策时的大脑功能连接特征，发现有两个大脑网络与网络游戏成瘾有关：包含前扣带回皮层和额上回的执行控制网络，以及包含豆状核的基底神经节网络。与控制组相比，网络游戏成瘾被试在选择“即时满足”选项时表现出更强的功能连接，表明他们对奖励的敏感性增强，控制冲动性的能力下降（Wang et al.，2017）。另一项研究应用 Stroop 色词任务来评估网络游戏成瘾青少年的认知控制缺陷。他们采用功能连接和格兰杰因果分析来研究显著性网络、中央执行网络（CEN）和默认网络（DMN）内部及网络之间的功能和有效连接，发现网络游戏成瘾青少年中央执行网络中的异常功能连接和注意力网络中的有效连接有关，注意力网络、右侧中央执行网络内部和网络之间（前扣带回皮层-右背外侧前额叶皮层束）通路的各向异性（FA）值降低，表明网络游戏成瘾青少年的认知控制能力受损可能与其内在的脑网络之间的大规模异常互动和结构连接有关（Yuan et al.，2016）。

除了探究抑制控制任务中的大脑网络特征之外，研究者还探讨了静息状态下的大脑网络特征。董等研究网络游戏成瘾群体的执行控制网络特征，发现在静息状态下，网络游戏成瘾被试的执行控制网络功能连接性弱于控制组被试；执行控制网络的功能连接性与 Stroop 效应呈负相关，与各组执行控制区域的大脑激活呈正相关。执行控制网络中较高的功能连接可能是良好执行控制的基础（Dong et al.，2015）。一项研究分析了静息状态下中央执行网络和突显网络之间的关系，发现与控制组相比，网络游戏成瘾被试的背外侧前额叶皮层和中央执行网络脑区之间的功能连接减弱。网络游戏成瘾被试的前扣带回皮层和突显脑区之间的功能连接减弱，并且前扣带回皮层与默认网络的内侧前额叶皮层（mPFC）之间的功能连接降低（Chun et al.，2020）。另有研究者应用图论分析（GTA）来探索网络游戏成瘾者大脑网络的内在拓扑学特性，通过对 90 个脑区的相关矩阵进行阈值化来构建功能网络，然后应用基于图论的方法来分析其拓扑属性。结果发现，网络游戏成瘾组和控制组被试都表现出高效而经济的大脑网络以及小世界拓扑结构，虽然在全局拓扑指标上没有明显的群体差异，但网络游戏成瘾被试在前额叶皮层、左侧后扣带回皮层、右侧杏仁核等区域的中心性减弱，感觉-运动相关大脑网络的功能连接增强，意味着网络游戏成瘾被试的执行控制能力和情绪管理受损，但视觉、感觉-运动、听觉以及视觉空间系统之间的协调性增强（Wang et al.，2016a）。有研究通过测量分数低频振幅（fALFF）来探索网络游戏成瘾被试的自发脑活动，发现网络游戏成瘾被试在小脑后部的 fALFF 值减小，在颞上回的 fALFF 值增大。在小脑、前扣带回皮层、舌回、颞中回和额中回都发现了频段和组别有明显的交互作用，这些脑区被证明与执行功能和决策有关（Lin et al.，2015）。

冲动抑制不但决定一个人控制渴求和冲动的能力，还决定其他功能的活跃特征。研究者探究了抑制控制网络和其他网络之间的关系。一项研究应用独立成分分析方法对比了不同被试在风险决策任务中的大脑特征，发现网络游戏成瘾被试在奖赏环路和执行控制网络中表现出更强的功能连接，而在前部突显网络（ASN）中的功能连接则减弱；网络游戏成瘾被试在奖赏环路和前部突显网络中表现出受损的功能连接。这表明网络游戏成瘾者对奖赏更敏感，在决策时更冲动，不能有效地控制自己对游戏的冲动（Wang et al.，2019a）。研究者采用波谱动态因果模型（spDCM）分析发现，与游戏娱乐玩家组相比，网络游戏成瘾组从前额叶到后扣带回皮层以及从左侧顶下小叶到前额叶的有效连接降低。这一兴奋性连接降低可能是网络游戏成瘾的一个重要生物特征（Wang et al.，2019b）。研究者探究了不同被试在风险决策任务中的大脑特征，发现网络游戏成瘾被试在默认网络中显示出更大的任务相关活动，而在执行控制网络中的参与度比控制组更低，表明网络游戏成瘾被试默认网络的调节能力和执行控制功能存在缺陷（Wang et al.，2016b）。另一项研究也发现，游戏玩家的默认网络和执行控制网络存在过度连接的风险或倾向（Han et al.，2017）。

3. 网络游戏成瘾抑制控制的性别差异

鉴于网络游戏成瘾中的男女成瘾率存在巨大差异，探究网络游戏成瘾性别差异的原因具有较高的价值，可以帮助我们理解造成性别差异的原因，还可以帮助我们理解网络游戏成瘾背后的机制。一项研究探索了网络游戏成瘾组别（成瘾、非成瘾）与性别（男、女）的交互作用，发现在右侧后扣带回、右侧颞中回和右侧中央后回的大脑特征上存在显著的成瘾组别与性别的交互作用。进一步分析显示，与同性别娱乐玩家相比，男性网络游戏成瘾者在右侧后扣带回的局部一致性（ReHo）系数减小，并且右后扣带回的局部一致性系数与男性被试的网络成瘾测验（IAT）分数呈负相关。与同性别娱乐玩家相比，男性网络游戏成瘾被试在左侧枕叶和右侧颞中回中的局部一致性系数增大，但女性网络游戏成瘾的局部一致性系数减小，说明负责执行控制、视觉和听觉的脑区存在性别差异（Wang et al.，2019c）。有研究者利用图论的方法对比了不同人群大脑网络模块的参与系数（PC），分析了诊断组别（成瘾、非成瘾）与性别（男、女）的交互作用，结果发现，与娱乐玩家组相比，男性网络游戏成瘾组被试在额叶-顶叶网络（FPN）的模块分离度降低，此外还表现出额叶-顶叶网络和齿状突起网络（CON）之间的连接增强，但在女性被试中并未观测到这一特征。动态因果模型分析发现，男性网络游戏成瘾被试从齿状突起网络到额叶-顶叶网络的有效连接增强，而女性网络游戏成瘾被试的连接则相对减弱。在网络游戏成瘾被试中，男性的额叶-顶叶网络的模块分割不明确，额叶-顶叶网络的连接异常，表明男性易受网络游戏成瘾影响的机制是：在男性网络游戏成瘾被试中的“自下而上”（bottom-up，原始冲动驱动高级认知功能）效应增加，反映了其大脑网络之间存在功能障碍（Zeng et al.，2021）。

这些研究结果为揭示网络游戏成瘾的性别差异提供了参考，未来的干预研究应依据性别特征采取不同的干预措施和干预策略。

4. 网络游戏成瘾与并发症的冲动抑制特征

许多证据表明，网络游戏成瘾和注意缺陷多动障碍之间有很强的关联（Cao et al.，2007；Ko et al.，2009；Yoo et al.，2004）。注意缺陷多动障碍经常涉及执行控制方面的处理障碍，包括自我监控（Weigard et al.，2016）、奖赏处理（Fosco et al.，2015）等。神经解剖学研究发现，注意缺陷多动障碍患者的大脑皮层成熟出现延迟（Shaw et al.，2007，2012），这种延迟在与认知处理（如注意力的执行控制和奖励的评估等）有关的脑区中表现最为突出。这些特征非常容易导致他们对成瘾性的药物产生依赖，或者对具有成瘾性的行为难以控制。

李（Lee）等采集了患有注意缺陷多动障碍的网络游戏成瘾人群（网络游戏成瘾+注意缺陷多动障碍组）、网络游戏成瘾人群组和控制组的被试的静息态磁共振数据，对比评估了他们的默认网络特征，发现未患注意缺陷多动障碍的网络游戏成瘾被试在默认网络相关区域（后扣带回皮层、内侧前额叶皮层、丘脑）之间的功能连接增强，与患有注意缺陷多动障碍的网络游戏成瘾被试相比，这些被试还表现出后扣带回与前脑岛和眶额皮层之间的功能连接增强。患有注意缺陷多动障碍的网络游戏成瘾被试在后扣带回皮层和小脑之间显示出功能连接增强，这一研究结论为我们理解注意缺陷多动障碍和网络游戏成瘾提供了参考。

本章总结

抑制控制能力一直是成瘾研究的焦点。综合以上对网络游戏成瘾研究的综述我们可以发现，网络游戏成瘾与传统成瘾在抑制控制能力的表现上具有极高的相似性，这些结论支持将网络游戏成瘾作为一种行为成瘾的观点。未来研究应该侧重于如何提升个体的抑制控制能力，进而提高他们抵制网络游戏诱惑的能力。

参考文献

Bjork, J. M., Keyser-Marcus, L., Vassileva, J., Ramey, T., Houghton, D. C., & Moeller, F. G. (2021). Social information processing in substance use disorders: Insights from an emotional go-nogo task. *Frontiers in Psychiatry, 12*, 776.

Brand, M., Wegmann, E., Stark, R., Muller, A., Wolfling, K., Robbins, T. W., & Potenza, M. N. (2019). The interaction of person-affect-cognition-execution (I-PACE) model for addictive behaviors: Update, generalization to addictive behaviors beyond internet-use disorders, and specification of the process character of addictive behaviors. *Neuroscience and Behavioural Reviews, 104*, 1-10.

Brand, M., Young, K. S., Laier, C., Wolfling, K., & Potenza, M. N. (2016). Integrating psychological and neurobiological considerations regarding the development and maintenance of specific internet-use disorders: An interaction of person-affect-cognition-execution (I-PACE) model. *Neuroscience and Behavioural Reviews, 71*, 252-266.

Cao, F., Su, L., Liu, T., & Gao, X. (2007). The relationship between impulsivity and internet addiction in a sample of Chinese adolescents. *European Psychiatry, 22*(7), 466-471.

Chun, J. W., Park, C. H., Kim, J. Y., Choi, J., Cho, H., Jung, D. J., . . . Choi, I. Y. (2020). Altered core networks of brain connectivity and personality traits in internet gaming disorder. *Journal of Behavioral Addictions, 9*(2), 298-311.

David, R. A., Steve, J., & Adam, J. (2008). A unified framework for addiction: Vulnerabilities in the decision process. *Behavioral Brain Sciences, 31*, 415-487.

Diamond, A. (2013). Executive functions. *Annual Review of Psychology, 64*, 135-168.

Dong, G., & Potenza, M. N. (2014). A cognitive-behavioral model of internet gaming disorder: Theoretical underpinnings and clinical implications. *Journal of Psychiatric Research, 58*, 7-11.

Dong, G., & Potenza, M. N. (2016). Risk-taking and risky decision-making in internet gaming disorder: Implications regarding online gaming in the setting of negative consequences. *Journal of Psychiatric Research, 73*, 1-8.

Dong, G., Lin, X., & Potenza, M. N. (2015). Decreased functional connectivity in an executive control network is related to impaired executive function in internet gaming disorder. *Progress in Neuro-Psychopharmacology Biological Psychiatry, 57*, 76-85.

Dong, G., Hu, Y., Lin, X., & Lu, Q. (2013). What makes internet addicts continue playing online even when faced by severe negative consequences? Possible explanations from an fMRI study. *Biological Psychology, 94*(2), 282-289.

Dong, G., Li, H., Wang, L., & Potenza, M. N. (2017). Cognitive control and reward/loss processing in internet gaming disorder: Results from a comparison with recreational internet game-users. *European Psychiatry, 44*, 30-38.

Fosco, W. D., Hawk, L. W., Rosch, K. S., & Bubnik, M. G. (2015). Evaluating cognitive and motivational accounts of greater reinforcement effects among children with attention-deficit/hyperactivity disorder. *Behavioral Brain Functions, 11*(1), 1-9.

Goldstein, R. Z., & Volkow, N. D. (2011). Dysfunction of the prefrontal cortex in addiction: Neuroimaging findings and clinical implications. *Nature Reviews Neuroscience, 12*(11), 652-669.

Goschke, T. (2014). Dysfunctions of decision-making and cognitive control as transdiagnostic mechanisms of mental disorders: Advances, gaps, and needs in current research. *International Journal of Methods in Psychiatric Research, 23*(S1), 41-57.

Han, D. H., Kim, S. M., Bae, S., Renshaw, P. F., & Anderson, J. S. (2017). Brain connectivity and psychiatric comorbidity in adolescents with internet gaming disorder. *Addiction Biology, 22*(3), 802-812.

Hildebrandt, M. K., Dieterich, R., & Endrass, T. (2021). Neural correlates of inhibitory control in relation to the degree of substance use and substance-related problems–A systematic review and perspective. *Neuroscience Biobehavioral Reviews 128*, 1-11.

Hughes, C., Graham, A., & Grayson, A. (2005). Executive function in childhood: Development and disorder. In I. J. Oates (Ed.). Cognitive Developmen. Berkshire: Open University Press.

Irvine, M. A., Worbe, Y., Bolton, S., Harrison, N. A., Bullmore, E. T., & Voon, V. (2013). Impaired decisional impulsivity in pathological videogamers. *PLoS One, 8*(10), e75914.

Ko, C. H., Hsieh, T. J., Chen, C. Y., Yen, C. F., Chen, C. S., Yen, J. Y., . . . Liu, G. C. (2014). Altered brain activation during response inhibition and error processing in subjects with internet gaming disorder: A functional magnetic imaging study. *European Archives of Psychiatry Clinical Neuroscience, 264*(8), 661-672.

Ko, C. H., Yen, J. Y., Chen, C. S., Yeh, Y. C., & Yen, C. F. (2009). Predictive values of psychiatric symptoms for internet addiction in adolescents: A 2-year prospective study. *Archives of Pediatrics & Adolescent Medicine, 163*(10), 937-943.

Koyama, M. S., Parvaz, M. A., & Goldstein, R. Z. (2017). The adolescent brain at risk for substance use disorders: A review of functional MRI research on motor response inhibition. *Current Opinion in Behavioral Sciences, 13*, 186-195.

Lee, D., Lee, J., Lee, J. E., & Jung, Y. C. (2017). Altered functional connectivity in default mode network in internet gaming disorder: Influence of childhood ADHD. *Progress in Neuro-Psychopharmacology Biological Psychiatry, 75*, 135-141.

Lin, X., Deng, J., Shi, L., Wang, Q., Li, P., Li, H., . . . Bao, Y. (2020). Neural substrates of smoking and reward cue reactivity in smokers: A meta-analysis of fMRI studies. *Translational Psychiatry, 10*(1), 1-9.

Lin, X., Jia, X., Zang, Y. F., & Dong, G. (2015). Frequency-dependent changes in the amplitude of low-frequency fluctuations in internet gaming disorder. *Frontiers in Psychology, 6*, 1471.

Liu, J., Li, W., Zhou, S., Zhang, L., Wang, Z., Zhang, Y., . . . Li, L. (2016). Functional characteristics of the brain in college students with internet gaming disorder. *Brain Imaging and Behavior, 10*(1), 60-67.

Liu, Y., van den Wildenberg, W. P., de Graaf, Y., Ames, S. L., Baldacchino, A., Bø, R., . . . Claus, E. D. (2019). Is (poly-) substance use associated with impaired inhibitory control? A mega-analysis controlling for confounders. *Neuroscience Biobehavioral Reviews, 105*, 288-304.

López-Caneda, E., Rodríguez Holguín, S., Cadaveira, F., Corral, M., & Doallo, S. (2014). Impact of alcohol use on inhibitory control (and vice versa) during adolescence and young adulthood: A review. *Alcohol Alcoholism-Clinical and Experimental Research, 49*(2), 173-181.

Ridderinkhof, K. R., van den Wildenberg, W. P., Segalowitz, S. J., & Carter, C. S. (2004). Neurocognitive mechanisms of cognitive control: The role of prefrontal cortex in action selection, response inhibition, performance monitoring, and reward-based learning. *Brain Cognition, 56*(2), 129-140.

Shaw, P., Eckstrand, K., Sharp, W., Blumenthal, J., Lerch, J., Greenstein, D., . . . Rapoport, J. (2007). Attention-deficit/hyperactivity disorder is characterized by a delay in cortical maturation. *Proceedings of the National Academy of Sciences, 104*(49), 19649-19654.

Shaw, P., Malek, M., Watson, B., Sharp, W., Evans, A., & Greenstein, D. (2012). Development of cortical surface area and gyrification in attention-deficit/hyperactivity disorder. *Biological*

Psychiatry, 72(3), 191-197.

Smith, J. L., Mattick, R. P., Jamadar, S. D., & Iredale, J. M. (2014). Deficits in behavioural inhibition in substance abuse and addiction: A meta-analysis. *Drug Alcohol Dependence, 145*, 1-33.

Tegelbeckers, J., Bunzeck, N., Duzel, E., Bonath, B., Flechtner, H. H., & Krauel, K. (2015). Altered salience processing in attention deficit hyperactivity disorder. *Human Brain Mapping, 36*(6), 2049-2060.

van Holst, R. J., van den Brink, W., Veltman, D. J., & Goudriaan, A. E. (2010). Why gamblers fail to win: A review of cognitive and neuroimaging findings in pathological gambling. *Neuroscience Biobehavioral Reviews, 34*(1), 87-107.

Wang, L., Wu, L., Lin, X., Zhang, Y., Zhou, H., Du, X., & Dong, G. (2016a). Altered brain functional networks in people with internet gaming disorder: Evidence from resting-state fMRI. *Psychiatry Research: Neuroimaging, 254*, 156-163.

Wang, L., Wu, L., Lin, X., Zhang, Y., Zhou, H., Du, X., & Dong, G. (2016b). Dysfunctional default mode network and executive control network in people with internet gaming disorder: Independent component analysis under a probability discounting task. *European Psychiatry, 34*, 36-42.

Wang, L., Zhang, Y., Lin, X., Zhou, H., Du, X., & Dong, G. (2018). Group independent component analysis reveals alternation of right executive control network in internet gaming disorder. *CNS Spectrums, 23*(5), 300-310.

Wang, M., Hu, Y., Wang, Z., Du, X., & Dong, G. (2019c). Sex difference in the effect of internet gaming disorder on the brain functions: Evidence from resting-state fMRI. *Neuroscience Letters, 698*, 44-50.

Wang, M., Zheng, H., Du, X., & Dong, G. (2019b). Mapping internet gaming disorder using effective connectivity: A spectral dynamic causal modeling study. *Addictive Behaviors, 90*, 62-70.

Wang, Y., Wu, L., Zhou, H., Lin, X., Zhang, Y., Du, X., & Dong, G. (2017). Impaired executive control and reward circuit in internet gaming addicts under a delay discounting task: Independent component analysis. *European Archives of Psychiatry & Clinical Neuroscience, 267*(3), 245-255.

Wang, Z., Liu, X., Hu, Y., Zheng, H., Du, X., & Dong, G. (2019a). Altered brain functional networks in internet gaming disorder: Independent component and graph theoretical analysis under a probability discounting task. *CNS Spectrums, 24*(5), 544-556.

Weigard, A., Huang-Pollock, C., & Brown, S. (2016). Evaluating the consequences of impaired monitoring of learned behavior in attention-deficit/hyperactivity disorder using a Bayesian hierarchical model of choice response time. *Neuropsychology, 30*(4), 502.

Yoo, H. J., Cho, S. C., Ha, J., Yune, S. K., Kim, S. J., Hwang, J., . . . Lyoo, I. K. (2004). Attention deficit hyperactivity symptoms and internet addiction. *Psychiatry Clinical Neurosciences, 58*(5), 487-494.

Yuan, K., Qin, W., Yu, D., Bi, Y., Xing, L., Jin, C., & Tian, J. (2016). Core brain networks interactions and cognitive control in internet gaming disorder individuals in late adolescence/early adulthood. *Brain Structure Function, 221*(3), 1427-1442.

Zeng, N., Wang, M., Zheng, H., Zhang, J., Dong, H., Potenza, M. N., & Dong, G. H. (2021). Gender-related differences in frontal-parietal modular segregation and altered effective connectivity in internet gaming disorder. *Journal of Behavioral Addictions, 10*(1), 1-12.

Zhang, J., Chen, S., Jiang, Q., Dong, H., Zhao, Z., Du, X., & Dong, G. H. (2021). Disturbed craving regulation to gaming cues in internet gaming disorder: Implications for uncontrolled gaming behaviors. *Journal of Psychiatric Research, 140*, 250-259.

Zhang, R., Geng, X., & Lee, T. M. (2017). Large-scale functional neural network correlates of response inhibition: An fMRI meta-analysis. *Brain Structure Function, 222*(9), 3973-3990.

Zheng, H., Hu, Y., Wang, Z., Wang, M., Du, X., & Dong, G. (2019). Meta-analyses of the functional neural alterations in subjects with internet gaming disorder: Similarities and differences across different paradigms. *Progress in Neuro-Psychopharmacology and Biological Psychiatry, 94*, 109656.

第六章

网络游戏成瘾者的决策能力及其认知神经机制

一、决策及其类型

决策是指个体在当前信息的基础上，基于已有知识经验对多个选项进行评估和选择的心理加工过程（Simon，1987）。由于情境和条件的多变性，决策的类型也非常多样。网络游戏成瘾研究者关注的决策通常有以下几种类型：风险偏好决策，测查被试决策风格是风险回避型还是风险追逐型；风险决策，指在面对两个或多个不确定决策后果时，个体选择他们认为是最佳方案的过程（谢晓非，徐联仓，1995）。决策通常涉及对损益概率、损益值及个体的预期值进行评估，是实现最优化选择的过程（Yates & Stone，1992）。还有一种研究较多的决策过程是跨期决策，它是指个体对结果（收益或损失）发生在不同时间点的选项进行权衡，进而做出判断和选择的过程（Frederick et al.，2002）。其中比较著名的是延迟满足（delay of satisfaction）任务，该任务通常要求个体在可以立刻得到的较小收益和等待之后的更大收益之间做出选择。

二、决策的研究范式

目前，实验研究中广泛采用的风险决策任务有爱荷华赌博任务（IGT）、气球模拟风险任务（BART）、概率贴现任务（PDT）、时间贴现任务（TDT）等。下面，我们将依据研究范式的不同介绍几种典型的实验任务，然后在此基础上介绍采用这几种研究任务对网络游戏成瘾群体进行研究得到的结果。

（一）风险偏好型的测验任务

爱荷华赌博任务是为模拟现实决策场景而设计的研究任务，最初由贝沙拉等（Bechara et al.，1994）提出。研究任务如图 6-1 所示，IGT 包括 4 副纸牌：A、B、C、D。其中，纸牌 A 和 B 的回报比较丰厚，但潜在的风险也较大，而纸牌 C 和 D 则相反。纸牌中奖惩的具体安排是：纸牌 A 每次给 100 美元的奖励，但是连续 10 次中会有 5 次 55～150 美元的惩罚；纸牌 B 每次给 100 美元的奖励，但是连续 10 次中会有一次 1250 美元的惩罚；纸牌 C 每次给 50 美元的奖励，但连续 10 次中会有 5 次 25～75 美元的惩罚；纸牌 D 每次给 50 美元的奖励，但连续 10 次中会有一次 250 美元的惩罚。在任务开始前，被试不知道纸牌中奖励惩罚的数量、频率等情况，只是被告知每次任意从 4 副纸牌中选择 1 张，在实验中要努力赢更多的钱。被试的初始本金是 2000 美元。从长远看：A、B 是不利纸牌；C、D 是有利纸牌。被试需要在实验过程中发现规律，进而找出最佳选择。研究者通过被试选择有利纸牌和不利纸牌的次数推测其决策的特点。这一研究范式的目的是动态地考察人们依据牌面的反馈及时总结规律，发现有利纸牌和不利纸牌的过程。

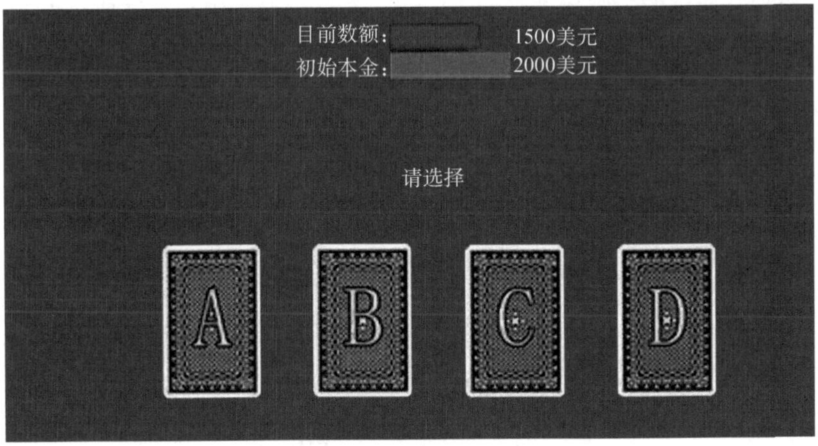

图 6-1　爱荷华赌博任务示意图（Bechara et al.，1994）

气球模拟风险任务也是一种应用较多的风险决策任务。该任务由勒居斯等（Lejuez et al.，2002）提出。实验任务如图 6-2 所示，实验中，被试需要给固定数量的气球充气（依据实验条件设置气球个数）。对于一个气球来说，每充一次，气球就会变大一些，代表获得更多的收益。但是，每个气球都随机设置了爆炸点，在气球变大的同时，气球爆炸的风险也在逐渐增加，而气球一旦爆炸，则与此气球相关的收益就会归零。被试的任务是选择给每个气球充气的次数，然后使所有气球的累计收益尽可能高。该实验范式的特点是，随着气球逐渐增大，每一次充气的收益值和损失值是变化的，气球越大，则一旦爆炸损失就会越大。

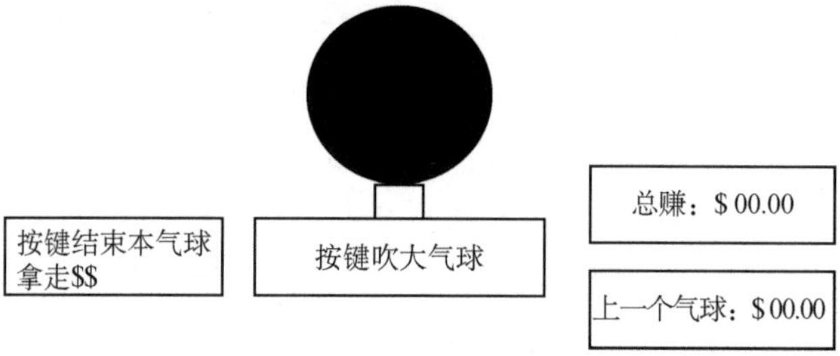

图 6-2　气球模拟风险任务示意图（Lejuez et al.，2002）

猜纸牌任务（card-guessing task）是一种完全随机的决策任务。如图 6-3 所示，在该任务的每个试次中，被试通过按左右侧按钮以猜测哪张牌是红牌，然后，在持续约 2000ms 的反馈阶段，被选中的牌会翻转过来，输赢的结果取决于被试所选的牌是否是一张红色的扑克牌。如果所选的牌是红色的，则代表“赢 10 元”；如果所选的牌是黑色的，则代表“输 10 元”。在这一过程中，被试要么赢（所选扑克牌为红色）10 元，要么输（所选扑克牌为黑色）10 元。这一任务模拟的是现实生活中结果完全随机的决策场景，如赌博场景，即下一次的胜负难以通过前面的选择或者已经给出的条件进行推理，更多是随机结果（Zhang et al.，2020）。

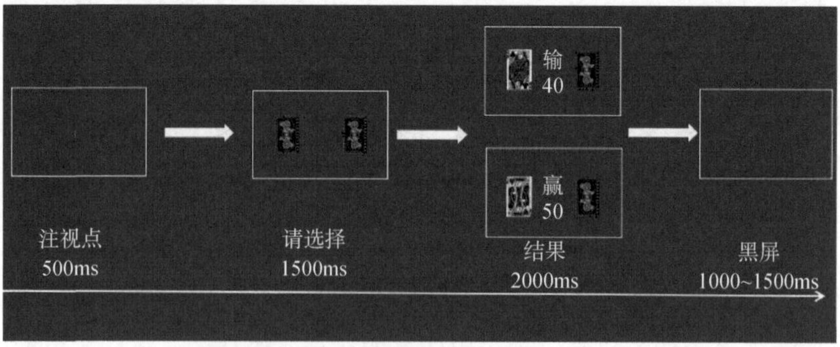

图 6-3　猜纸牌任务示意图（Zhang et al.，2020）

（二）时间与风险相互关系的决策任务

概率贴现任务又称概率折扣任务，是指一种奖励的主观价值会随着获得该奖励的概率增加而降低的决策过程（Weber & Huettel，2008）。如图 6-4 所示，在这项任务中，参与者要在一定的、较小的收益和不确定的、较大的收益之间做出一系列选择，如 100%的概率得到 10 美元和 50%的概率得到 33 美元。研究发现，在期望值相同的情况下，相比于安全的选项，人们在大多数情况下更倾向于选择冒险的选项。实验中，为促使被试认真选择，通常会从被试选择的试次中随机选取一个试次的结果作为其实验报酬。

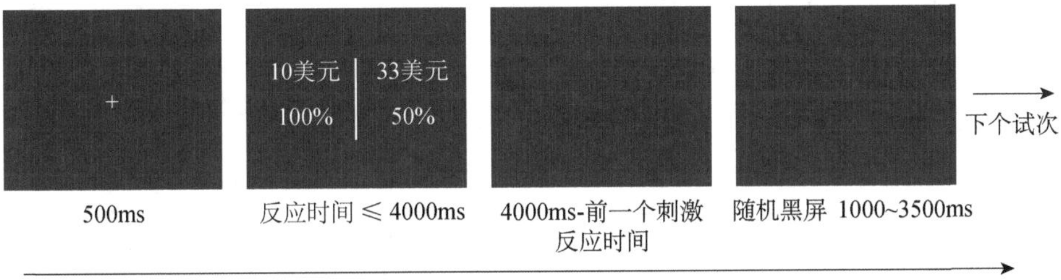

图 6-4　概率贴现任务示意图（Wang et al.，2019）

概率贴现任务激活的脑区包括前额叶皮层、腹内侧前额叶皮层（vmPFC）、杏仁核、脑岛、腹侧纹状体、扣带回前部和后部、眼眶前额叶皮层和顶叶等（Wang et al.，2016；Miedl & Büchel，2012；Peters & Büchel，2009；Weber & Huettel，2008）。

时间贴现任务又称跨期决策（inter-temporal choice），是个体对结果（收益或损失）发生在不同时间点的选项进行权衡，进而做出选择和判断的过程（Frederick et al.，2002）。它源自心理学的经典实验任务——延迟满足任务。在这一任务中，儿童要在马上选择吃一块棉花糖和 20 分钟之后吃两块棉花糖之间做出选择。跨期决策任务通常要求人们在可以立即兑现的小金额和需要等待才能兑现的大金额之间做出选择。

研究者通常应用延迟贴现任务（DDT）来探索个体的跨期决策特征（Wang et al.，2017）。实验任务如图 6-5 所示，实验前，主试会告知被试，报酬将有两种支付方式：一种是可以立即获得的报酬；另一种是等待一定时间后可以获得更多的报酬。被试的任务是从随机出现的选项中选择一个选项。任务结束后，从所有试次中随机抽取一个试次的结果作为被试的实验报酬。

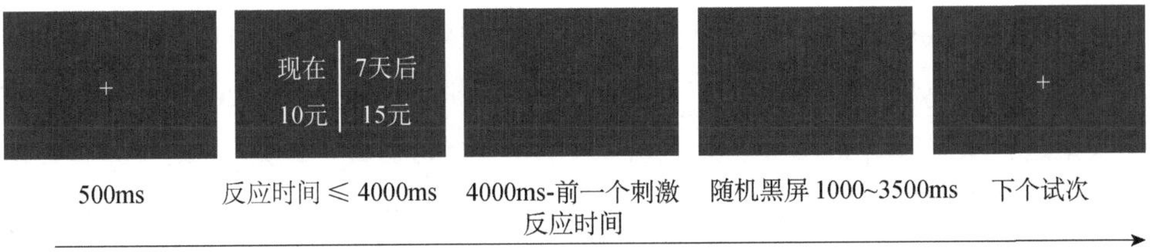

图 6-5　延迟贴现任务示意图（Wang et al.，2017）

这一任务经常被用来评估个体容忍延迟奖励的能力（Dougherty et al.，2005）。人们更愿意选择立即获得的奖励，而不选择需要等待而获得更大的收益被认为是冲动控制能力差的表现（Hoffman et al.，2008；Monterosso et al.，2007）。延迟贴现任务可用于测量不同精神障碍群体的冲动控制能力（Amlung et al.，2019；Matta et al.，2012），如注意缺陷多动障碍（Wilson et al.，2011）、精神分裂症（Brown et al.，2018；Heerey et al.，2007）、双相情感障碍（Urošević et al.，2016）、肥胖（Appelhans et al.，2011；Weller et al.，2008）等群体，也可用于测量赌博（Dixon et al.，2003）、成瘾（Robles et al.，2011；Saville et al.，2010）等群体的冲动控制能力。

研究表明，背外侧前额叶皮层和顶叶（Ballard & Knutson，2009；Weber & Huettel，2008；McClure et al.，2004，2007）、腹侧纹状体、内侧前额叶皮层和后扣带回皮层（Ballard & Knutson，2009；Kable & Glimcher，2007）的激活与延迟奖励的选择有关。这些结果表明，从额叶到顶叶的网络是时间贴现过程的神经基础（Xu et al.，2009）。

三、网络游戏成瘾人群的决策能力特征

研究发现，自我控制能力不足和决策能力受损的人更容易产生成瘾行为，包括网络游戏成瘾（Liu & Peng，2009；Schiebener & Brand，2017）。网络游戏成瘾人群决策的认知神经反应往往与对照组不同。例如，网络游戏成瘾人群在解释和处理游戏相关信息方面存在偏见（Decker & Gay，2011），他们在风险条件下做出的决策更差（Yao et al.，2015），不愿意为获得更大的奖励而延迟满足（Pawlikowski & Brand，2011）。这些选择偏差源于其脆弱的神经生物学特征，并随着活动的重复经历而得到强化（Brand et al.，2016）。他们在赌博时倾向于下大的赌注，在玩游戏时倾向投入更长的时间（Bailey et al.，2013）。研究者（Seay & Kraut，2007）考察了 2790 名在线游戏者，选取了视频游戏、动机、个性、社会和情感环境以及负面影响等变量，发现自我调节在被试管理游戏的时间和数量方面发挥核心作用。

网络游戏成瘾人群的重要特征是：尽管意识到有潜在的负面后果，但他们仍坚持游戏（Petry et al.，2014；American Psychiatric Association，2013）。其机制在于决策过程中风险评估和奖励处理功能受损（Brand et al.，2016）。这一特征在对物质使用障碍和赌博障碍（Ioannidis et al.，2019；Amlung et al.，2017；Kovács et al.，2017；Wu et al.，2016）群体的研究中已经得到证实，其机制在于决策受损。

网络游戏成瘾的理论也强调决策过程受损在网络游戏成瘾的发展和维持中的作用（Wei et al.，2017；Brand et al.，2016；Dong & Potenza，2014）。例如，I-PACE 模型（Brand et al.，2016）指出，冲动（或情感）和反思（或认知）系统的不平衡导致了网络游戏成瘾者的不良决策。这些理论模型得到了一些实证研究的支持（Jiang et al.，2020；Yao et al.，2014；Pawlikowski & Brand，2011）。有研究者招募了 70 名 18～21 岁男性被试，追踪了他们的游戏时间和网络游戏成瘾程度的变化过程，发现冲动性决策是网络游戏成瘾的一个结果，而不是网络游戏成瘾的一个预测因素，这可能是由奖励带来的强化学习的效果造成的（Kraplin et al.，2020）。

下面，我们具体介绍一些关于网络游戏成瘾决策过程认知神经机制的研究结论。

（一）网络游戏成瘾群体的概率贴现特征及其认知神经机制

概率贴现测查的是一个人对风险的偏好。一项研究发现，在概率贴现任务中，与健康控制组相比，网络游戏成瘾组被试更倾向于选择风险选项，概率折现率更低，并且更快地做出反应（Lin et al.，2015）。另有研究者采用独立成分分析和图论分析来考察个体在概率贴现任务中的大脑特征，结果发现，与娱乐玩家组相比，网络游戏成瘾组被试更喜欢高风险选项，而不是固定选项，并且在做出有风险的决定时花费的时间更短（Wang et al.，2019），见图 6-6。

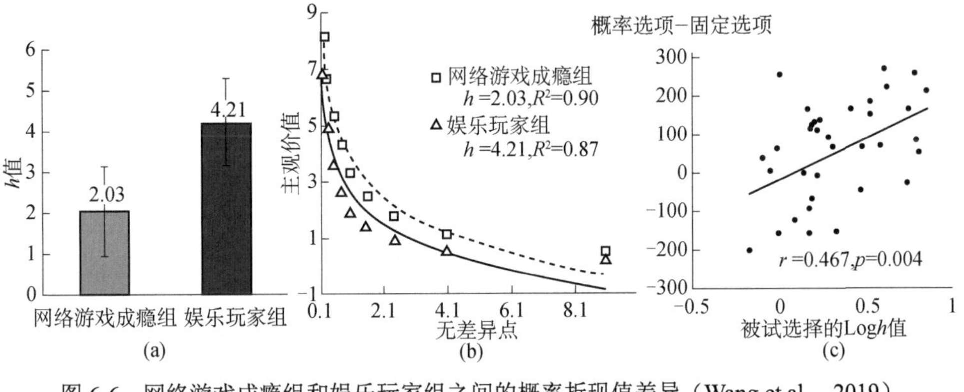

图 6-6　网络游戏成瘾组和娱乐玩家组之间的概率折现值差异（Wang et al.，2019）

（a）网络游戏成瘾组的 h 值比娱乐玩家组低。（b）网络游戏成瘾组和娱乐玩家组的概率贴现函数。点显示了货币奖励的中位无差异点（主观相等点），是对获得奖励的概率的函数。（c）log$h$ 值（概率折现率）与“概率选项反应时–固定选项反应时”之间的相关性影像结果见图 6-7。独立成分分析显示，网络游戏成瘾组在奖赏回路和执行控制网络中表现出更强的功能连接，而在前部突显网络中的功能连接则低于娱乐玩家组。图论分析结果显示，与娱乐玩家组相比，网络游戏成瘾组在奖赏回路和前部突显网络中表现出受损的功能连接。这表明网络游戏成瘾被试对奖赏更敏感，在决策时更冲动，不能有效控制自己的冲动。这可能解释了为什么网络游戏成瘾被试即使面对严重的负面后果也不能停止他们的游戏行为的现象（Wang et al.，2019）。

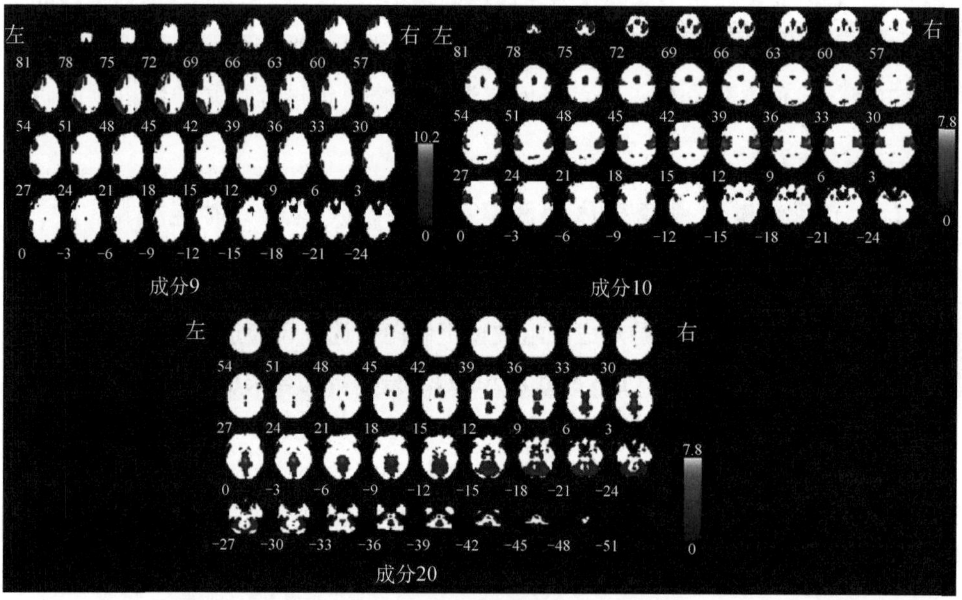

图 6-7 独立成分分析涉及的大脑网络（Wang et al.，2019）

注：图中显示的是与娱乐玩家组相比，网络游戏成瘾组大脑显示出差异的区域［（网络游戏成瘾概率选项-网络游戏成瘾固定选项）-（娱乐玩家概率选项-娱乐玩家固定选项）］（见文后彩图 6-7）

研究者对概率贴现任务下的 fMRI 数据进行了独立成分分析，发现在做风险决策时，网络游戏成瘾被试的默认网络显示出更高的与任务相关的活动，而其执行控制网络的参与度比控制组低。网络游戏成瘾组执行控制网络活跃程度与概率折现率呈正相关。这表明网络游戏成瘾患者的默认网络功能受损，其执行控制功能存在缺陷（Wang et al.，2016）。

综合来说，网络游戏成瘾被试在概率贴现任务中更喜欢风险选项而不是固定选项，反应时更短反映出他们的决策更仓促，缺乏深思熟虑。网络游戏成瘾被试在选择概率选项时显示出额下回的激活水平下降（Sofuoglu et al.，2013）。这些都表明他们具有偏好风险的特征。

（二）网络游戏成瘾群体的跨期决策特征及其认知神经机制

一个人是否愿意为长远的、更大的收益而放弃眼前即刻得到的较小收益的能力对其适应社会非常重要。网络游戏成瘾群体的重要特征是追求即刻满足，即便他们意识到这一行为对个体的长远发展有危害，仍然不能停止自己的行为。一项研究比较了网络游戏成瘾组和娱乐玩家组的跨时决策过程。在行为层面，网络游戏成瘾组表现出比娱乐玩家组更高的贴现率，反应时（延迟选项-即时选项）和贴现率都与网络游戏成瘾的严重程度呈显著正相关（Wang et al.，2017b），见图 6-8。

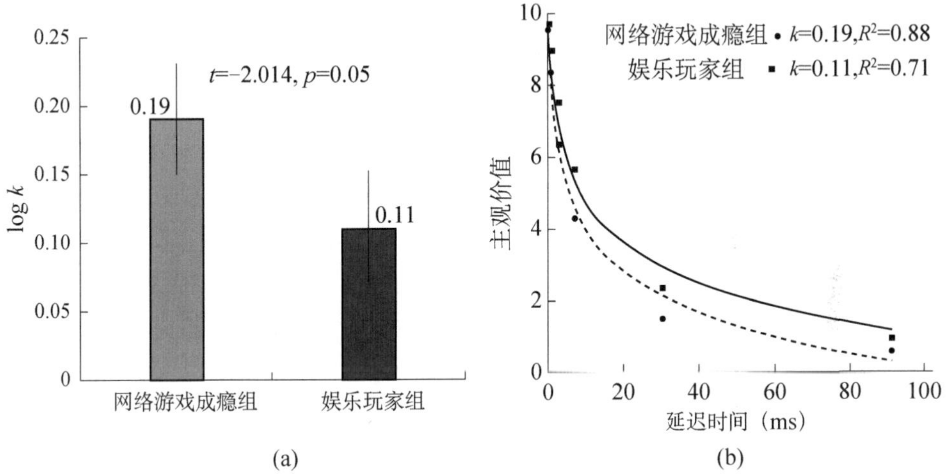

图 6-8　网络游戏成瘾组和控制组的延迟贴现值差异（Wang et al.，2017b）

注：（a）网络游戏成瘾组表现出比控制组更高的 k 值。（b）控制组和网络游戏成瘾组的延迟折扣函数。点表示货币奖励的平均无差别点，作为延迟时间的函数

在影像结果上，与控制组相比，网络游戏成瘾组在完成延迟任务时的背外侧前额叶皮层和双侧额下回的大脑激活水平下降。这表明网络游戏成瘾者的决策能力存在缺陷，潜在的机制来自延迟奖励和即时满足之间的评估能力不足，以及冲动抑制能力的受损，这可能与其前额叶激活的功能障碍有关，见图 6-9（Wang et al.，2017b）。

研究者分析了被试在延迟贴现任务中大脑的功能连接特征，发现网络游戏成瘾与两个网络有关：执行控制网络和基底神经节网络。与控制组相比，网络游戏成瘾组在选择“小的和现在的”选项时表现出更强的功能连接，延迟贴现率与这两个网络的关系和反应时呈正相关。这说明网络游戏成瘾者对奖励的敏感性增强，

而有效控制冲动的能力下降，从而导致“近视性”决策（Wang et al.，2017a）。韦恩斯坦等（Weinstein et al.，2016）让被试回答在线游戏问卷，然后选择得分较高和得分较低的群体进行比较。在完成气球模拟风险任务和延迟贴现任务后，被试还需填写社会拒绝敏感性调查问卷。结果显示，网络游戏成瘾被试在执行决策任务时的腹侧前额叶和顶下小叶对潜在损失风险暴露的大脑反应程度较低，而眶额皮层、外侧前额叶皮层和腹侧纹状体对潜在收益的大脑反应程度较高。

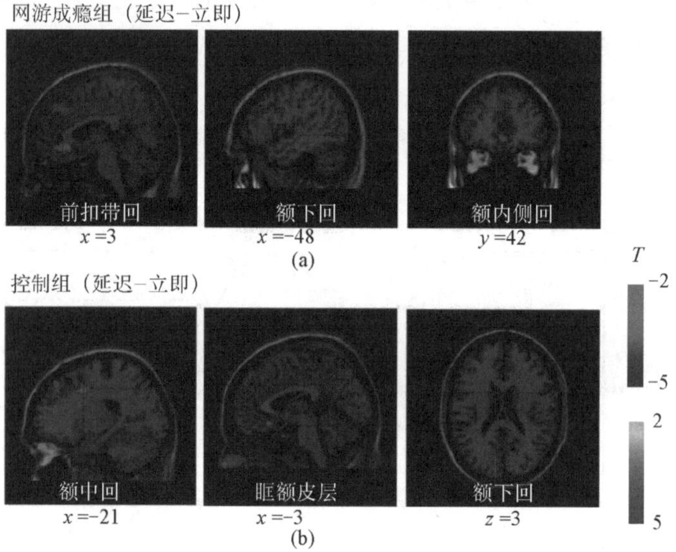

图 6-9 网络游戏成瘾组和控制组在“延迟-立即”条件下的大脑激活差异

（a）网络游戏成瘾组的前扣带回的大脑激活度较高，而左侧额下回和额内侧回的大脑激活水平较低（延迟>立即）。（b）控制组在右侧额下回、眶额皮层和额中回表现出更高水平的大脑激活（延迟>立即）（见文后彩图 6-9）

通过以上几个研究我们发现，尽管不同研究涉及的大脑区域存在差异，但是得到的结论具有极高的一致性。网络游戏成瘾群体在执行概率折算任务和延迟贴现任务时对奖励的敏感性降低，这可以解释网络游戏成瘾群体的冲动决策行为。

（三）网络游戏成瘾者风险决策特征研究及其发现

更强的冲动性和冒险性以及受损的决策能力是网络游戏成瘾个体的行为障碍之一。研究发现，网络游戏成瘾被试在选择不利的选项时表现出执行控制能力受损，在风险决策时表现得更加匆忙。一项研究招募被试完成了一项适应性决策任务，发现网络游戏成瘾组在优势试次中做出风险选择的倾向比对照组更强。网络游戏成瘾组被试在损失选项（选择了损失概率更高的选项，或者选择了肯定造成损失的选项）比在收益选项（选择了收益概率更高的选项，或者选择了肯定收益的选项）上做出了更多选择。与对照组相比，网络游戏成瘾组的选择更倾向于依赖直觉，而不是慎重思考（Ko et al.，2017）。有研究者用杯子任务发现，在风险评估过程中，与控制组相比，网络游戏成瘾组在双侧背外侧前额叶皮层和顶下小叶区域对潜在损失的风险感知较弱。在网络游戏成瘾组中，左侧背外侧前额叶和双侧顶下小叶的激活与成瘾的严重程度呈负相关。与控制组相比，网络游戏成瘾组的腹侧纹状体、背外侧前额叶皮层和眶额皮层对潜在收益的反应更强烈，表明网络游戏成瘾群体表现出对奖赏的过度敏感和对风险损失的低敏感度（Liu et al.，2017）。李等发现，网络游戏成瘾人群在风险决策时表现出前岛叶受损，使他们难以在高风险情况下依据新的特征及时调整策略（Lee et al.，2016）。董和波坦扎也发现，在冒险过程中，与控制组相比，网络游戏成瘾被试选择了更多的不利试次，并且其前扣带回、后扣带回和颞中回的激活水平更低。在风险决策过程中，与控制组相比，网络游戏成瘾被试的反应时较短，额下回和颞上回的激活水平较低（Dong & Potenza，2016）。

青少年处于人生发展的关键时期，相比成年人，他们更容易受到网络游戏成瘾的影响。对青少年的研究也发现了类似的结论。有研究招募了青少年被试参与赌博任务和停止信号任务，发现网络游戏成瘾被试同时表现出损失厌恶和抑制性控制能力受损，提示应该将网络游戏成瘾分为两种不同的亚型，在进行治疗和干预时应该依据特定亚型制定治疗策略（Wang et al.，2020）。一项研究探讨了青少年在气球模拟风险任务中的大脑特征，发现与控制组相比，网络游戏成瘾组在完成气球模拟风险任务过程中的风险选择对右背外侧前额叶皮层激活的调节作用降低，表明网络游戏成瘾青少年的右背外侧前额叶皮层对风险的敏感性降低，导致其冲动水平升高（Qi et al.，2015）。

综合上面的研究结论，不论是成人群体还是青少年群体，研究都发现网络游戏成瘾者在抑制能力和决策功能方面受损。这可以解释网络游戏成瘾患者尽管知道负面后果，但仍坚持游戏行为的内在机制。

（四）网络游戏成瘾风险决策任务的性别差异

网络游戏成瘾群体中存在一个有趣的问题：男性总是占大多数。很多研究在招募女性被试时遇到很大的困难，甚至很多研究索性只招募男性被试而放弃招募女性被试。

张等收集了男女网络游戏成瘾组和娱乐玩家组在完成猜牌任务时的 fMRI 数据，比较了他（她）们在胜利和失败条件下的大脑特征。在赢的条件下（图 6-10），相对于女性，男性玩家的左侧尾状核、双侧扣带回、右侧额中回、右侧楔前叶和顶下小叶显示出更高水平的激活。男性网络游戏成瘾者的丘脑、海马旁回的大脑活动水平高于女性，而额下回的大脑活动水平低于女性。

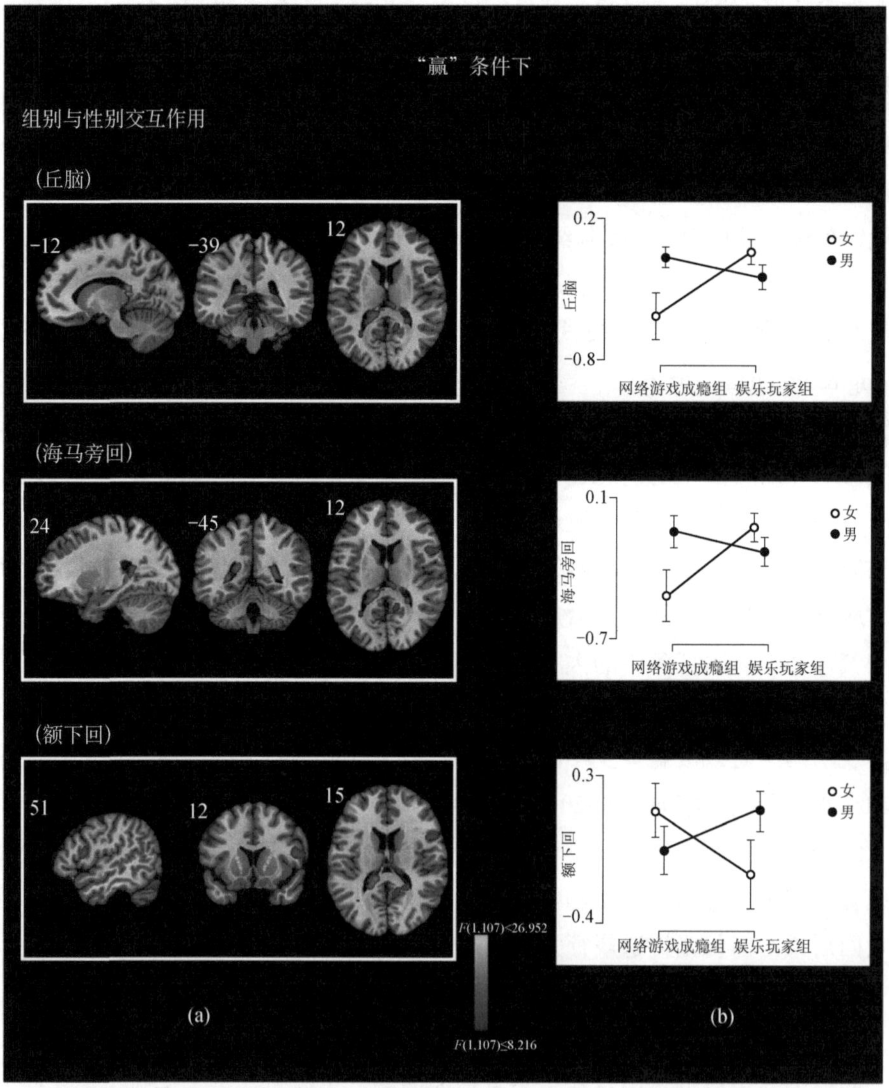

图 6-10 “赢”条件下组别与性别的交互作用（Zhang et al.，2020）

（a）具有交互作用的脑区是丘脑、海马旁回和额下回。（b）与女性网络游戏成瘾者相比，男性网络游戏成瘾者的丘脑、海马旁回的激活增加、额下回的激活减少（见文后彩图 6-10）

在输掉比赛的条件下（图6-11），相对于女性，男性玩家表现出左侧尾状核的高激活和右枕中回（middle occipital gyrus，MOG）的低激活。与女性网络游戏成瘾者相比，男性网络游戏成瘾者在额下回和舌回的大脑活动减少。这表明男性玩家对奖赏的敏感性更高，对损失的敏感性更低。男性和女性在网络游戏成瘾程度和奖赏/损失处理方面表现出相反的激活模式，男性网络游戏成瘾被试比女性对奖励更敏感，对损失更不敏感（Zhang et al.，2020）。这一结论能够很好地解释网络游戏成瘾群体存在性别差异的原因。

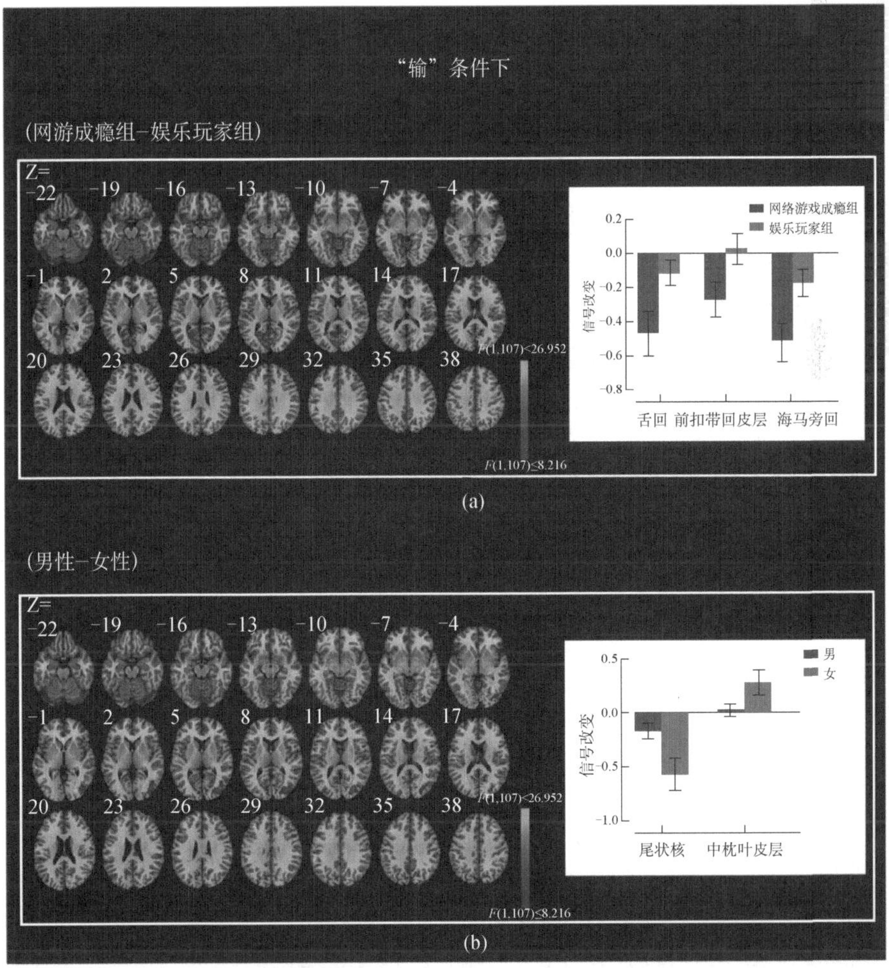

图6-11 "输"条件下组别与性别的交互作用（Zhang et al.，2020）

注：（a）与娱乐玩家组相比，网络游戏成瘾组在左侧舌回、左侧楔前区和右侧前扣带回中显示出异常激活。（b）与女性相比，男性在尾状核和右枕中回显示出异常激活（见文后彩图6-11）

（五）与其他成瘾者相比，网络游戏成瘾者的风险决策特征

与其他成瘾者进行直接比较，可以让我们更清晰地认识网络游戏成瘾的机制。一项研究招募了赌博成瘾者、网络游戏成瘾者和健康对照组，比较了他们在延迟贴现任务、爱荷华赌博任务和自我报告的冲动数据（Barratt 冲动量表）之间的差异。在延迟贴现任务中，与对照组相比，两组病人的表现无显著差异。在爱荷华赌博任务中，赌博成瘾组的表现比其他组差，而网络游戏成瘾组仅在实验开始时表现较差。赌博成瘾组和网络游戏成瘾组在延迟贴现任务上的表现表明他们对奖励的贴现速度更快。两组病人在爱荷华赌博任务中的表现都比健康对照组差，表明他们在决策方面存在缺陷。有趣的是，网络游戏成瘾组能够在后面的选择中转向更有利的决策，这对干预策略的选择有一定启发（Wolfling et al.，2020）。另一项研究对比了网络游戏成瘾者是否具有与甲基苯丙胺依赖（MD）患者类似的认知神经功能障碍和社会认知障碍，研究者让网络游戏成瘾者、甲基苯丙胺依赖患者和对照组被试都完成了数字跨度任务、爱荷华赌博任务等。结果显示，网络游戏成瘾者的认知缺陷和社会认知功能障碍与甲基苯丙胺依赖患者具有极高相似性。从认知的角度来看，这些结果支持网络游戏成瘾作为一种成瘾性谱系障碍的说法（Jiang et al.，2020）。

本 章 总 结

决策的核心是权衡，权衡短期与长期，权衡得失的可能与数量。决策是行为发生前的最后一个“检查点”，需要个体综合当前所有的信息，然后做出某种行为选择。决策能力的降低和寻求奖赏动机的增强会导致各种临床问题的发生，包括赌博和药物使用障碍等成瘾性疾病。综合上面关于网络游戏成瘾决策过程的研究，我们发现，网络游戏成瘾人群在决策时更多依靠直觉而不是深思熟虑。在即时奖励（如在线游戏）和长期不利后果（如用游戏的时间来进行与长期职业成功相关的活动）之间做决定时，他们更多追求即刻满足，这一结论能解释网络游戏成瘾行为的原因。但是，目前网络游戏成瘾和决策过程之间的因果关系并不清晰，受损的决策能力既可能是网络游戏成瘾的原因，也可能是这一病症的结果，未来研究需要进一步探明二者之间的关系。

参 考 文 献

谢晓非, 徐联仓. (1995). 风险认知研究概况及理论框架. *心理学动态, 13*(2), 17-22.

American Psychiatric Association. (2013). *Diagnostic and statistical manual of mental disorders* (*5th ed.*). Arlington VA: American Psychiatric Association Press.

Amlung, M., Marsden, E., Holshausen, K., Morris, V., Patel, H., Vedelago, L., . . . McCabe, R. E. (2019). Delay discounting as a transdiagnostic process in psychiatric disorders: A meta-analysis. *JAMA Psychiatry, 76*(11), 1176-1186.

Amlung, M., Vedelago, L., Acker, J., Balodis, I., & MacKillop, J. (2017). Steep delay discounting and addictive behavior: A meta-analysis of continuous associations. *Addiction, 112*(1), 51-62.

Appelhans, B. M., Woolf, K., Pagoto, S. L., Schneider, K. L., Whited, M. C., & Liebman, R. (2011). Inhibiting food reward: Delay discounting, food reward sensitivity, and palatable food intake in overweight and obese women. *Obesity, 19*(11), 2175-2182.

Bailey, K., West, R., & Kuffel, J. (2013). What would my avatar do? Gaming, pathology, and risky decision making. *Frontiers in Psychology, 4*, 609.

Ballard, K., & Knutson, B. (2009). Dissociable neural representations of future reward magnitude and delay during temporal discounting. *Neuroimage, 45*(1), 143-150.

Bechara, A., Damasio, A. R., Damasio, H., & Anderson, S. W. (1994). Insensitivity to future consequences following damage to human prefrontal cortex. *Cognition, 50*(1-3), 7-15.

Brand, M., Young, K. S., Laier, C., Wolfling, K., & Potenza, M. N. (2016). Integrating psychological and neurobiological considerations regarding the development and maintenance of specific internet-use disorders: An interaction of person-affect-cognition-execution (I-PACE) model. *Neuroscience and Behavioural Reviews, 71*, 252-266.

Brown, H. E., Hart, K. L., Snapper, L. A., Roffman, J. L., & Perlis, R. H. (2018). Impairment in delay discounting in schizophrenia and schizoaffective disorder but not primary mood disorders. *NPJ Schizophrenia, 4*(1), 1-7.

Decker, S. A., & Gay, J. N. (2011). Cognitive-bias toward gaming-related words and disinhibition in world of warcraft gamers. *Computers in Human Behavior, 27*(2), 798-810.

Dixon, M. R., Marley, J., & Jacobs, E. A. (2003). Delay discounting by pathological gamblers. *Journal of Applied Behavior Analysis, 36*(4), 449-458.

Dong, G., & Potenza, M. N. (2014). A cognitive-behavioral model of internet gaming disorder: Theoretical underpinnings and clinical implications. *Journal of Psychiatric Research, 58*, 7-11.

Dong, G., & Potenza, M. N. (2016). Risk-taking and risky decision-making in internet gaming disorder: Implications regarding online gaming in the setting of negative consequences. *Journal of Psychiatric Research, 73*, 1-8.

Dong, G., Hu, Y., Lin, X., & Lu, Q. (2013). What makes internet addicts continue playing online even when faced by severe negative consequences? Possible explanations from an fMRI study. *Biological Psychology, 94*(2), 282-289.

Dougherty, D. M., Mathias, C. W., Marsh, D. M., & Jagar, A. A. (2005). Laboratory behavioral measures of impulsivity. *Behavior Research Methods, 37*(1), 82-90.

Frederick, S., Loewenstein, G., & O'donoghue, T. (2002). Time discounting and time preference: A critical review. *Journal of Economic Literature, 40*(2), 351-401.

Heerey, E. A., Robinson, B. M., McMahon, R. P., & Gold, J. M. (2007). Delay discounting in schizophrenia. *Cognitive Neuropsychiatry, 12*(3), 213-221.

Hoffman, W. F., Schwartz, D. L., Huckans, M. S., McFarland, B. H., Meiri, G., Stevens, A. A., & Mitchell, S. H. (2008). Cortical activation during delay discounting in abstinent methamphetamine dependent individuals. *Psychopharmacology, 201*(2), 183-193.

Ioannidis, K., Hook, R., Wickham, K., Grant, J. E., & Chamberlain, S. R. (2019). Impulsivity in gambling disorder and problem gambling: A meta-analysis. *Neuropsychopharmacology, 44*(8), 1354-1361.

Jiang, C., Li, C., Zhou, H., & Zhou, Z. (2020). Individuals with internet gaming disorder have similar neurocognitive impairments and social cognitive dysfunctions as methamphetamine-dependent patients. *Adicciones*, *6*(2), 1342-1342.

Kable, J. W., & Glimcher, P. W. (2007). The neural correlates of subjective value during intertemporal choice. *Nature Neuroscience, 10*(12), 1625-1633.

Ko, C. H., Wang, P. W., Liu, T. L., Chen, C. S., Yen, C. F., & Yen, J. Y. (2017). The adaptive decision-making, risky decision, and decision-making style of internet gaming disorder. *European Psychiatry, 44*, 189-197.

Kovács, I., Richman, M. J., Janka, Z., Maraz, A., & Andó, B. (2017). Decision making measured by the Iowa gambling task in alcohol use disorder and gambling disorder: A systematic review and meta-analysis. *Drug Alcohol Dependence, 181*, 152-161.

Kraplin, A., Scherbaum, S., Kraft, E. M., Rehbein, F., Buhringer, G., Goschke, T., & Mossle, T. (2020). The role of inhibitory control and decision-making in the course of internet gaming disorder. *Journal of Behavioral Addictions, 9(4)*, 990-1001.

Lee, D., Lee, J., Yoon, K. J., Kee, N., & Jung, Y.-C. (2016). Impaired anterior insular activation during risky decision making in young adults with internet gaming disorder. *Neuroreport, 27*(8), 605-609.

Lejuez, C. W., Read, J. P., Kahler, C. W., Richards, J. B., Ramsey, S. E., Stuart, G. L., . . . Brown, R. A. (2002). Evaluation of a behavioral measure of risk taking: The balloon analogue risk task (BART). *Journal of Experimental Psychology: Applied, 8*(2), 75.

Lin, X., Zhou, H., Dong, G., & Du, X. (2015). Impaired risk evaluation in people with internet gaming disorder: fMRI evidence from a probability discounting task. *Progress in Neuro-Psychopharmacology and Biological Psychiatry, 56*, 142-148.

Liu, L., Xue, G., Potenza, M. N., Zhang, J. T., Yao, Y. W., Xia, C. C., . . . Fang, X. Y. (2017). Dissociable neural processes during risky decision-making in individuals with internet-gaming disorder. *NeuroImage: Clinical, 14*, 741-749.

Liu, M., & Peng, W. (2009). Cognitive and psychological predictors of the negative outcomes associated with playing MMOGs (massively multiplayer online games). *Computers in Human Behavior, 25*(6), 1306-1311.

Matta, A. D., Gonçalves, F. L., & Bizarro, L. (2012). Delay discounting: Concepts and measures. *Psychology Neuroscience, 5*(2), 135-146.

McClure, S. M., Ericson, K. M., Laibson, D. I., Loewenstein, G., & Cohen, J. D. (2007). Time discounting for primary rewards. *Journal of Neuroscience, 27*(21), 5796-5804.

McClure, S. M., Laibson, D. I., Loewenstein, G., & Cohen, J. D. (2004). Separate neural systems value immediate and delayed monetary rewards. *Science, 306*(5695), 503-507.

Miedl, S. F., & Büchel, C. (2012). Altered neural reward representations in pathological gamblers revealed by delay and probability discounting. *Archives of General Psychiatry, 69*(2), 177-186.

Monterosso, J. R., Ainslie, G., Xu, J., Cordova, X., Domier, C. P., & London, E. D. (2007). Frontoparietal cortical activity of methamphetamine-dependent and comparison subjects performing a delay discounting task. *Human Brain Mapping, 28*(5), 383-393.

Pawlikowski, M., & Brand, M. (2011). Excessive internet gaming and decision making: Do excessive World of Warcraft players have problems in decision making under risky conditions? *Psychiatry Research, 188*(3), 428-433.

Peters, J., & Büchel, C. (2009). Overlapping and distinct neural systems code for subjective value during intertemporal and risky decision making. *Journal of Neuroscience, 29*(50), 15727-15734.

Petry, N. M., Rehbein, F., Gentile, D. A., Lemmens, J. S., Rumpf, H. J., Mossle, T., . . . O'Brien, C. P. (2014). An international consensus for assessing internet gaming disorder using the new DSM-5 approach. *Addiction, 109*(9), 1399-1406.

Qi, X., Du, X., Yang, Y., Du, G., Gao, P., Zhang, Y., . . . Zhang, Q. (2015). Decreased modulation by the risk level on the brain activation during decision making in adolescents with internet gaming disorder. *Frontiers in Behavioral Neuroscience, 9*, 296.

Robles, E., Huang, B. E., Simpson, P. M., & McMillan, D. E. (2011). Delay discounting, impulsiveness, and addiction severity in opioid-dependent patients. *Journal of Substance Abuse Treatment, 41*(4), 354-362.

Saville, B. K., Gisbert, A., Kopp, J., & Telesco, C. (2010). Internet addiction and delay discounting in college students. *The Psychological Record, 60*(2), 273-286.

Schiebener, J., & Brand, M. (2017). Age-related variance in decisions under ambiguity is explained by changes in reasoning, executive functions, and decision-making under risk. *Cognition & Emotion, 31*(4), 816-824.

Seay, A. F., & Kraut, R. E. (2007). Project massive: Self-regulation and problematic use of online gaming. *Paper Presented at the Proceedings of the SIGCHI Conference on Human Factors in Computing Systems*.

Simon, H. A. (1987). Making management decisions: The role of intuition and emotion. *Academy of Management Perspectives, 1*(1), 57-64.

Sofuoglu, M., DeVito, E. E., Waters, A. J., & Carroll, K. M. (2013). Cognitive enhancement as a treatment for drug addictions. *Neuropharmacology, 64*, 452-463.

Urošević, S., Youngstrom, E. A., Collins, P., Jensen, J. B., & Luciana, M. (2016). Associations of age with reward delay discounting and response inhibition in adolescents with bipolar disorders.

Journal of Affective Disorders, 190, 649-656.

Wang, L., Tian, M., Zheng, Y., Li, Q., & Liu, X. (2020). Reduced loss aversion and inhibitory control in adolescents with internet gaming disorder. *Psychology of Addictive Behaviors, 34*(3), 484.

Wang, L., Wu, L., Lin, X., Zhang, Y., Zhou, H., Du, X., & Dong, G. (2016). Dysfunctional default mode network and executive control network in people with internet gaming disorder: Independent component analysis under a probability discounting task. *European Psychiatry, 34*, 36-42.

Wang, Y., Hu, Y., Xu, J., Zhou, H., Lin, X., Du, X., & Dong, G. (2017a). Dysfunctional prefrontal function is associated with impulsivity in people with internet gaming disorder during a delay discounting task. *Frontiers in Psychiatry, 8*, 287.

Wang, Y., Wu, L., Zhou, H., Lin, X., Zhang, Y., Du, X., & Dong, G. (2017b). Impaired executive control and reward circuit in internet gaming addicts under a delay discounting task: Independent component analysis. *European Archives of Psychiatry and Clinical Neuroscience, 267*(3), 245-255.

Wang, Z., Liu, X., Hu, Y., Zheng, H., Du, X., & Dong, G. (2019). Altered brain functional networks in internet gaming disorder: Independent component and graph theoretical analysis under a probability discounting task. *CNS Spectrums, 24*(5), 544-556.

Weber, B. J., & Huettel, S. A. (2008). The neural substrates of probabilistic and intertemporal decision making. *Brain Research, 1234*, 104-115.

Wei, L., Zhang, S., Turel, O., Bechara, A., & He, Q. (2017). A tripartite neurocognitive model of internet gaming disorder. *Frontiers in Psychiatry, 8*, 285.

Weinstein, A., Abu, H. B., Timor, A., & Mama, Y. (2016). Delay discounting, risk-taking, and rejection sensitivity among individuals with internet and video gaming disorders. *Journal of Behavioral Addictions, 5*(4), 674-682.

Weller, R. E., Cook III, E. W., Avsar, K. B., & Cox, J. E. (2008). Obese women show greater delay discounting than healthy-weight women. *Appetite, 51*(3), 563-569.

Wilson, V. B., Mitchell, S. H., Musser, E. D., Schmitt, C. F., & Nigg, J. T. (2011). Delay discounting of reward in ADHD: Application in young children. *Journal of Child Psychology Psychiatry, 52*(3), 256-264.

Wolfling, K., Duven, E., Wejbera, M., Beutel, M. E., & Muller, K. W. (2020). Discounting delayed monetary rewards and decision making in behavioral addictions—A comparison between patients with gambling disorder and internet gaming disorder. *Addictive Behaviors, 108*, 106446.

Wu, M., Brockmeyer, T., Hartmann, M., Skunde, M., Herzog, W., & Friederich, H. C. (2016). Reward-related decision making in eating and weight disorders: A systematic review and meta-analysis of the evidence from neuropsychological studies. *Neuroscience Biobehavioral Reviews, 61*, 177-196.

Xu, L., Liang, Z. Y., Wang, K., Li, S., & Jiang, T. (2009). Neural mechanism of intertemporal choice: From discounting future gains to future losses. *Brain Research, 1261*, 65-74.

Yao, Y. W., Chen, P. R., Chen, C., Wang, L. J., Zhang, J. T., Xue, G., . . . Fang, X. Y. (2014). Failure to utilize feedback causes decision-making deficits among excessive internet gamers. *Psychiatry Research, 219*(3), 583-588.

Yao, Y. W., Wang, L. J., Yip, S. W., Chen, P. R., Li, S., Xu, J., . . . Fang, X. Y. (2015). Impaired decision-making under risk is associated with gaming-specific inhibition deficits among college students with internet gaming disorder. *Psychiatry Res, 229*(1-2), 302-309.

Yates, J. F., & Stone, E. R. (1992). *The Risk Construct: Risk-Taking Behavior*. New York: Wiley.

Zhang, J., Hu, Y., Wang, Z., Wang, M., & Dong, G. H. (2020). Males are more sensitive to reward and less sensitive to loss than females among people with internet gaming disorder: fMRI evidence from a card-guessing task. *BMC Psychiatry, 20*(1), 1-14.

第七章

网络游戏成瘾者的奖赏敏感性特征及其认知神经机制

一、奖赏及奖赏系统

奖赏调节着人的记忆、注意和动机（Volkow et al.，2011），促使人从事某种行为。奖赏的分类方法有很多种，其中一种经典的分类方法是将奖赏划分为两类：第一奖赏（初级奖赏）和第二奖赏（次级奖赏）。第一奖赏是指那些与生俱来或能满足基本需要的奖赏刺激，如食物、性等，其具有先天价值，对维持生存和繁殖至关重要。第二奖赏是后天学习而掌握的奖励刺激，如金钱、权力等（Schultz et al.，2000），其与生存没有直接关系，只有通过学习与第一奖赏的联系才能获得价值。

除了第一奖赏、第二奖赏之外，还有药物奖赏，是指个体长期服用某种药物或物质而造成的身体和精神上的依赖。这些物质包括酒精、阿片类药物、可卡因等（Metereau & Dreher，2013），对此类物质和奖赏的依赖俗称成瘾。研究者认为，大脑中存在一个奖赏系统（reward system）或奖赏环路（reward circuit），负责处理内外部的多种状态或信息，并产生适应性行为（Shizgal，1997）。涉及的脑区主要为皮下区域，包括中脑边缘系统、腹侧纹状体、丘脑、杏仁核、伏隔核等核团；同时涉及一些皮层区域，眶额皮层、前额叶皮层等都在其中发挥重要作用（Rolls，2000；Wilson et al.，2004）。如图 7-1 所示，这些脑区组成了一个神经环路。

如图 7-1 所示，眶额皮层以及中脑的一些区域将大量多巴胺输入纹状体，纹状体把信息输入腹侧被盖区和腹侧苍白球区域，然后经过丘脑背内侧核投射回大脑额叶皮层，形成一个环路，此环路被称为皮层-基底节系统奖赏环路。

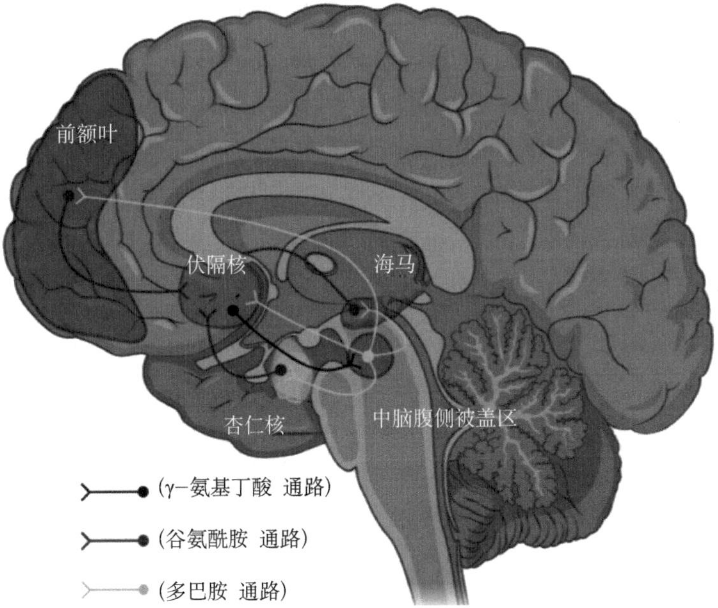

图 7-1 奖赏系统涉及的主要脑区及通路（Rolls，2000；Wilson et al.，2004）

二、奖赏系统与成瘾

奖赏系统在发起和维持行为过程中发挥着重要作用。人类的某些行为，如达成心愿、获得他人奖励等也会使个体获得快感，这是来自奖赏系统给我们的“鼓励”，这一过程中腹侧被盖区的神经元会释放神经递质——多巴胺。多巴胺激活多巴胺受体，进而引起快乐体验。但人类自带的“奖赏机制”是克制而轻微的，需要个体付出一定的努力或者等待才能获得；同时，这种奖励是短暂而转瞬即逝的，个体必须不断努力才能继续获得奖赏系统的青睐。

奖赏系统一直是成瘾研究的核心内容，也是个体从偶然物质使用到物质滥用的核心功能区域。成瘾药物可以破坏人类自然的奖赏过程：成瘾类物质的共同特征是它们会直接或间接地刺激系统分泌多巴胺，让人产生强烈的愉悦感。在最初阶段，个体被暴露在成瘾环境中，成瘾类物质作用于奖赏系统，使个体获得由物质使用带来的强烈的欣快感。比如，一次静脉注射或吸食成瘾类物质，可以在极短的时间内让人获得强烈的愉悦感。成瘾类物质带来的“奖励”极度强烈而持久，使传统上个体要通过努力和等待才能获得的“奖励”显得微不足道。这种强烈对比极易导致人们对于此类简单获得而持久的愉悦体验十分迷恋，进而想反复拥有这种体验。一旦进入这种恶性循环，个体原有的价值观就会彻底被颠覆，传统上推崇的勤奋刻苦、努力坚韧等优良行为可能敌不过一点点的成瘾类药物。最终，它会“劫持”人们的奖赏系统（Nestler，2005），个体只有不断寻求毒品，才能补偿奖赏系统中多巴胺能通路的奖赏系统的功能紊乱（Şahpolat et al.，2014）。

当多巴胺水平频繁升高的时候，人类自身会启动纠错机制，人体中的其他神经细胞会释放出 γ-氨基丁酸来抑制感受器神经受到的过度刺激，强迫大脑神经系统休息，从而避免因过度兴奋而伤害大脑及各器官（Koob & Le Moal，2008）。但在成瘾类物质面前，这类纠错机制已经无法平息如洪水般汹涌的多巴胺水平频繁升高，于是大脑会通过减少多巴胺相关细胞的数量来减少其刺激强度，以应对多巴胺过多的现状，减少多巴胺大量涌现对大脑及身体器官造成的伤害（Robinson & Berridge，2008）。这一操作很好地保护了我们的大脑。但对于成瘾物质使用者来说，这样会导致与前一次用量相同却达不到前一次的欣快程度，产生耐药性。于是，他们只有通过进一步加大药量来达到同样“嗨”的程度，导致成瘾程度越来越重。

图 7-2 展示了成瘾过程中被破坏的相互作用的脑区，进而解释了这一过程中不同脑区直接相互影响的过程。

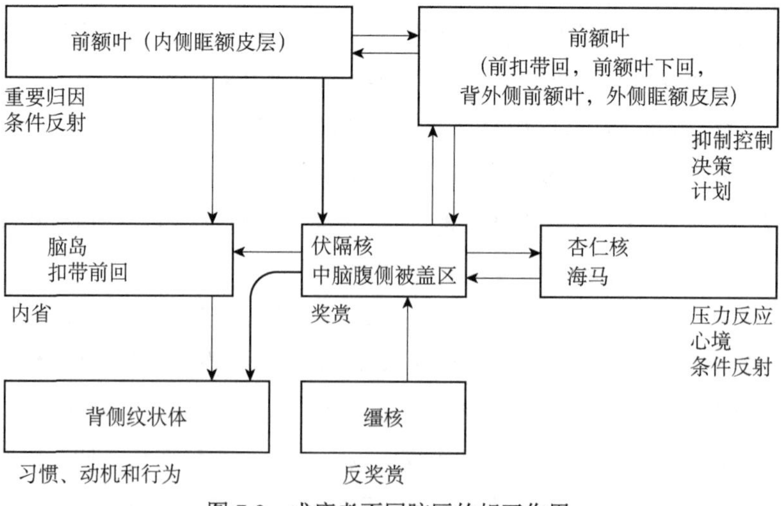

图 7-2　成瘾者不同脑区的相互作用

上面的模型提出，在成瘾过程中，药物在奖励、动机和记忆回路中的期望值提高，压制了控制回路。这一过程有利于由药物摄入而启动的正反馈回路，并由动机/驱动和记忆回路增强激活而延续。这些回路与那些参与情绪调节，包括压力应对（包括杏仁核、下丘脑和松果体）和感知的回路相互作用（Volkow & Morales，2015）。

三、奖赏敏感性的研究范式

奖赏敏感性的研究范式有很多，任何能够创设让人感受到"奖励"的条件都可以达到诱发奖赏相关体验的目的。在前面章节中，我们在关于渴求的章节介绍了线索渴求任务范式，在关于决策的章节介绍了猜纸牌任务（图 6-3）。这些任务都可以用来研究奖赏特征。在这些研究范式之外，本章着重介绍金钱诱发延迟任务（MIDT）。

金钱诱发延迟任务进一步将奖赏反应特征细化成三个不同的阶段：奖赏预期、奖赏期待和奖赏获取（Dhingra et al.，2020）。该实验任务可以进一步探究网络游戏成瘾被试在面对金钱刺激时奖赏系统的反应特征。

如图 7-3 所示，以实验任务创设三个阶段的方法如下：首先向被试呈现一些诱导刺激（比如，本次反应你可以最多得到 5 元奖励），产生奖赏预期；然后呈现刺激让被试判断，呈现时间为 3～5s，被试按相应键进行选择；随后呈现 4～6s 的黑屏，被试需要等待判断结果，产生奖赏期待；黑屏结束后呈现实验结果（比如，"您赢了 5 美元"），产生奖赏获取。

实验具体操作如下：每个试次开始时出现一个赌注（5 美元、1 美元，或没有钱）。在 1～5s 的随机间隔后屏幕上出现一个目标框，并在很短的时间内（反应窗口）消失。被试被告知要尽快按下按钮，在目标箱消失之前收集目标箱中的钱（赢），否则，被试将输掉赌局，赌金将从总赌金中扣除。被试在目标箱出现之前过早地按下按钮，就会终止本试次，同样会导致输掉赌局。每个试次结束后，屏幕上都会出现一个反馈窗口，显示出赢钱或输钱的数额（Dhingra et al.，2020）。不同的研究可以依据该研究任务的基本流程进行改进，比如，网络游戏成瘾的研究可以将刺激或奖励的内容改成与网络游戏相关的刺激。

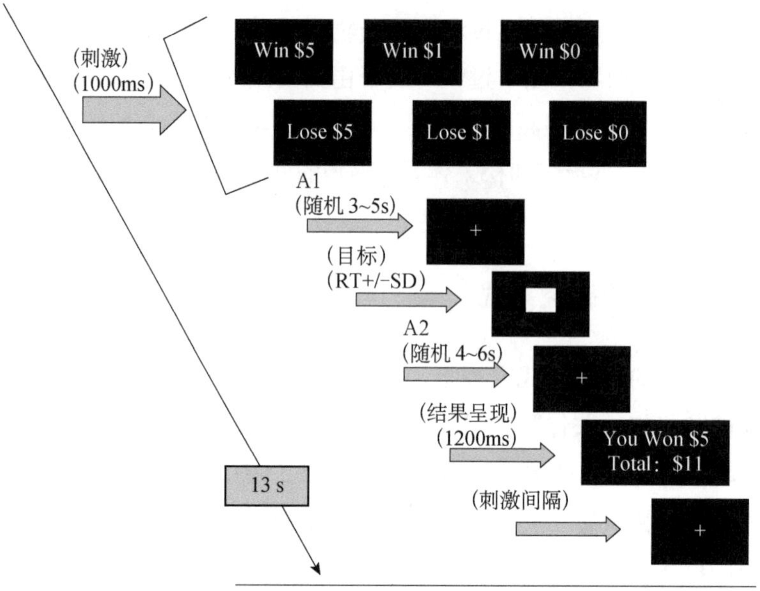

图 7-3 金钱诱发延迟任务时间流程（Patel et al.，2013）

注：A1=奖赏预期；A2=奖赏期待；Win=赢试次；Lose=输试次；RT+/−SD，反应时在正负一个标准差内随机呈现

四、网络游戏成瘾者的奖赏敏感性相关研究及结论

（一）网络游戏成瘾奖赏敏感性相关脑区

网络游戏成瘾的特征之一是对奖赏的寻求动机增强，对损失的敏感性降低。董等测查了网络游戏成瘾群体在猜纸牌任务中“赢”与“输”条件下的大脑反应特征。图 7-4 显示了结果：与正常对照组相比，网络游戏成瘾组在“赢”的条件下眶额皮层的激活水平提升，在“输”的条件下前扣带回的激活水平下降。这表明网络游戏成瘾者的奖励敏感性增强而损失敏感性下降（Dong et al.，2011）。

董等的另外一项研究使用赌博任务来创设“连续输赢”的极端情况，探索连续输赢后不同被试的奖励/惩罚敏感性。结果显示，网络游戏成瘾被试在“连续赢”条件下的额上回激活水平高于控制组，在“连续输”条件下后扣带回的激活水平下降，由此同样表明了网络游戏成瘾被试对赢更敏感，而往往忽视损失（Dong et al.，2013）。一项研究使用金钱诱发延迟任务，发现网络游戏成瘾者在结果阶段表现出与损失大小有关的尾状体活动迟钝，但在其他阶段的神经活动与对照组没有区别，表明损失敏感性的降低可能是网络游戏成瘾者的一个关键特征（Yao et al.，

赢（-15,48,-9）

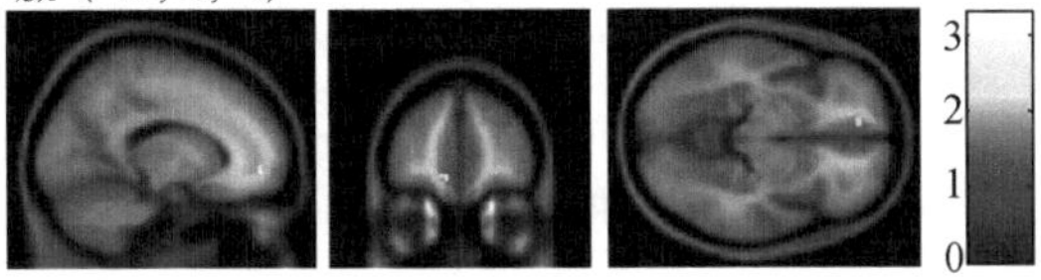

输（21,30,27）

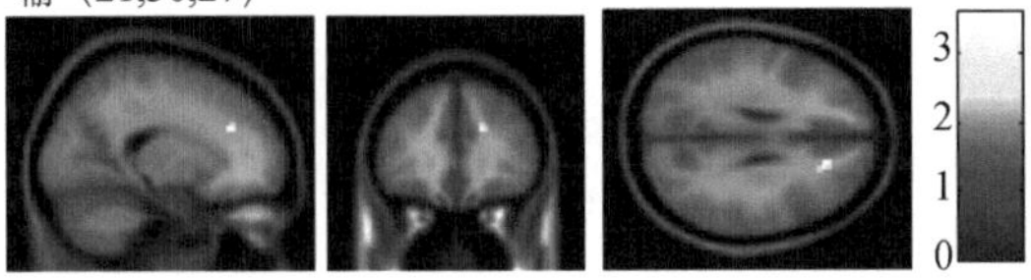

图 7-4　输赢条件下的大脑激活特征（Dong et al.，2011）

注：赢，网络游戏成瘾组–控制组；输，控制组–网络游戏成瘾组。在赢条件下，网络游戏成瘾组的眶额皮层有更高的激活；在输条件下，网络游戏成瘾组的前扣带回激活水平降低

2020）。同样，另一项研究采用金钱诱发延迟任务发现，网络游戏成瘾者在行为上更喜欢冒险去追求高额奖励，在奖赏预期和结果呈现期间，其纹状体显示出更强的大脑活动，但在选择评估期间则没有。这表明网络游戏成瘾被试的奖赏系统对潜在的奖赏过于敏感，促使他们更频繁地接近有风险的选项（Wang et al.，2021）。另有研究者使用杯子任务来探究与网络游戏成瘾的收益和损失相关的风险处理的神经过程，发现网络游戏成瘾群体对奖赏过度敏感，拥有较差的风险体验以及受损的自我控制（Liu et al.，2017）。

网络游戏成瘾群体的这一特征与传统上人们对成瘾的理解存在差异。传统上人们认为，成瘾的主要特征之一是过度接触成瘾物质（如毒品）会降低大脑奖赏系统对日常奖励（如金钱）的敏感性，而对网络游戏成瘾的研究则发现这一群体对奖赏具有更高的敏感性。一项研究发现，相对于控制组，网络游戏成瘾组表现出强化学习受损，大脑奖赏系统，包括左侧眶额皮层和右侧背外侧前额叶皮层等的激活降低。进一步分析显示，在网络游戏成瘾组中，右侧尾状核、双侧背外侧前额叶皮层和右侧前扣带回皮层之间存在超连接模式，强化学习障碍可能是网络游戏成瘾病理生理学的重要基础特征（Lei et al.，2020）。另有研究显示，网络游戏成瘾被试对损失的敏感性较低。性别对比发现，男性玩家对奖励的敏感性更高，对损失的敏感性更低；男性和女性在网络游戏成瘾程度和奖赏/损失处理方面表现出相反的激活模式；男性网络游戏成瘾被试比女性对奖励更敏感，对损失更迟钝，这可能是网络游戏成瘾率存在性别差异的原因（Zhang et al.，2020）。

研究者采用元分析方法探究了静息态和任务态下与奖赏相关的大脑特征，发现在静息态研究中，异常脑区位于颞上回、内侧额叶和顶叶区域；在任务态研究中，异常脑区主要集中在眶额皮层、脑岛、前扣带回皮层、后扣带回皮层、颞叶、顶叶、脑干和尾状核（Sepede et al.，2016）。依据以往对网络游戏成瘾的实证研究，董和波坦扎提出的网络游戏成瘾认知-行为模型也强调了个体的奖赏寻求和执行控制能力的不平衡（增强/减弱）在网络游戏成瘾中起着关键作用（Dong & Potenza，2014）。该模型指出，网络游戏成瘾个体的奖赏寻求、执行控制和决策能力之间相互影响。网络游戏成瘾个体增强的奖赏敏感性使个体产生对游戏的强烈渴求，成瘾个体受损的执行控制能力使其无法有效控制对游戏的强烈渴求；增强的奖赏敏感性和受损的控制能力之间的不平衡导致成瘾个体做出不利选择，进而表现出决策上的“短视”，即忽略长远利益而追求即时快乐；同时，游戏行为进一步强化其奖赏敏感性，损害其执行控制能力，由此形成恶性循环。

（二）网络游戏成瘾奖赏敏感性相关的大脑网络特征

除了在具体脑区观察到的差异，研究者在奖赏相关的大脑网络上也观察到了差异。一项研究对网络游戏成瘾组和控制组的静息态功能连接和基于弥散张量成像（DTI）的结构连接的改变进行了分析，发现与对照组相比，网络游戏成瘾被试在伏隔核和内侧眶额皮层与中脑腹侧被盖区的静息态功能连接较弱，双侧中脑腹侧被盖区-伏隔核束的结构连接也较弱。这些通路对多巴胺奖赏信号非常重要，表明大脑多巴胺奖赏系统参与了网络游戏成瘾的神经过程（Wang et al.，2019）。董等选择伏隔核作为种子点来寻找执行控制网络和奖赏网络之间的相互作用，发现与健康对照组相比，网络游戏成瘾被试在执行控制网络中的功能连接减少，在奖赏网络中的功能连接增加。在检查伏隔核和执行控制/奖赏网络之间的相关性时，伏隔核-执行控制网络之间的联系与伏隔核-奖赏网络之间的联系呈负相关。网络游戏成瘾被试的执行控制网络和奖赏网络之间呈负相关特征，表明执行控制障碍与升高的渴求相互作用，共同导致个体无法抑制对游戏的渴求（Dong et al.，2015）。这些研究都表明网络游戏成瘾群体中与奖赏系统相关的大脑网络发生了变化。

（三）与其他病症相比较

与其他类型的成瘾相比较可以更好地理解网络游戏成瘾群体的奖赏敏感性特征。一项研究对比了网络游戏成瘾群体和基于网络的赌博障碍（ibGD）群体的静息态数据，对比了默认网络、认知控制网络和奖赏网络三个大脑网络。结果显示，与健康对照组相比，网络游戏成瘾组和基于网络的赌博障碍组都表现出默认网络内的功能连接减弱。与基于网络的赌博障碍组和健康对照组相比，网络游戏成瘾组表现出认知控制网络内的功能连接增强。这表明网络游戏成瘾组和基于网络的赌博障碍组具有默认网络内功能连接减弱的共同特征（Bae et al.，2017）。病态赌博是 DSM-5 中唯一被正式列为行为成瘾的症状。另有研究对网络游戏成瘾与病态赌博的研究数据进行了比较，结果发现，网络游戏成瘾患者和病态赌博患者都表现出损失敏感性下降、对游戏和赌博线索的反应性增强、冲动行为增多、基于奖励的学习出现异常等共同特征（Fauth-Bühler & Mann，2017）。

综合来说，与其他成瘾类型的对比在一定程度上强化了对网络游戏成瘾的研究结论：网络游戏成瘾群体奖赏敏感性增强，对损失的敏感性降低。

（四）初级奖赏与次级奖赏

本章开头在阐述奖赏类型的划分时提及了初级奖赏和次级奖赏的划分。鉴于二者的相似性和区别性，研究者怀疑初级奖赏和次级奖赏在共同和/或不同的大脑结构中得到了加工（Schultz，2000）。动物研究表明，腹侧被盖区、伏隔核、杏仁核和外侧前额叶皮层对各种类型的奖励敏感（Berridge，2003；Hikosaka et al.，2008；Schultz，2006）。采用动物作为研究对象的研究使用了非常有限的初级奖赏（如食物和果汁），难以对更抽象的次级奖赏进行研究。有研究对 87 项研究进行了元分析，比较了大脑对货币、色情和食物奖励结果的反应，发现三种奖励显著地激活了共同的大脑网络，包括背外侧前额叶皮层、腹侧纹状体、杏仁核、前脑岛和内侧丘脑。此外，研究者在眶额皮层的最前部观察到大脑对金钱的特定反应；相比之下，在前脑岛中观察到大脑对食物和色情等初级奖赏的特定反应。这表明个体对奖赏价值的计算不仅启动了核心的奖赏系统，还启动了与奖赏类型相关的大脑结构（Sescousse et al.，2013）。

斯库斯等（Sescousse et al.，2013）认为，病态赌博可能反映了人们对货币奖励和非货币奖励敏感性的不平衡。他们招募了 18 名病态赌博组被试和 20 名控制组被试，对比这些被试在货币和视觉色情图片奖赏任务中的大脑反应。结果发现，在奖赏预期期间，病态赌博组被试的腹侧纹状体对货币和色情线索表现出不同的反应，差异是由其对预测色情刺激线索的反应迟钝导致的。在奖赏呈现期间，病态赌博组被试面对色情奖励时在后眶额叶皮层区域的激活水平更高，表明病态赌博群体对货币和非货币奖励的敏感性不同，这种不平衡可能会造成其对货币奖赏的偏见，进而促进成瘾的赌博行为的形成。

网络游戏成瘾是一种成瘾性疾病，其特点是持续和强迫性地想参与游戏活动。这种适应不良的行为被认为是由个体对奖励的敏感性增强造成的，而无论奖励类型如何。有研究探讨了网络游戏成瘾群体对初级奖赏、次级奖赏的反应特征（Zhou et al.，2021）。图 7-5 展示了该研究的流程。

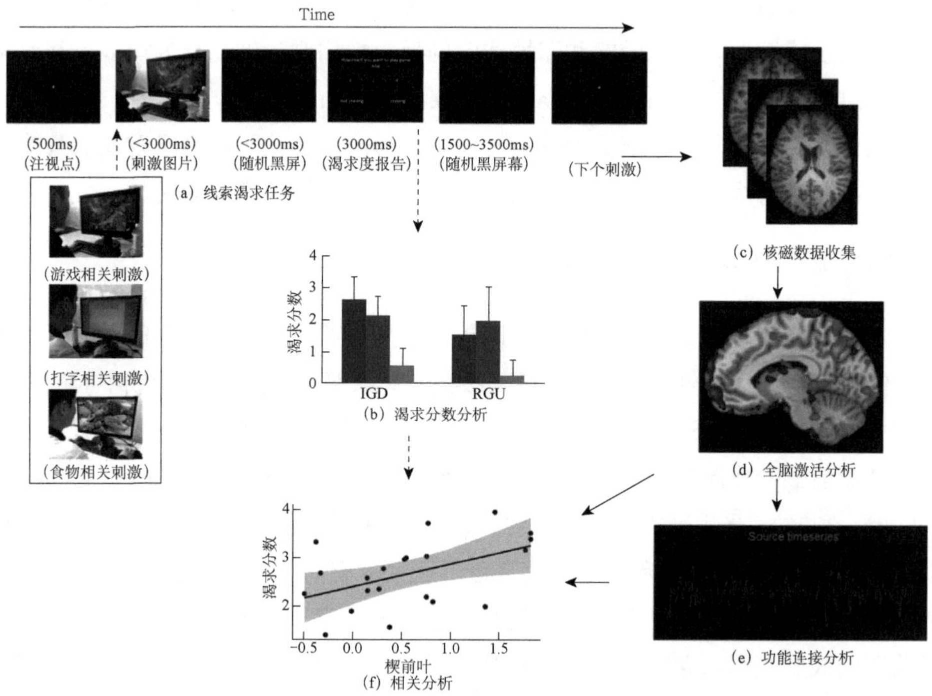

图 7-5　初级奖赏和次级奖赏的研究示例

注：（a）事件相关线索渴求任务的一个试次的例子和任务中的不同刺激类型。（b）提示诱导的渴望评估。（c）通过任务获得的 fMRI 图像。（d）全脑激活分析。（e）功能连接分析。（f）全脑激活/功能连接结果与对游戏/食物相关线索的渴求之间的相关性（见文后彩图 7-5）

在该研究中，被试需要通过按下按钮“1”（指“是”）或“2”（指“否”）以对每张图片中是否含有一张脸做出反应。图片设置了三种类型：风景图片（中性）、食物图片（初级奖赏）和网络游戏图片（次级奖赏）。实验目的是对比被试在面对不同类型奖赏刺激时的大脑反应特征，结果如图 7-6 所示，网络游戏成瘾被试对游戏线索的主观渴求反应高于对食物线索的反应，而在娱乐玩家组被试中则观察到相反的情况。这些结果支持了网络游戏成瘾群体对不同类型的奖励敏感性不平衡的假设，并表明对游戏的渴望可能是使网络游戏成瘾群体的次级奖励比初级奖励更重要的神经机制，从而促使他们投入游戏之中。

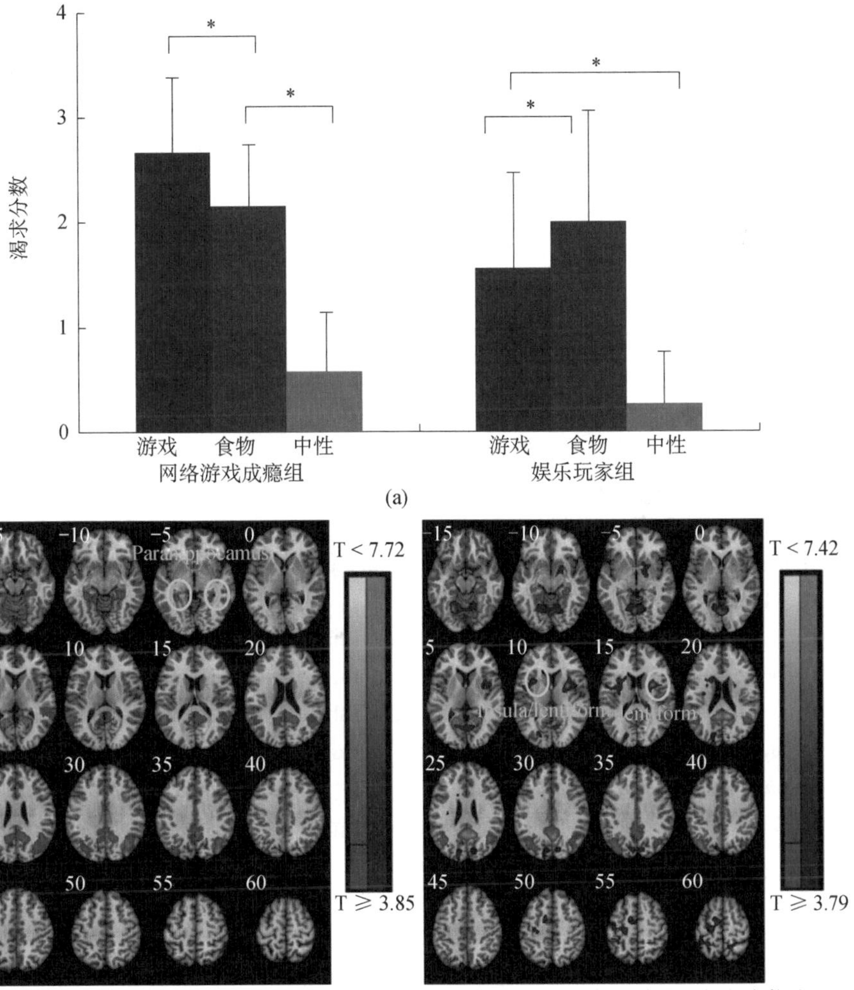

（b）网络游戏成瘾组“游戏-食物”的大脑激活　（c）娱乐玩家组“游戏-食物”的大脑激活

图 7-6　游戏和食物条件下的线索诱发的渴求评价结果和主要效应

注：（a）显示了线索诱发的渴求评价结果。与观看中性图片相比，网络游戏成瘾组和娱乐玩家组被试都报告了较高的游戏渴求和食物渴求水平。与游戏渴求得分相比，网络游戏成瘾组被试的食物渴求得分较低。与娱乐玩家组被试相比，网络游戏成瘾组被试在观看游戏图片时对游戏的渴求程度更高。（b）显示了网络游戏成瘾组被试在游戏-食物条件下的主效应。对于网络游戏成瘾组，与食物线索相比，游戏线索在双侧海马旁、左侧颞中回和右侧楔前区引起了更高的激活。（c）显示了娱乐玩家组被试在游戏-食物条件下的主效应。对于娱乐玩家组来说，与食物线索相比，游戏线索在双侧脑岛、双侧楔叶等引起了更低的激活（见文后彩图 7-6）

本章总结

综合目前对网络游戏成瘾群体奖赏敏感性的研究发现，无论在涉及的脑区、相关的大脑网络，还是在初级奖赏、次级奖赏方面，网络游戏成瘾都表现出与传统成瘾具有极高的相似度，未来干预研究应尝试通过降低网络游戏成瘾群体对网络游戏的渴求程度来促使他们更好地戒除成瘾。

参考文献

Bae, S., Han, D. H., Jung, J., Nam, K. C., & Renshaw, P. F. (2017). Comparison of brain connectivity between internet gambling disorder and internet gaming disorder: A preliminary study. *Journal of Behavioral Addictions, 6*(4), 505-515.

Berridge, K. C. (2003). Pleasures of the brain. *Brain Cognition, 52*(1), 106-128.

Dhingra, I., Zhang, S., Zhornitsky, S., Le, T. M., Wang, W., Chao, H. H., . . . Li, C. S. R. (2020). The effects of age on reward magnitude processing in the monetary incentive delay task. *Neuroimage, 207*, 116368.

Dong, G., & Potenza, M. N. (2014). A cognitive-behavioral model of internet gaming disorder: Theoretical underpinnings and clinical implications. *Journal of Psychiatric Research, 58*, 7-11.

Dong, G., Hu, Y., & Lin, X. (2013). Reward/punishment sensitivities among internet addicts: Implications for their addictive behaviors. *Progress in Neuro-Psychopharmacology Biological Psychiatry, 46*, 139-145.

Dong, G., Huang, J., & Du, X. (2011). Enhanced reward sensitivity and decreased loss sensitivity in internet addicts: An fMRI study during a guessing task. *Journal of Psychiatric Research, 45*(11), 1525-1529.

Dong, G., Lin, X., Hu, Y., Xie, C., & Du, X. (2015). Imbalanced functional link between executive control network and reward network explain the online-game seeking behaviors in internet gaming disorder. *Scientific Reports, 5*(1), 1-6.

Fauth-Bühler, M., & Mann, K. (2017). Neurobiological correlates of internet gaming disorder: Similarities to pathological gambling. *Addictive Behaviors, 64*, 349-356.

Hikosaka, O., Bromberg-Martin, E., Hong, S., & Matsumoto, M. (2008). New insights on the subcortical representation of reward. *Current Opinion in Neurobiology, 18*(2), 203-208.

Koob, G. F., & Le Moal, M. (2008). Addiction and the brain antireward system. *Annual Review of Psychology, 59*, 29-53.

Lei, W., Liu, K., Chen, G., Tolomeo, S., Liu, C., Peng, Z., . . . Xiang, B. (2020). Blunted reward prediction error signals in internet gaming disorder. *Psychological Medicine, 50*(11),1-10.

Liu, L., Xue, G., Potenza, M. N., Zhang, J. T., Yao, Y. W., Xia, C. C., . . . Fang, X. Y. (2017). Dissociable neural processes during risky decision-making in individuals with internet-gaming disorder. *NeuroImage: Clinical, 14*, 741-749.

Metereau, E., & Dreher, J. C. (2013). Cerebral correlates of salient prediction error for different rewards and punishments. *Cerebral Cortex, 23*(2), 477-487.

Nestler, E. J. (2005). Is there a common molecular pathway for addiction? *Nature Neuroscience, 8*(11), 1445-1449.

Robinson, T. E., & Berridge, K. C. (2008). The incentive sensitization theory of addiction: Some current issues. *Philosophical Transactions of the Royal Society B: Biological Sciences, 363*(1507), 3137-3146.

Rolls, E. T. (2000). The orbitofrontal cortex and reward. *Cerebral Cortex, 10*(3), 284-294.

Şahpolat, M., Arı, M., Kokaçya, M. H., & Çöpoğlu, Ü. (2014). Reward deficiency syndrome. *Journal of Dependence, 15*(2), 85-90.

Schultz, W. (2000). Multiple reward signals in the brain. *Nature Reviews Neuroscience, 1*(3), 199-207.

Schultz, W. (2006). Behavioral theories and the neurophysiology of reward. *Annual Review of Psychology, 57*, 87-115.

Schultz, W., Tremblay, L., & Hollerman, J. R. (2000). Reward processing in primate orbitofrontal cortex and basal ganglia. *Cerebral Cortex, 10*(3), 272-283.

Sepede, G., Tavino, M., Santacroce, R., Fiori, F., Salerno, R. M., & di Giannantonio, M. (2016). Functional magnetic resonance imaging of internet addiction in young adults. *World Journal of Radiology, 8*(2), 210.

Sescousse, G., Barbalat, G., Domenech, P., & Dreher, J. C. (2013). Imbalance in the sensitivity to different types of rewards in pathological gambling. *Brain, 136*(8), 2527-2538.

Sescousse, G., Caldú, X., Segura, B., & Dreher, J. C. (2013). Processing of primary and secondary rewards: A quantitative meta-analysis and review of human functional neuroimaging studies. *Neuroscience Biobehavioral Reviews, 37*(4), 681-696.

Shizgal, P. (1997). Neural basis of utility estimation. *Current Opinion in Neurobiology, 7*(2), 198-208.

Volkow, N. D., & Morales, M. (2015). The brain on drugs: From reward to addiction. *Cell, 162*(4), 712-725.

Volkow, N. D., Wang, G. J., Fowler, J. S., Tomasi, D., & Telang, F. (2011). Addiction: Beyond dopamine reward circuitry. *Proceedings of the National Academy of Sciences, 108*(37), 15037-15042.

Wang, L., Yang, G., Zheng, Y., Li, Z., Qi, Y., Li, Q., & Liu, X. (2021). Enhanced neural responses in specific phases of reward processing in individuals with internet gaming disorder. *Journal of Behavioral Addictions, 10*(1), 99-111.

Wang, R., Li, M., Zhao, M., Yu, D., Hu, Y., Wiers, C. E., . . . Yuan, K. (2019). Internet gaming disorder: Deficits in functional and structural connectivity in the ventral tegmental area-Accumbens pathway. *Brain Imaging and Behavior, 13*(4), 1172-1181.

Wilson, S. J., Sayette, M. A., & Fiez, J. A. (2004). Prefrontal responses to drug cues: A neurocognitive analysis. *Nature Neuroscience, 7*(3), 211-214.

Yao, Y. W., Liu, L., Worhunsky, P. D., Lichenstein, S., Ma, S. S., Zhu, L., . . . Yip, S. W. (2020). Is monetary reward processing altered in drug-naïve youth with a behavioral addiction? Findings from internet gaming disorder. *NeuroImage: Clinical, 26*, 102202.

Zhang, J., Hu, Y., Wang, Z., Wang, M., & Dong, G. H. (2020). Males are more sensitive to reward and less sensitive to loss than females among people with internet gaming disorder: fMRI evidence from a card-guessing task. *BMC Psychiatry, 20*(1), 1-14.

Zhou, W. R., Wang, M., Dong, H. H., Zhang, Z., Du, X., Potenza, M. N., Dong, G. H., Zhou, W. R., et al. (2021). Imbalanced sensitivities to primary and secondary rewards in internet gaming disorder. *Journal of Behavioral Addictions*, Doi: 10.1556/2006.2021.00072.

第八章

网络游戏成瘾者的执行功能特征及其认识神经机制

一、执行功能的内涵

执行功能是个体对自己的思想、情感和行为进行有意识控制的心理过程。它是一组认知能力的总称，包括促使人们有效解决问题所必需的所有高级能力，它的执行需要一系列自上而下的心理过程（Burgess & Simons，2005；Espy et al.，2004；Miller & Cohen，2001）。戴蒙德认为，执行控制功能主要有三个组成部分：抑制控制［包括反应抑制（自我控制和约束）和干扰控制（认知抑制和选择注意或焦点注意）］、工作记忆和认知灵活性。三者具有相似性和差异性，共同组成人们有意识控制心理的过程（Diamond，2013）。在此基础上，更高层次的执行功能包括推理能力、问题解决能力和计划组织能力等。图 8-1 展示了执行功能不同的组成部分以及它们之间的关系。对于抑制控制的相关内容，我们在本书第五章已经进行了详细叙述，本章将重点放在工作记忆和认知灵活性上。

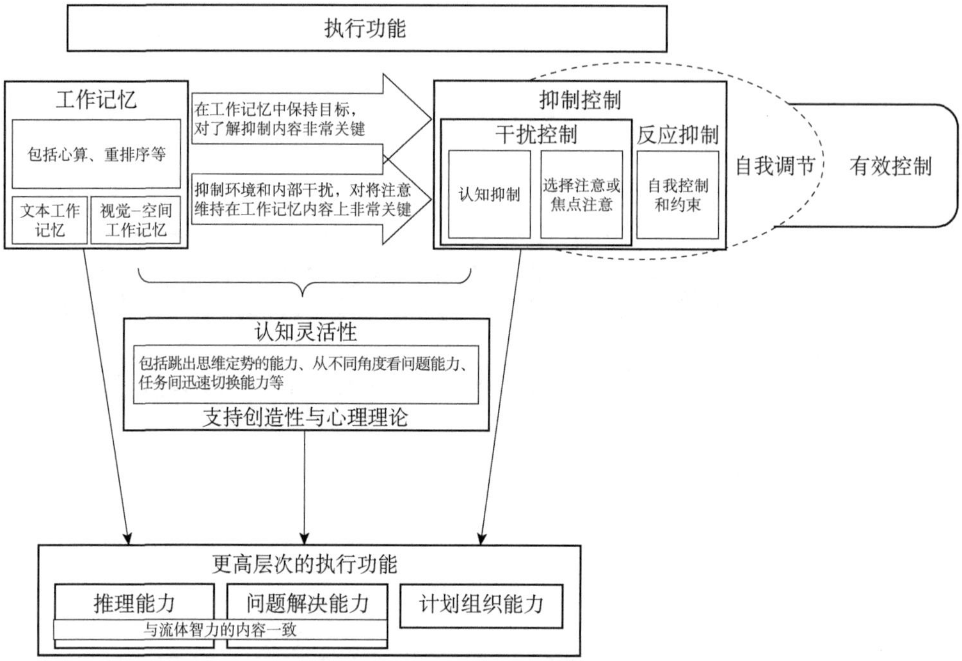

图 8-1　执行功能的组成部分及其相互作用（Diamond，2013）

注：虚线圈起来的部分为自我调节内容

二、执行功能在心理健康和成瘾中的作用

表 8-1 归纳了当前涉及执行功能对个体身心健康，以及对个体在学校和生活中取得成功的影响的研究，表明它是认知、社会和心理发展必不可少的技能（Diamond，2013）。

表 8-1　执行功能在日常生活的各个环节都发挥着重要作用

类别	执行功能如何起作用		文献来源
	执行功能受损可能导致的心理障碍	成瘾	Baler & Volkow，2006
		注意缺陷多动障碍	Diamond，2005；Lui & Tannock，2007
		行为失调	Fairchild et al.，2009
		抑郁	Taylor-Tavares et al.，2007
		强迫	Penadés et al.，2007
		精神分裂	Barch，2005
生理健康	较差的执行功能与肥胖、过度饮食、物质滥用和较差的治疗坚持性相关		Crescioni et al.，2011；Miller et al.，2011；Riggs et al.，2010

续表

类别	执行功能如何起作用	文献来源
生活质量	执行功能水平更高的人享受更高质量的生活	Brown & Landgraf，2010；Davis et al.，2010
入学准备	执行功能在学校适应上的重要性比智商、阅读或数学水平等更重要	Blair & Razza，2007；Morrison et al.，2010
学校成绩	执行功能可以预测整个学龄期间个体的数学和阅读能力	Borella et al.，2010；Duncan et al.，2007；Gathercole et al.，2004
工作业绩	较差的执行功能导致较差的工作产出，使个体在找工作和维持工作方面更困难	Bailey，2007
婚姻和谐	存在执行功能障碍的伴侣更难相处，可依赖性更差，有更多冲动行为	Eakin et al.，2004
公共安全	较差的执行功能导致社会问题，包括犯罪、鲁莽、暴力和情绪失控等	Broidy et al.，2003；Denson et al.，2011

在执行功能与成瘾的关系上，如果个体想抑制自身对成瘾刺激的渴求或冲动，需要将有限的注意资源分配给当前的任务，减少或阻止成瘾刺激的输入，更好地抑制自己的冲动行为，这些心理过程都需要执行功能的参与。对物质成瘾的研究发现，执行功能受损会促进成瘾的形成，反过来，物质成瘾也会损害个体的执行功能，使他们对成瘾类刺激的抑制能力出现缺陷（Goldstein & Volkow，2002），由此形成一个恶性循环，使成瘾者的成瘾程度不断加深。

三、网络游戏成瘾者工作记忆特征及其认知神经机制

（一）工作记忆的概念

工作记忆涉及将信息保存在思维中，并在“精神上”对其进行处理，简单地说，就是对不再感知到的信息在思维中进行加工（Baddeley & Hitch，1994；Smith & Jonides，1999）。工作记忆包括心算（mental math）、项目重新排序（reordering items）或将一个内容与其他内容联系在一起的能力。它通常分为语言工作记忆（verbal working memory）和视觉-空间工作记忆（visual-spatial working memory）两种类型（Diamond，2013）。

工作记忆对于理解那些随时间推移而逐渐展开的事物至关重要。这一过程需要个体记住先前发生的事情，并将其与后来的事情联系起来。我们在头脑中做任何数学运算都需要心算能力，就像在头脑中重新排列项目一样（如重新组织待办事项清单）。同时，我们要将指令转化为行动计划，将新信息纳入思维或行动计划

（信息更新），在头脑中将不同来源的信息联系起来，以得到对事物之间关系的认识。

（二）用于评估工作记忆的代表性心理学任务

测量语言工作记忆的任务，如后向数字跨度任务等，要求被试在听到/看到内容后，按照相反的顺序说出项目，或者要求被试对他们听到的项目按照一定的规则重新排序，既可能是按照数字的大小顺序（如4、6、7、9）重复他们刚刚听到的数字；也可能是按照其他规则重新排列数字等。这里可以依据实验需要将数字替换为其他任何东西。

广泛使用的测量视觉-空间工作记忆的方法是科西积木测试（Corsi block test）（Lezak et al.，1983）。被试先看测试者触摸一系列积木，然后被试按照同样的顺序触摸积木。这个测试和后向数字跨度任务的计算机版本常出现在自动工作记忆评估（automated working memory assessment）任务集中（Alloway，2007；Alloway et al.，2009）。积木模板测试任务的另一种计算机化变体作为CANTAB（剑桥自动化成套神经心理测试）的一部分出现，从儿童到成人都有相应的标准（Luciana & Nelson，2002；Robbins et al.，1998）。

（三）网络游戏成瘾对工作记忆的影响

工作记忆是一种执行功能，可以维持个体执行高级心理功能所需的信息的暂时存储。这一功能对个体的推理、学习和语言理解非常重要。研究表明，网络游戏成瘾者的工作记忆出现了与行为成瘾和物质成瘾类似的损伤，如酒精依赖（Zhou et al.，2014）和病态赌博（Zhou et al.，2016）。一项综述论文指出，网络相关线索会干扰由前额叶脑区主导的执行控制过程，如工作记忆和其他执行功能（Brand et al.，2014）。

目前，关于网络游戏成瘾与工作记忆关系的研究较少。罗庆华等的研究指出，网络成瘾人群的执行功能、工作记忆都表现出损伤（罗庆华等，2007）。另有研究者发现，网络成瘾群体的工作记忆和冲动性都与传统赌博成瘾群体类似，表现出受损特征（Zhou et al.，2016）。一项研究招募了网络成瘾被试、多动症被试和患有多动症的网络成瘾被试，采用Stop-Signal任务和2-Back任务进行了测量（Nie et al.，2016），结果发现，与控制组相比，网络成瘾被试、多动症被试和患有多动症的网络成瘾被试表现出工作记忆受损。另有研究对比了网络成瘾组、赌博成瘾组和对照组，采用数字跨度任务、威斯康星卡片分类测试、Go/No-Go 任务和巴勒特（Barratt）冲动性量表第十一版（BIS-11）对他们进行了测量（Zhou et al.，2016）。结果显示，网络成瘾组和赌博成瘾组的误报率、反应错误率和 BIS-11 得分都明显高于对照组。网络成瘾组的误报率和 BIS-11 得分明显高于赌博成瘾组。网络成瘾者和赌博成瘾者在工作记忆、执行功能和冲动控制方面存在缺陷，而且网络成瘾者比赌博成瘾者更容易冲动。

但与此同时，很多研究结论似乎与以上内容存在矛盾。例如，对小学生进行电子游戏训练可以显著提高他们的空间认知能力和增强其注意稳定性（Stacy & Wiers，2010）。另有研究发现，对 65～85 岁的老人进行 1 小时的游戏训练，可以提高他们的工作记忆能力（Funahashi，2001）。这些结论都表明游戏过程提高了执行功能和工作记忆，而网络游戏成瘾群体的重要特征之一是不受控制地玩游戏。一项研究对网络游戏成瘾组被试和健康对照组被试进行了视觉 2-Back 任务，发现网络游戏成瘾组的工作记忆表现比控制组更好。与控制组相比，网络游戏成瘾组在 *a* 波段显示了更多的整合和层次化的脑网络（Wang et al.，2020）。

对于以上结论之间的矛盾，究其原因可能在于过度游戏和适度游戏的差异。适度游戏能促使个体工作记忆和注意力的提升，但是过度游戏则可能会破坏这些方面。当然，这仅仅是推论，正确回答这一问题还需要额外的研究深入探讨。

四、网络游戏成瘾者的认知灵活性研究及其结论

（一）认知灵活性的概念

认知灵活性是个体依据新的规则和要求来灵活改变对某个问题的看法，或依据任务的要求来及时调整当前行为的过程。认知灵活性的发展建立在工作记忆和抑制控制的基础上，侧重个体在不同信息和任务之间进行自由切换的能力（Davidson，2013；Davidson et al.，2006）。我们经常需要抑制当前正在进行的行为，并将新的行为要求输入工作记忆中。因此，认知灵活性建立在抑制控制和工作记忆之上。认知灵活性包括能够跳出思维框架的能力，指从多个角度看待问题、在任务之间迅速转换的能力，或者在需要的时候能够灵活转换的能力。它支持一个人的创造性和心理理论的发展。例如，如果某种解决问题的方法不奏效，个体就需要及时调整策略，改用新的方法来解决这个问题。从这个角度讲，认知灵活性与创造力有很多重叠之处。

（二）用于评估认知灵活性的研究范式

评价认知灵活性的任务有很多，它们的共同点是涉及两个或多个任务，要求被试在不同任务间进行切换。在此类任务中，刺激物往往具有两种特性，如“A2”或“B3”，其中对左边字母的判断标准是“字母是元音还是辅音”，对右边数字的判断标准是“数字是奇数还是偶数”，被试要在两种判断标准之间不断切换。这是典型的双任务切换模式。另外，泽拉佐等开发了适合儿童的维度变化卡片分类测试（Zelazo et al.，1996，2003），该测试任务要求儿童要按一个维度（如颜色）对所有 6 张卡片进行分类，然后按另一个维度（如形状）对所有卡片进行分类。实验者在每个试次中提醒儿童当前的分类标准，有意将记忆要求降到最低。有研究者开发了成人版本，发现成年人在被要求根据另一个维度进行转换时，他们的反应时会增长（Diamond & Kirkham，2005；Monsell & Driver，2000）。无论给他们多少提示，成年人在维度切换试次中的反应都比在非维度切换试次中的反应慢（Allport & Wylie，2000；Meiran，1996；Rogers & Monsell，1995）。

（三）网络游戏成瘾对认知灵活性的影响

认知灵活性能够使人快速、有效地适应不同的情况（Hampshire & Owen，2006；Loose et al.，2006）。当我们从一种类型的任务转换到另一种类型的任务时，就需要额外的执行功能参与这一过程。研究发现，网络成瘾被试表现出执行控制能力受损（Dong et al.，2011，2012a，2013a；Lee et al.，2012；Mazhari，2012；Zhou et al.，2012）和脑功能连接下降（Hong et al.，2013；Lin et al.，2012）。董等使用色词 Stroop 任务探索了网络成瘾（都是游戏成瘾）被试的认知灵活性（图 8-2），通过创设“转换”和“非转换”两种不同的条件来对比不同组被试的表现（Dong et al.，2014）。

研究发现，网络成瘾组被试在转换（从易到难或从难到易）中显示出比健康对照组更高的颞上回激活。在从难到易的条件下，网络成瘾组被试的双侧脑岛比健康对照组有更高的大脑激活；在从易到难的情况下，网络成瘾组被试在双侧楔前叶显示出比健康对照组有更高的大脑激活。该研究认为，网络成瘾被试在转换任务中需要付出更多的努力来参与执行控制和注意，他们的认知灵活性受损（Dong et al.，2014）。

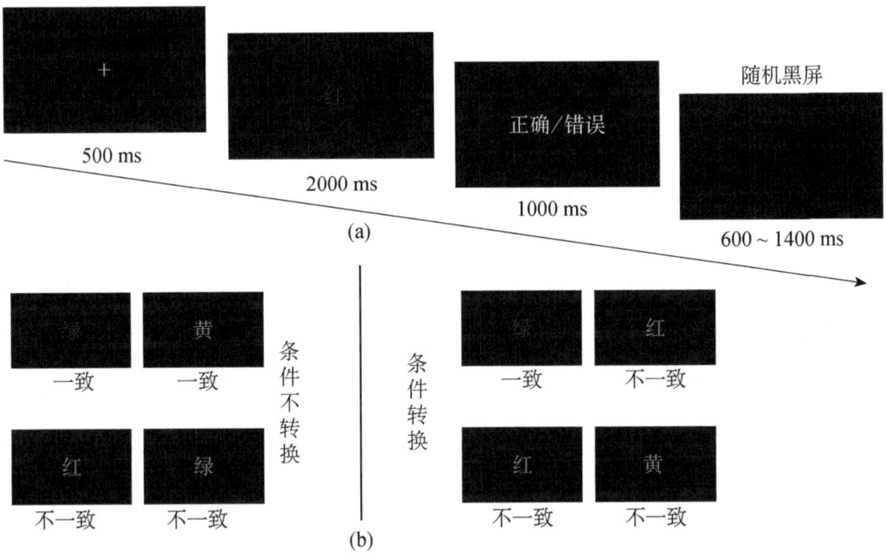

图 8-2 董等（Dong et al.，2014）研究的示意图

注：(a) Stroop 任务中一个试次的时间线。(b) 通过操纵一致和不一致试次的顺序来创设“转换”和“非转换”条件（见文后彩图 8-2）

当需要进行认知转换时，额叶皮层区域的参与非常重要（Buchsbaum et al.，2005；Wager et al.，2004）。研究发现，前扣带回、感觉运动区、颞上回皮层、脑岛、丘脑和纹状体都参与了心理转换任务过程（Buchsbaum et al.，2005；Wager et al.，2004）。任务切换是一项被认为整合了多种认知操作的任务，主要涉及额叶网络（如背外侧前额叶皮层、前扣带回皮层）的执行功能（Eisenberg & Berman，2010；Pardo et al.，1990）。网络游戏成瘾人群在这些区域的受损会损害他们的认知功能。

然而，也有研究表明，长时间玩游戏会提高个体感觉-运动协调能力（Dong et al.，2013b），增强视觉-空间处理相关脑区的同步性（Dong et al.，2012b）。网络成瘾的任务切换能力可通过长时间的在线“训练”得到加强。比如，沃尔特（Walter）等证实玩视频游戏的人能显示出更有效的心理旋转，而心理旋转是认知灵活性的重要特征之一（转引自 Boot et al.，2008）。

因此，研究者对网络游戏成瘾与认知灵活性的关系也存在争论，原因可能也和工作记忆一样，在于过度游戏和适度游戏的差异。适度游戏能促使认知灵活性的提升，但是过度游戏则可能会破坏这一能力。当然，这一问题还需要额外的研究深入探讨。

本 章 总 结

无论是工作记忆还是认知灵活性，研究者对它们与网络游戏成瘾的关系仍存在争议。除了我们提到的过度游戏和适度游戏的区别之外，发表偏差也可能会影响结果。目前发现网络游戏成瘾对工作记忆或认知灵活性有益的研究，由于不符合大多数人的预期而难以发表，极易造成我们看到的结论更多是“一边倒”的局面。这反映了该问题的复杂性，也是未来研究要着重探究的问题。

参 考 文 献

罗庆华, 蒙华庆, 傅一笑, 杜莲, 杜向东, 杨辉, . . . 胡华. (2007). 网络成瘾者记忆、注意和执行功能的对照研究. *中国行为医学科学, 16*(2), 141-142.

Alloway, T. P. (2007). Working memory, reading, and mathematical skills in children with developmental coordination disorder. *Journal of Experimental Child Psychology, 96*(1), 20-36.

Alloway, T. P., Gathercole, S. E., Kirkwood, H., & Elliott, J. (2009). The cognitive and behavioral characteristics of children with low working memory. *Child Development, 80*(2), 606-621.

Allport, A., & Wylie, G. (2000). Task switching, stimulus-response bindings, and negative priming. *Control of Cognitive Processes: Attention Performance,18*(1), 35-70.

Baddeley, A. D., & Hitch, G. J. (1994). Developments in the concept of working memory. *Neuropsychology, 8*(4), 485.

Boot, W. R., Kramer, A. F., Simons, D. J., Fabiani, M., & Gratton, G. (2008). The effects of video game playing on attention, memory, and executive control. *Acta Psychologica, 129*(3), 387-398.

Brand, M., Young, K. S., & Laier, C. (2014). Prefrontal control and internet addiction: A theoretical model and review of neuropsychological and neuroimaging findings. *Frontiers in Human Neuroscience, 8*, 375.

Buchsbaum, B. R., Greer, S., Chang, W. L., & Berman, K. F. (2005). Meta-analysis of neuroimaging studies of the Wisconsin card-sorting task and component processes. *Human Brain Mapping, 25*(1), 35-45.

Burgess, P. W., & Simons, J. S. (2005). 18 Theories of frontal lobe executive function: Clinical applications. *The Effectiveness of Rehabilitation for Cognitive Deficits, 211*.

Davidson, D. (2013). Mental events. In N. Block (Eds.). *Readings in Philosophy of Psychology*. Boston: Harvard University Press.

Davidson, M. C., Amso, D., Anderson, L. C., & Diamond, A. (2006). Development of cognitive control and executive functions from 4 to 13 years: Evidence from manipulations of memory, inhibition, and task switching. *Neuropsychologia, 44*(11), 2037-2078.

Diamond, A. (2013). Executive functions. *Annual Review of Psychology, 64*, 135-168.

Diamond, A., & Kirkham, N. (2005). Not quite as grown-up as we like to think: Parallels between cognition in childhood and adulthood. *Psychological Science, 16*(4), 291-297.

Dong, G., DeVito, E., Du, X., & Cui, Z. (2012a). Impaired inhibitory control in 'internet addiction disorder': A functional magnetic resonance imaging study. *Psychiatry Research: Neuroimaging, 203*(2-3), 153-158.

Dong, G., DeVito, E., Huang, J., & Du, X. (2012b). Diffusion tensor imaging reveals thalamus and posterior cingulate cortex abnormalities in internet gaming addicts. *Journal of Psychiatric Research, 46*(9), 1212-1216.

Dong, G., Hu, Y., Lin, X., & Lu, Q. (2013a). What makes internet addicts continue playing online even when faced by severe negative consequences? Possible explanations from an fMRI study. *Biological Psychology, 94*(2), 282-289.

Dong, G., Lin, X., Zhou, H., & Lu, Q. (2014). Cognitive flexibility in internet addicts: fMRI evidence from difficult-to-easy and easy-to-difficult switching situations. *Addictive Behaviors, 39*(3), 677-683.

Dong, G., Lu, Q., Zhou, H., & Zhao, X. (2011). Precursor or sequela: Pathological disorders in people with internet addiction disorder. *PLoS One, 6*(2), e14703.

Dong, G., Shen, Y., Huang, J., & Du, X. (2013b). Impaired error-monitoring function in people with internet addiction disorder: An event-related fMRI study. *European Addiction Research, 19*(5), 269-275.

Eisenberg, D. P., & Berman, K. F. (2010). Executive function, neural circuitry, and genetic mechanisms in schizophrenia. *Neuropsychopharmacology, 35*(1), 258-277.

Espy, K. A., McDiarmid, M. M., Cwik, M. F., Stalets, M. M., Hamby, A., & Senn, T. E. (2004). The contribution of executive functions to emergent mathematic skills in preschool children. *Developmental Neuropsychology, 26*(1), 465-486.

Funahashi, S. (2001). Neuronal mechanisms of executive control by the prefrontal cortex. *Neuroscience Research, 39*(2), 147-165.

Goldstein, R. Z., & Volkow, N. D. (2002). Drug addiction and its underlying neurobiological basis: Neuroimaging evidence for the involvement of the frontal cortex. *American Journal of Psychiatry, 159*(10), 1642-1652.

Hampshire, A., & Owen, A. M. (2006). Fractionating attentional control using event-related fMRI. *Cerebral Cortex, 16*(12), 1679-1689.

Hong, S. B., Zalesky, A., Cocchi, L., Fornito, A., Choi, E. J., Kim, H. H., . . . Yi, S. H. (2013). Decreased functional brain connectivity in adolescents with internet addiction. *PLoS One, 8*(2), e57831.

Lee, H. W., Choi, J. S., Shin, Y. C., Lee, J. Y., Jung, H. Y., & Kwon, J. S. (2012). Impulsivity in internet addiction: A comparison with pathological gambling. *Cyberpsychology, Behavior, and Social Networking, 15*(7), 373-377.

Lezak, M. D., Howieson, D. B., Loring, D. W., & Fischer, J. S. (1983). *Neuropsychological Assessment*. New York: Oxford University Press.

Lin, F., Zhou, Y., Du, Y., Qin, L., Zhao, Z., Xu, J., & Lei, H. (2012). Abnormal white matter integrity in adolescents with internet addiction disorder: A tract-based spatial statistics study. *PLoS One, 7*(1), e30253.

Loose, R., Kaufmann, C., Tucha, O., Auer, D. P., & Lange, K. W. (2006). Neural networks of response shifting: Influence of task speed and stimulus material. *Brain Research, 1090*(1), 146-155.

Luciana, M., & Nelson, C. A. (2002). Assessment of neuropsychological function through use of the Cambridge neuropsychological testing automated battery: Performance in 4-to 12-year-old children. *Developmental Neuropsychology, 22*(3), 595-624.

Mazhari, S. (2012). Association between problematic internet use and impulse control disorders among Iranian university students. *Cyberpsychology, Behavior, and Social Networking, 15*(5), 270-273.

Meiran, N. (1996). Reconfiguration of processing mode prior to task performance. *Journal of Experimental Psychology: Learning, Memory, Cognition, 22*(6), 1423.

Miller, E. K., & Cohen, J. D. (2001). An integrative theory of prefrontal cortex function. *Annual Review of Neuroscience, 24*(1), 167-202.

Monsell, S., & Driver, J. (2000). *Control of Cognitive Processes: Attention and Performance XVIII* (Vol. 18). Cambridge: MIT Press.

Nie, J., Zhang, W., Chen, J., & Li, W. (2016). Impaired inhibition and working memory in response to internet-related words among adolescents with internet addiction: A comparison with attention-deficit/hyperactivity disorder. *Psychiatry Research, 236*, 28-34.

Pardo, J. V., Pardo, P. J., Janer, K. W., & Raichle, M. E. (1990). The anterior cingulate cortex mediates processing selection in the Stroop attentional conflict paradigm. *Proceedings of the National Academy of Sciences, 87*(1), 256-259.

Robbins, T. W., James, M., Owen, A. M., Sahakian, B. J., Lawrence, A. D., McInnes, L., & Rabbitt, P. M. (1998). A study of performance on tests from the CANTAB battery sensitive to frontal lobe dysfunction in a large sample of normal volunteers: Implications for theories of executive functioning and cognitive aging. *Journal of the International Neuropsychological Society, 4*(5), 474-490.

Rogers, R. D., & Monsell, S. (1995). Costs of a predictible switch between simple cognitive tasks. *Journal of Experimental Psychology: General, 124*(2), 207.

Smith, E. E., & Jonides, J. (1999). Storage and executive processes in the frontal lobes. *Science, 283*(5408), 1657-1661.

Stacy, A. W., & Wiers, R. W. (2010). Implicit cognition and addiction: A tool for explaining paradoxical behavior. *Annual Review of Clinical Psychology, 6*, 551-575.

Wager, T. D., Jonides, J., & Reading, S. (2004). Neuroimaging studies of shifting attention: A meta-analysis. *Neuroimage, 22*(4), 1679-1693.

Wang, H., Sun, Y., Lan, F., & Liu, Y. (2020). Altered brain network topology related to working memory in internet addiction. *Journal of Behavioral Addictions, 9*(2), 325-338.

Zelazo, P. D., Frye, D., & Rapus, T. (1996). An age-related dissociation between knowing rules and using them. *Cognitive Development, 11*(1), 37-63.

Zelazo, P. D., Müller, U., Frye, D., Marcovitch, S., Argitis, G., Boseovski, J., . . . Sutherland, A. (2003). The development of executive function in early childhood. *Monographs of the Society for Research in Child Development,68*(3),274-280.

Zhou, Z., Yuan, G., & Yao, J. (2012). Cognitive biases toward internet game-related pictures and executive deficits in individuals with an internet game addiction. *PLoS One, 7*(11), e48961.

Zhou, Z., Zhou, H., & Zhu, H. (2016). Working memory, executive function and impulsivity in internet-addictive disorders: A comparison with pathological gambling. *Acta Neuropsychiatrica, 28*(2), 92-100.

Zhou, Z., Zhu, H., Li, C., & Wang, J. (2014). Internet addictive individuals share impulsivity and executive dysfunction with alcohol-dependent patients. *Frontiers in Behavioral Neuroscience, 8*, 288.

第九章

网络游戏成瘾者大脑功能网络的特征

一、功能网络的定义

人类大脑是一个复杂的系统，神经元之间、不同功能脑区之间存在复杂的环路和连接。神经科学家开始使用在社会学和系统生物学上广泛接受的分析方法来探究大脑网络的拓扑结构（Watts & Strogatz，1998）。于是，功能连接（functional connectivity）、有效连接（effective connectivity）和功能网络（functional networks）等术语不断出现在前沿研究文献中。功能连接一般是通过 BOLD-fMRI 或 EEG/MEG 信号的一致性来推断节点活动的相关性（Biswal et al.，1995）。有效连接被定义为在特定的网络因果动态模型下，一个节点（神经元群体）对另一个节点施加的影响。功能网络指大脑的活动具有模块化，不同模块之间相互联系，共同作用整合成处理感知、认知和行动的模块。大脑的结构连接组织能够有效地处理信息，从而支持复杂的大脑功能网络。大脑的结构组织既是模块化的，也是分层次的。图 9-1 说明了不同类型的大脑连接。

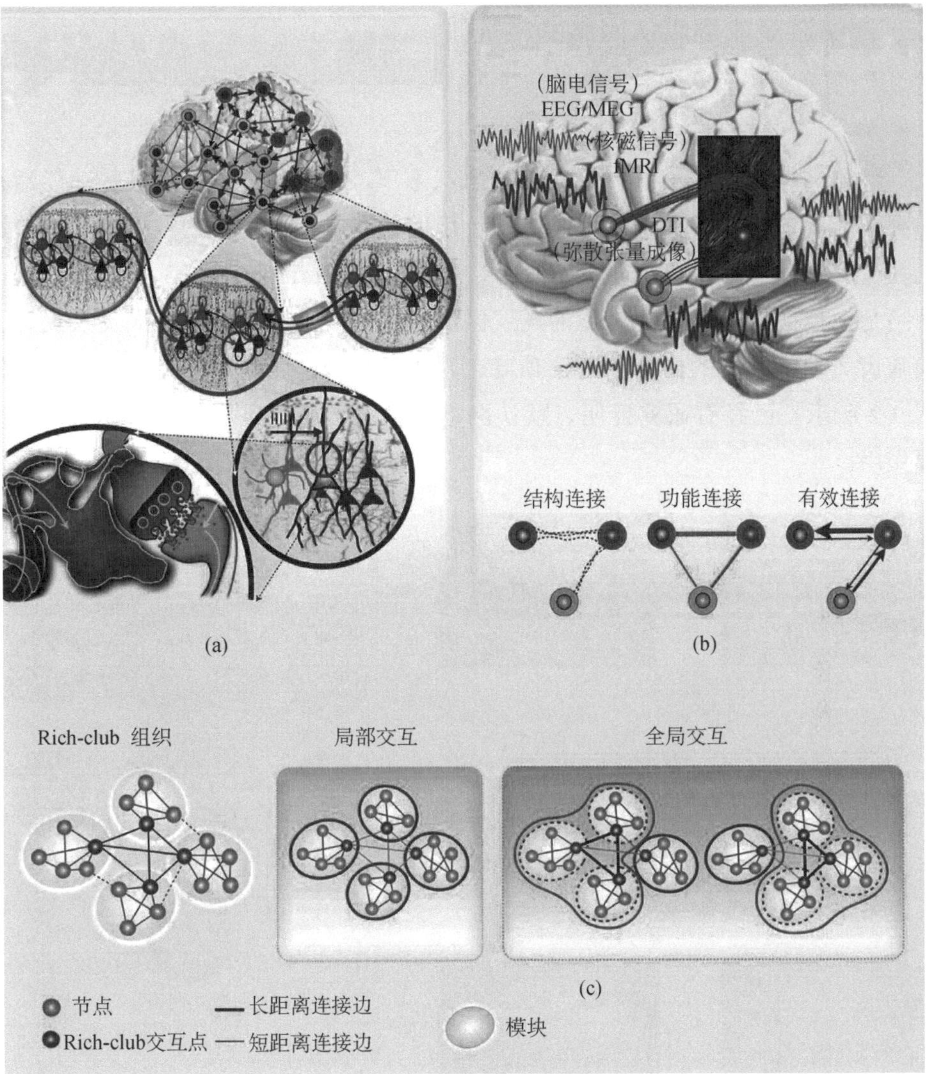

图 9-1　大脑网络中的节点、连接边和网络组织（Park & Friston，2013）

注：(a) 一个网络是由节点（神经元群体）和它们的连接（连接边）组成的。(b) 三种类型的连接：结构连接、功能连接和有效连接。结构连接是指解剖学上的连接；功能连接和有效连接通常是通过使用 BOLD-fMRI 或 EEG/MEG 信号测量的远程节点的活动来推断的。(c) 功能网络：不同节点通过强大的短程连接进行局部整合，形成功能相互隔离的模块，模块之间通过枢纽进行交流和更高层次的整合（见文后彩图 9-1）

二、网络游戏成瘾默认网络的特征

（一）默认网络的定义

默认网络是指人脑在无任务的静息状态下，由仍持续进行着某些功能活动的脑区所构成的网络，与人脑对内外环境的监测、维持意识的觉醒、情绪的加工、自我内省、情景记忆的提取等功能密切相关（Raichle，2015）。大脑的默认网络是由离散的、双侧和对称的皮层区域组成的，位于人类、非人灵长类、猫和啮齿类动物大脑的内侧和外侧顶叶、内侧前额叶、内侧和外侧颞叶皮层，如图 9-2 所示。已经有研究证明，默认网络在健康和患有疾病的人脑中发挥着重要作用。

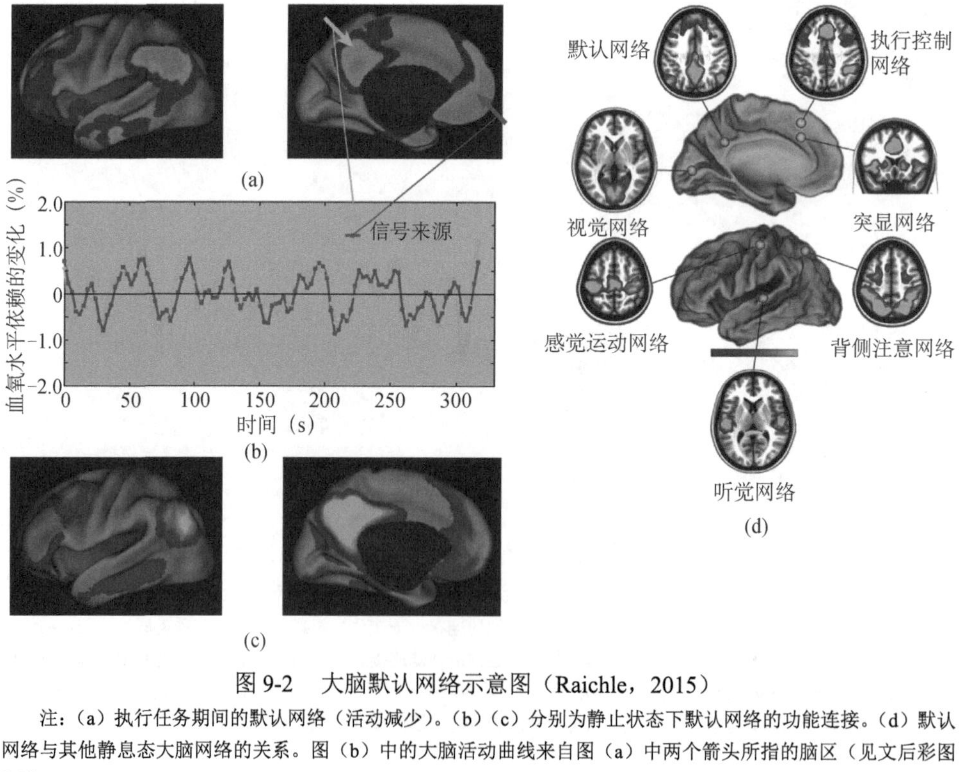

图 9-2　大脑默认网络示意图（Raichle，2015）

注：(a) 执行任务期间的默认网络（活动减少）。(b)(c) 分别为静止状态下默认网络的功能连接。(d) 默认网络与其他静息态大脑网络的关系。图 (b) 中的大脑活动曲线来自图 (a) 中两个箭头所指的脑区（见文后彩图 9-2）

（二）默认网络与成瘾

大量研究已经发现，默认网络与精神疾病有关（Gusnard & Raichle，2001；Raichle et al.，2001；Uddin et al.，2009），也与物质成瘾等有关（Ding et al.，2015；He et al.，2018；Huang et al.，2014；Li et al.，2014，2015；Wang et al.，2016）。研究证明，精神疾病群体的默认网络出现功能改变，且与认知功能受损（Leech & Sharp，2014：Zhang & Raichle，2010）、情绪失调（Hahn et al.，2011）有关。此外，默认网络与其他网络，如执行控制网络和突显网络等有紧密互动（Raichle，2015；Spreng et al.，2013）。这些网络之间的动态相互作用会影响认知、情绪、注意力和冲动性等（Fox et al.，2005；Shannon et al.，2011）。在物质成瘾被试中，默认网络功能异常以及与其他网络的互动紊乱是毒品渴求和成瘾复发的重要原因（Ding et al.，2015）。默认网络已经作为大脑疾病和治疗结果的潜在生物标志物得到广泛应用（Greicius et al.，2004；Whitfield-Gabrieli et al.，2009）。图 9-3 显示了默认网络在毒品成瘾中的作用。

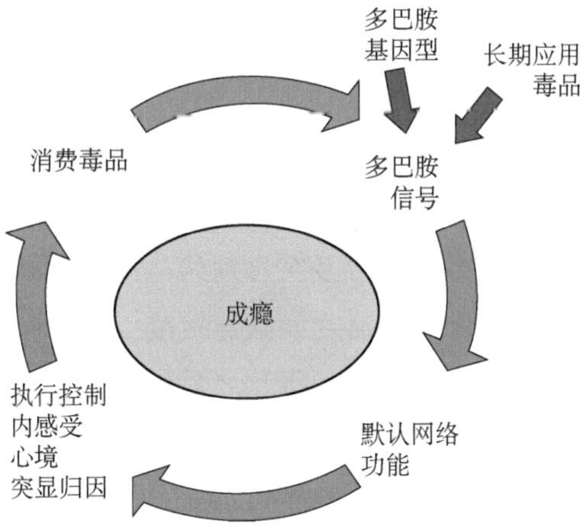

图 9-3　多巴胺能失调对成瘾的异常默认网络模型（Zhang & Volkow，2019）

注：多巴胺受体基因型会增加成瘾的风险，而长期使用毒品会导致多巴胺受体功能障碍，进而导致默认网络在功能和功能连接上的改变。默认网络功能连接的改变通过影响认知（包括执行控制、心境调节和突显归因等）来增强吸毒者对药物的渴求程度。这一渴求增强会使多巴胺受体的反应增大，并导致成瘾的进一步加深或复发

（三）当前对网络游戏成瘾默认网络的研究

大量研究者对网络游戏成瘾群体的默认网络进行了探究。一项研究发现，网络游戏成瘾被试的默认网络与内侧前额叶皮层的功能连接降低（Chun et al.，2020）。张等的研究发现，网络游戏成瘾被试的突显网络-默认网络的连接明显增加。突显网络对执行控制网络与默认网络的调控缺陷为我们更好地理解网络游戏成瘾的神经基础提供了机制框架（Zhang et al.，2017）。另一项研究显示，网络游戏成瘾被试的认知控制网络和默认网络具有高连接性，并且和视觉注意力网络具有低连接性（Wang et al.，2019）。对于默认网络产生作用的机制，董等考察了情绪状态与默认网络区域间的功能连接，发现抑郁和默认网络内腹侧区域的功能连接、愤怒和默认网络背侧区域的功能连接，以及愤怒和抑郁与默认网络腹侧和背侧区域的功能连接存在相关。抑郁和愤怒等负面情绪状态可能反映出默认网络区域间的功能连接受损（Dong et al.，2017）。

对比网络游戏成瘾干预治疗前后默认网络特征的改变也是理解默认网络功能的有效策略。巴等发现，经过 12 周的安非他酮治疗，网络游戏成瘾患者的默认网络内以及默认网络和认知控制网络之间的功能连接下降，而基于网络的赌博成瘾患者的认知控制网络内的功能连接上升（Bae et al.，2018）。纳姆等对比了安非他酮和艾司西酞普兰对减少过度网络游戏的疗效，发现治疗后，艾司西酞普兰仅引起了默认网络内功能连接的下降，而安非他酮组的默认网络和突显网络之间的功能连接下降。安非他酮与突显网络以及突显网络与默认网络之间的功能连接显著下降有关，表明突显网络和默认网络之间脑连接减少与网络游戏成瘾症状的改善和冲动性降低有关（Nam et al.，2017）。干预之后症状的改善伴随着默认网络特征的改变，这从另一个角度证明了默认网络的作用。

为了进一步弄清默认网络如何发挥作用，董等收集了暴露于游戏线索时个体的大脑反应，并计算网络游戏成瘾的严重程度与线索渴求任务中的大脑反应、楔前叶的体积之间的相关，发现当暴露于游戏线索时，网络游戏成瘾的严重程度与楔前叶激活呈正相关。网络游戏成瘾的严重程度与楔前叶的体积和海马回到楔前叶的连接性呈正相关，网络游戏成瘾的严重程度与额中回到楔前叶的连接呈负相关，如图 9-4 所示。结果表明，网络游戏成瘾的严重程度与楔前叶的功能、形态和连接有关。楔前叶作为默认网络的核心区域，负责整合执行控制和渴望之间的潜在信息交互（Dong et al.，2020）。

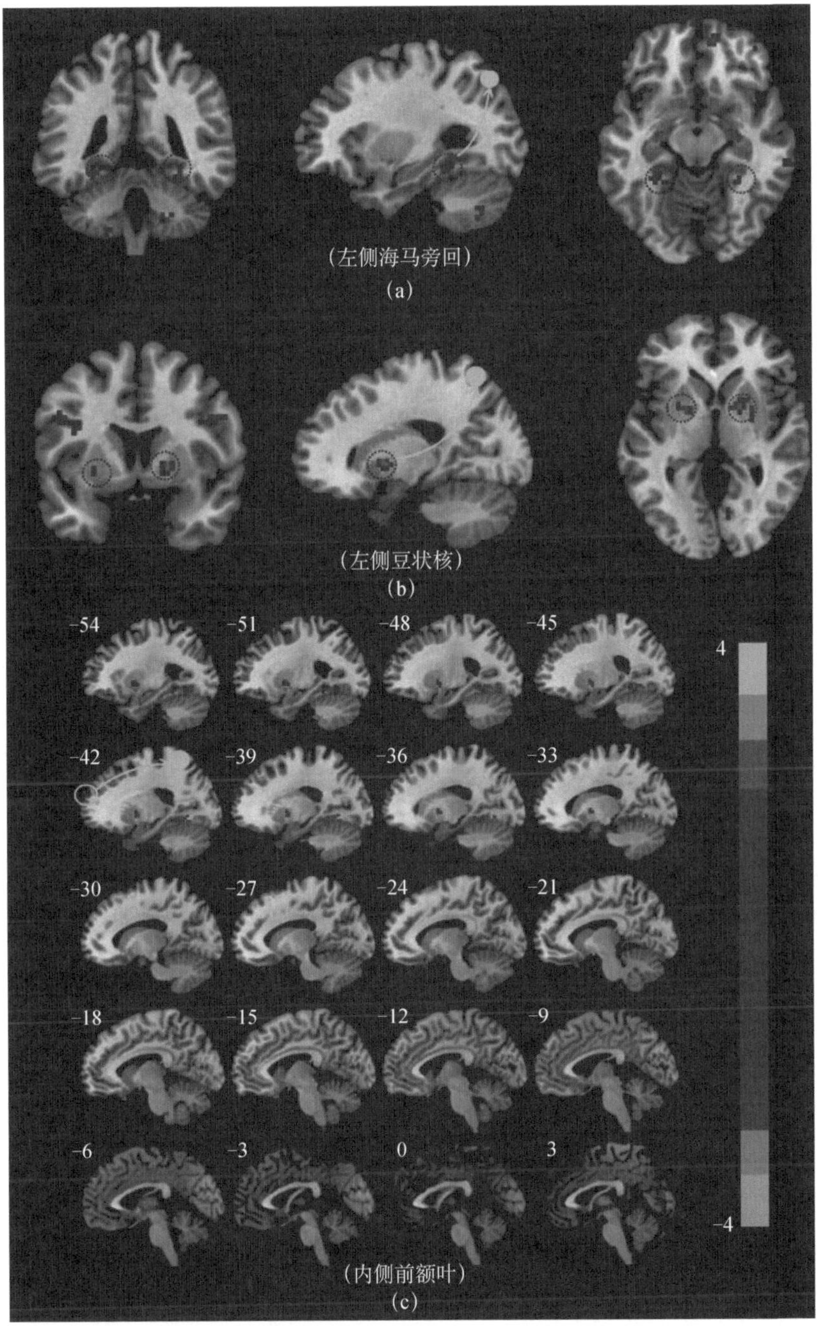

图 9-4　网络游戏成瘾被试中以楔前叶为种子点时信息的输入和输出（Dong et al.，2020）

注：（a）（b）楔前叶接收来自海马旁回和豆状核的信息输入，这一信息输入强度与网络游戏成瘾的严重程度呈正相关。（c）楔前叶接收来自前额叶信息的输入，这一信息输入强度与网络游戏成瘾的严重程度呈负相关（见文后彩图 9-4）

研究者应用基于功能连接的预测模型（CPM）探索网络游戏成瘾渴求背后的大脑网络，研究流程见图 9-5。

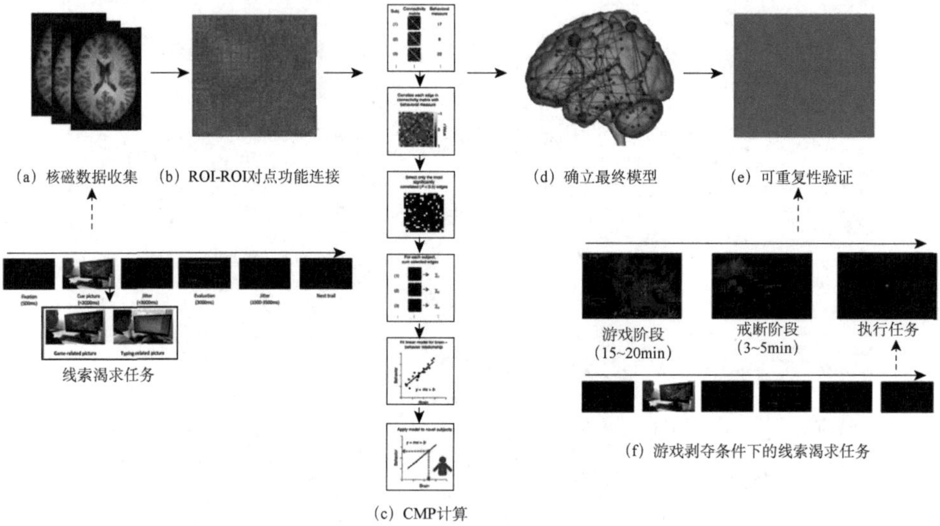

图 9-5　基于功能连接的预测模型的数据分析过程的描述（Zhou et al.，2021b）

注：（a）fMRI 图像是通过线索渴求任务获得的（线索渴求任务显示了事件相关线索渴求任务的一个试次的例子和任务中的不同刺激类型）。（b）应用 Shen 268 兴趣区功能模板，计算与任务相关的 ROI-ROI 功能连接。（c）使用基于 Connectome 的预测模型的分析方法（Shen et al.，2017）。（d）得到最终模型。（e）验证模型。（f）游戏剥夺条件下线索渴求任务整体流程

基于功能连接的预测模型确定了一个网络游戏成瘾“渴求网络”，这一网络对渴求具有预测作用，具体为该网络内默认网络的连接，以及涉及执行控制/认知的网络（额叶、额内侧）和奖赏反应网络（皮层下、运动/感觉）的连接（Zhou et al.，2021b），见图 9-6。

另一项研究应用基于功能连接的预测模型，发现无论是在被试分类还是在回归预测上，默认网络是预测网络游戏成瘾的最有价值的网络（Song et al.，2021）。另外，研究者应用大脑网络模块的参与系数来探索渴求状态下的大脑网络特征，发现网络游戏成瘾被试的默认网络中背外侧前额叶皮层、前扣带回皮层、后扣带回皮层和其他节点之间的连接数远远大于娱乐玩家组。默认网络内节点的数量与成瘾严重程度和游戏渴求程度呈正相关（Zhou et al.，2021a）。这些数据驱动的研究从另一个侧面证明了默认网络在网络游戏成瘾中的作用。

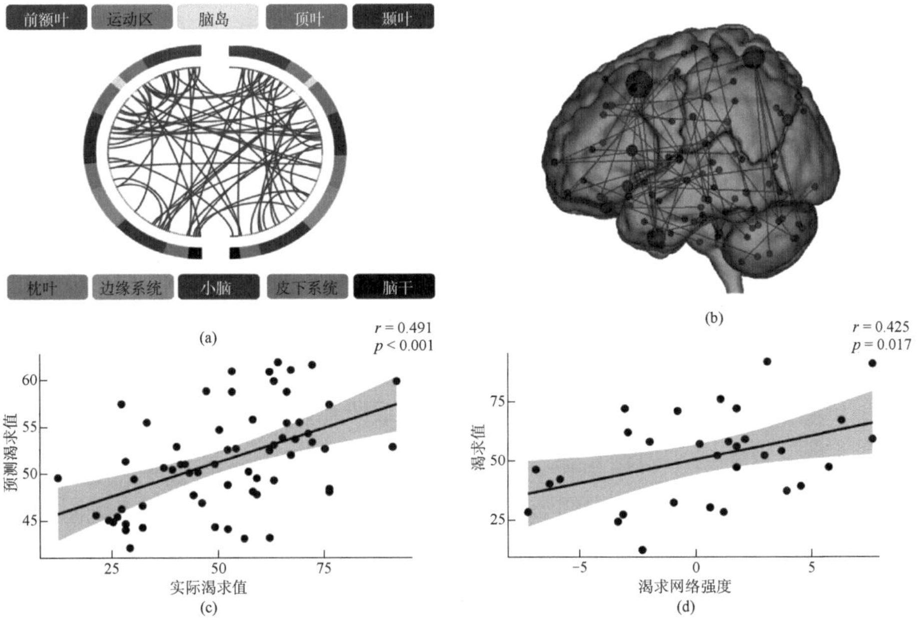

图 9-6　通过基于功能连接的预测模型分析获得的宏观脑区之间的连接（Zhou et al.，2021b）

注：(a) 总结了基于大尺度脑区之间的连接的网络，包括额叶、顶叶、颞叶和枕叶之间的连接。(b) 网络游戏成瘾渴求模型的正边。球体代表节点，线条代表它们之间的功能连接。节点的大小是根据它们在两个阳性网络中的连接总数来确定的。(c) 预测渴求值与实际渴求值呈现显著正相关。(d) 渴求值与渴求网络强度呈显著正相关

三、网络游戏成瘾中“习惯导向-目标导向”的转化

研究者认为，皮层-纹状体-丘脑-皮层（CSTC）环路受损与相关功能障碍有关，如习惯/目标导向系统失衡将导致网络游戏成瘾（Chen et al.，2015；Dong et al.，2019；Wang et al.，2020；Zheng et al.，2019）。目标导向系统（后果-反应联系的形成）和习惯导向系统（刺激-反应联系的形成）在哺乳动物中广泛存在（Dickinson & Balleine，1993），它们之间的平衡能够帮助人类成功而灵活地适应不同的环境（de Wit & Dickinson，2009；Dickinson & Balleine，1993）。然而，在重复刺激-反应联系之后，习惯导向系统将占据主导地位，并在意识之外被激发出来，持续存在并难以消除（Robbins & Everitt，1999）。对药物成瘾的研究发现，接触成瘾药物可能会损害被试的控制反应能力，导致刺激-反应联系对行为的主导控制（Groman et al.，2019；Hogarth et al.，2013）。同样，酒精依赖患者对奖赏贬值的敏感性显著降低（Sjoerds et al.，2013），变得过度依赖固化的习惯导向系统（Yin & Knowlton，2006）。

研究表明，丘脑在获得目标导向的行为中起着重要作用，并对结果敏感（Corbit et al.，2003）。在成瘾过程中，目标导向系统和习惯导向系统之间是不平衡的，丘脑皮层环路在习惯/目标导向系统中起着重要作用。一项研究探讨了丘脑皮层环路是否存在损伤，以及它们如何影响网络游戏成瘾患者的目标导向和习惯性行为，发现与游戏娱乐玩家相比，网络游戏成瘾患者的左侧中线核（midline nucleus，MN）和右侧中枢后回之间，以及丘脑枕核和内侧额叶之间的功能连接明显增加。在网络游戏成瘾组中，被试对不一致的刺激-结果的反应正确率与大脑下垂体和额中回之间的功能连接呈正相关，表明网络游戏成瘾患者存在丘脑皮层交流的中断现象，这进一步导致网络游戏成瘾患者的目标导向系统和习惯导向系统之间的不平衡（Zhou et al.，2021c）。该结果揭示了网络游戏成瘾者和娱乐玩家者之间丘脑皮层回路功能连接的差异，以及它们与习惯/目标导向系统的关系。丘脑皮层回路功能连接的改变会损害网络游戏成瘾患者对动机和感觉运动信息的整合能力，从而损害他们的目标导向系统，使他们更加依赖习惯导向系统。

四、网络游戏成瘾群体其他功能网络的改变

除上面综述的默认网络和习惯导向系统之外，金等研究了网络游戏成瘾并发多动症患者的大脑网络特征，发现与抑制功能或感觉整合有关的环路内的一些结构连接异常（Kim et al.，2020）。维等（Wee et al.，2014）对比了网络成瘾群体与控制组群体的图论特征，包括小世界属性、节点和节点中心性等，结果表明，网络成瘾者的功能连接表现出明显的损伤，特别是位于额叶、枕叶和顶叶区域之间的连接，表明网络成瘾导致功能连接的损伤。这些研究加深了我们对网络游戏成瘾患者大脑网络特征的认识。

本章总结

越来越多的研究者开始相信，大脑在处理某些功能时不是某一脑区单独活动的结果，而是一系列脑区组成的大脑网络的整合。因此，未来的研究应加强大脑网络在网络游戏成瘾中作用的研究，从更宏观角度、从更大尺度的功能整合角度理解大脑功能和网络游戏成瘾的机制。

参 考 文 献

Bae, S., Hong, J. S., Kim, S. M., & Han, D. H. (2018). Bupropion shows different effects on brain functional connectivity in patients with internet-based gambling disorder and internet gaming disorder. *Frontiers in Psychiatry, 9*, 130.

Biswal, B., Zerrin Yetkin, F., Haughton, V. M., & Hyde, J. S. (1995). Functional connectivity in the motor cortex of resting human brain using echo-planar MRI. *Magnetic Resonance in Medicine, 34*(4), 537-541.

Chen, C. Y., Huang, M. F., Yen, J. Y., Chen, C. S., Liu, G. C., Yen, C. F., & Ko, C. H. (2015). Brain correlates of response inhibition in internet gaming disorder. *Psychiatry and Clinical Neurosciences, 69*(4), 201-209.

Chun, J. W., Park, C. H., Kim, J. Y., Choi, J., Cho, H., Jung, D. J., . . . Choi, I. Y. (2020). Altered core networks of brain connectivity and personality traits in internet gaming disorder. *Journal of Behavioral Addictions, 9*(2), 298-311.

Corbit, L. H., Muir, J. L., & Balleine, B. W. (2003). Lesions of mediodorsal thalamus and anterior thalamic nuclei produce dissociable effects on instrumental conditioning in rats. *European Journal of Neuroscience, 18*(5), 1286-1294.

de Wit, S., & Dickinson, A. (2009). Associative theories of goal-directed behaviour: A case for animal-human translational models. *Psychological Research PRPF, 73*(4), 463-476.

Dickinson, A., & Balleine, B. (1993). Actions and responses: The dual psychology of behaviour. In N. Eilan, R. A. McCarthy, & B. Brewer (Eds.). *Spatial Representation: Problems in Philosophy and Psychology* (pp. 277-293). Oxford: Blackwell Publishing.

Ding, X., Yang, Y., Stein, E. A., & Ross, T. J. (2015). Multivariate classification of smokers and nonsmokers using SVM-RFE on structural MRI images. *Human Brain Mapping, 36*(12), 4869-4879.

Dong, G., Li, H., Wang, L., & Potenza, M. N. (2017). The correlation between mood states and functional connectivity within the default mode network can differentiate internet gaming disorder from healthy controls. *Progress in Neuro-Psychopharmacology Biological Psychiatry, 77*, 185-193.

Dong, G., Liu, X., Zheng, H., Du, X., & Potenza, M. N. (2019). Brain response features during forced break could predict subsequent recovery in internet gaming disorder: A longitudinal study. *Journal of Psychiatric Research, 113*, 17-26.

Dong, G. H., Wang, M., Wang, Z., Zheng, H., Du, X., & Potenza, M. N. (2020). Addiction severity modulates the precuneus involvement in internet gaming disorder: Functionality, morphology and effective connectivity. *Progress in Neuro-Psychopharmacology and Biological Psychiatry, 98*, 109829.

Fox, M. D., Snyder, A. Z., Vincent, J. L., Corbetta, M., van Essen, D. C., & Raichle, M. E. (2005). The human brain is intrinsically organized into dynamic, anticorrelated functional networks. *Proceedings of the National Academy of Sciences, 102*(27), 9673-9678.

Greicius, M. D., Srivastava, G., Reiss, A. L., & Menon, V. (2004). Default-mode network activity distinguishes Alzheimer's disease from healthy aging: Evidence from functional MRI. *Proceedings of the National Academy of Sciences, 101*(13), 4637-4642.

Groman, S. M., Massi, B., Mathias, S. R., Lee, D., & Taylor, J. R. (2019). Model-free and model-based influences in addiction-related behaviors. *Biological Psychiatry, 85*(11), 936-945.

Gusnard, D. A., & Raichle, M. E. (2001). Searching for a baseline: Functional imaging and the resting human brain. *Nature Reviews Neuroscience, 2*(10), 685-694.

Hahn, A., Stein, P., Windischberger, C., Weissenbacher, A., Spindelegger, C., Moser, E., . . . Lanzenberger, R. (2011). Reduced resting-state functional connectivity between amygdala and orbitofrontal cortex in social anxiety disorder. *NeuroImage, 56*(3), 881-889.

He, Q., Huang, X., Turel, O., Schulte, M., Huang, D., Thames, A., . . . Hser, Y.-I. (2018). Presumed structural and functional neural recovery after long-term abstinence from cocaine in male military veterans. *Progress in Neuro-Psychopharmacology Biological Psychiatry, 84*, 18-29.

Hogarth, L., Balleine, B. W., Corbit, L. H., & Killcross, S. (2013). Associative learning mechanisms underpinning the transition from recreational drug use to addiction. *Annals of The New York Academy of Sciences, 1282*, 12-24.

Huang, W., King, J. A., Ursprung, W. S., Zheng, S., Zhang, N., Kennedy, D. N., . . . DiFranza, J. R. (2014). The development and expression of physical nicotine dependence corresponds to structural and functional alterations in the anterior cingulate-precuneus pathway. *Brain behavior Modification, 4*(3), 408-417.

Kim, M., Kim, D., Bae, S., Han, D. H., & Jeong, B. (2020). Aberrant structural network of comorbid attention deficit/hyperactivity disorder is associated with addiction severity in internet gaming disorder. *NeuroImage: Clinical, 27*, 102263.

Leech, R., & Sharp, D. J. (2014). The role of the posterior cingulate cortex in cognition and disease. *Brain, 137*(1), 12-32.

Li, M., Tian, J., Zhang, R., Qiu, Y., Wen, X., Ma, X., . . . Huang, R. (2014). Abnormal cortical thickness in heroin-dependent individuals. *NeuroImage, 88*, 295-307.

Li, Y., Yuan, K., Cai, C., Feng, D., Yin, J., Bi, Y., . . . von Deneen, K. M. (2015). Reduced frontal cortical thickness and increased caudate volume within fronto-striatal circuits in young adult smokers. *Drug Alcohol Dependence, 151*, 211-219.

Nam, B., Bae, S., Kim, S. M., Hong, J. S., & Han, D. H. (2017). Comparing the effects of bupropion and escitalopram on excessive internet game play in patients with major depressive disorder. *Clinical Psychopharmacology Neuroscience, 15*(4), 361.

Park, H. J., & Friston, K. (2013). Structural and functional brain networks: From connections to cognition. *Science, 342*(6158), 1238411.

Raichle, M. E. (2010). Two views of brain function. *Trends in Cognitive Sciences, 14*(4), 180-190.

Raichle, M. E. (2011). The restless brain. *Brain Connectivity, 1*(1), 3-12.

Raichle, M. E. (2015). The brain's default mode network. *Annual Review of Neuroscience, 38*, 433-447.

Raichle, M. E., MacLeod, A. M., Snyder, A. Z., Powers, W. J., Gusnard, D. A., & Shulman, G. L. (2001). A default mode of brain function. *Proceedings of the National Academy of Sciences, 98*(2), 676-682.

Robbins, T. W., & Everitt, B. J. (1999). Drug addiction: Bad habits add up. *Nature, 398*(6728), 567-570.

Shannon, B. J., Raichle, M. E., Snyder, A. Z., Fair, D. A., Mills, K. L., Zhang, D., . . . Nagel, B. J. (2011). Premotor functional connectivity predicts impulsivity in juvenile offenders. *Proceedings of the National Academy of Sciences, 108*(27), 11241-11245.

Shen, X., Finn, E. S., Scheinost, D., Rosenberg, M. D., Chun, M. M., Papademetris, X., & Constable, R. T. (2017). Using connectome-based predictive modeling to predict individual behavior from brain connectivity. *Nature Protocols, 12*(3), 506-518.

Sjoerds, Z., de Wit, S., van den Brink, W., Robbins, T. W., Beekman, A. T., Penninx, B. W., & Veltman, D. J. (2013). Behavioral and neuroimaging evidence for overreliance on habit learning in alcohol-dependent patients. *Translational Psychiatry, 3*(12), e337-e337.

Song, K. R., Potenza, M. N., Fang, X. Y., Gong, G. L., Yao, Y. W., Wang, Z. L., . . . Lan, J. (2021). Resting-state connectome-based support-vector-machine predictive modeling of internet gaming disorder. *Addiction Biology, 26*(4), e12969.

Spreng, R. N., Sepulcre, J., Turner, G. R., Stevens, W. D., & Schacter, D. L. (2013). Intrinsic architecture underlying the relations among the default, dorsal attention, and frontoparietal control networks of the human brain. *Journal of Cognitive Neuroscience, 25*(1), 74-86.

Uddin, L. Q., Kelly, A. C., Biswal, B. B., Castellanos, F. X., & Milham, M. P. (2009). Functional connectivity of default mode network components: Correlation, anticorrelation, and causality. *Human Brain Mapping, 30*(2), 625-637.

Wang, L., Zou, F., Zhai, T., Lei, Y., Tan, S., Jin, X., . . . Yang, Z. (2016). Abnormal gray matter volume and resting-state functional connectivity in former heroin-dependent individuals abstinent for multiple years. *Addiction Biology, 21*(3), 646-656.

Wang, M., Dong, H., Zheng, H., Du, X., & Dong, G. (2020). Inhibitory neuromodulation of the putamen to the prefrontal cortex in internet gaming disorder: How addiction impairs executive control. *Journal of Behavioral Addictions, 9*(2), 312-324.

Wang, Y., Qin, Y., Li, H., Yao, D., Sun, B., Li, Z., . . . Zhang, L. (2019). Abnormal functional connectivity in cognitive control network, default mode network, and visual attention network in internet addiction: A resting-state fMRI study. *Frontiers in Neurology, 10*, 1006.

Watts, D. J., & Strogatz, S. H. (1998). Collective dynamics of 'small-world' networks. *Nature, 393*(6684), 440-442.

Wee, C. Y., Zhao, Z., Yap, P. T., Wu, G., Shi, F., Price, T., . . . Shen, D. (2014). Disrupted brain functional network in internet addiction disorder: A resting-state functional magnetic resonance imaging study. *PLoS One, 9*(9), e107306.

Whitfield-Gabrieli, S., Thermenos, H. W., Milanovic, S., Tsuang, M. T., Faraone, S. V., McCarley, R. W., . . . LaViolette, P. (2009). Hyperactivity and hyperconnectivity of the default network in schizophrenia and in first-degree relatives of persons with schizophrenia. *Proceedings of the National Academy of Sciences, 106*(4), 1279-1284.

Yin, H. H., & Knowlton, B. J. (2006). The role of the basal ganglia in habit formation. *Nature Reviews Neuroscience, 7*(6), 464-476.

Zhang, D., & Raichle, M. E. (2010). Disease and the brain's dark energy. *Nature Reviews Neurology, 6*(1), 15-28.

Zhang, J., Ma, S. S., Yan, C. G., Zhang, S., Liu, L., Wang, L. J., . . . Fang, X. Y. (2017). Altered coupling of default-mode, executive-control and salience networks in internet gaming disorder. *European Psychiatry, 45*, 114-120.

Zhang, R., & Volkow, N. D. (2019). Brain default-mode network dysfunction in addiction. *NeuroImage, 200*, 313-331.

Zheng, H., Hu, Y., Wang, Z., Wang, M., Du, X., & Dong, G. (2019). Meta-analyses of the functional neural alterations in subjects with internet gaming disorder: Similarities and differences across different paradigms. *Progress in Neuro-Psychopharmacology & Biological Psychiatry, 94*, 109656.

Zhou, W. R., Wang, M., Zheng, H., Wang, M. J., & Dong, G. H. (2021a). Altered modular segregation of brain networks during the cue-craving task contributes to the disrupted executive functions in internet gaming disorder. *Progress in Neuro-Psychopharmacology Biological Psychiatry, 107*, 110256.

Zhou, W. R, Wang, Y. M., Wang, M., Wang, Z. L., Zheng, H., Wang, M. J, . . . Dong, G. H. (2021b). Connectome-based prediction of craving for gaming in internet gaming disorder. *Addiction Biology*, e13076. DOI：10.1111/adb.13076.

Zhou, W. R., Zheng, H., Wang, M., Zheng, Y., Chen, S., Wang, M. J., & Dong, G. H. (2021c). The imbalance between goal-directed and habitual systems in internet gaming disorder: Results from the disturbed thalamocortical communications. *Journal of Psychiatric Research, 134*, 121-128.

第十章

网络游戏成瘾对大脑结构的影响

一、大脑结构及其研究方法

研究发现，网络游戏成瘾除了会影响大脑功能，其对大脑结构也会产生影响。本章将介绍网络游戏成瘾对个体大脑结构的影响。

核磁共振为我们研究大脑结构提供了非常好的工具。结构核磁共振（sMRI）提供了卓越的空间分辨率，能够科学而精准地确定大脑的解剖结构。目前，最常用的研究大脑结构的方法有以下几种。

基于体素的形态学测量（VBM）是一种神经影像技术，涉及不同组别被试的灰质和白质的体素级比较。它通过对被试之间灰质体素粒度的统计分析，得到不同被试在体积和大脑沟回方面的不同。基于体素的形态学测量方法不仅适用于结构数据，还适用于 fMRI 和正电子发射断层扫描（PET）数据，以分析大脑结构的变化。基于体素的形态学测量方法不需要使用者具备任何先验知识，这为其广泛应用设置了较低的门槛。

基于磁共振的弥散张量成像是另一种结构核磁共振方法，其通过分析各向异性来量化大脑白质纤维束的状态。它测量的是大脑中水分子的扩散性，是当前唯一能使人们有效观察和追踪大脑白质纤维束的非侵入性检查方法。该方法广泛应用于脑发育、脑认知功能和精神疾病的病理变化的研究，以及脑部手术的术前计划和术后评估等研究中。

使用神经影像学的研究方法，研究者在网络游戏成瘾群体中观察到类似于其他成瘾疾病（包括物质使用障碍和病态赌博）的大脑功能和结构改变（Brand et al.，2014；Park et al.，2017；Zhou et al.，2011）。就大脑功能而言，研究者在网络成瘾群体中观察到前额叶，特别是眶额叶和背外侧区域发生了一致性改变，这些区域主要参与抑制控制和决策（Brand et al.，2014；Park et al.，2017），同时，这些区域的大脑灰质的完整性也发生了改变（Weng et al.，2013；Yuan et al.，2011；Zhou et al.，2011）。

二、网络游戏成瘾群体的大脑结构特征

在有关大脑结构的研究中，常用的测量指标为灰质体积（GMV）、灰质密度（GMD）、白质纤维束追踪（white matter track）等。近年来，有关大脑结构网络的研究也日益受到研究者的重视。

（一）网络游戏成瘾者的大脑灰质体积特征

灰质内包含大量的细胞体和相对较少的有髓鞘的轴突，是神经元聚集的区域。因此，灰质特征的变化可能会直接影响相应的大脑功能。因此，在测查某种疾病对大脑结构的影响时，灰质体积便是其中的重要指标之一。

执行控制能力下降是网络游戏成瘾发展和维持的核心原因之一，那么相应脑区的结构特征是否会发生改变？李等（Lee et al.，2018a）利用基于体素的形态学分析，发现网络游戏成瘾被试的执行控制相关脑区，如前扣带回皮层和辅助运动区的灰质体积变小。与健康对照组相比，网络游戏成瘾被试的外侧前额叶和顶叶皮层的灰质体积变小，包括左侧外侧前额叶皮层和左下顶叶皮层，证明网络游戏成瘾被试与执行控制有关区域的大脑灰质异常。另有研究显示，与健康对照组相比，网络游戏成瘾被试表现出额上回的灰质体积显著减小。网络游戏成瘾与额上回的灰质体积减小呈显著相关（Wang et al.，2021）。李等（Lee et al.，2019）研究了注意缺陷多动障碍与网络游戏成瘾并发症群体的大脑结构特征。结果发现，与对照组比较，有注意缺陷多动障碍病史的网络游戏成瘾被试的右前扣带回皮层、左额下回和左脑岛等区域的灰质体积变小，但右侧角回的灰质体积变大。另有研究者结合组间对比和纵向追踪来研究过度游戏的危害，发现过度游戏能使玩家右侧眶额皮层的灰质体积减小。他们利用游戏训练

来探索变化趋势，纵向分析结果显示，在训练期间，训练组和过度游戏者组的左侧眶额皮层的灰质体积减小，表明眶额皮层在网络成瘾的发展中起着重要作用，过度参与网络游戏会导致该区域结构受损（Zhou et al.，2019）。鉴于大量研究结果之间存在差异，一项元分析发现，网络游戏成瘾被试的前扣带回、眶额皮层、背外侧前额叶和运动前区皮层的灰质体积减小（Yao et al.，2017）。这些发现表明，网络游戏成瘾与纹状体和扣带回区域的功能和结构神经改变有关。

除抑制控制能力外，奖赏环路的改变一直是网络游戏成瘾研究的热点，这一特征是否会表现在大脑结构上？有研究者发现，网络游戏成瘾程度与较小的纹状体体积有一定的联系，表明网络游戏成瘾与大脑奖赏系统的改变有关（Zhou et al.，2020）。另一项研究利用基于体素的形态学测量技术研究网络游戏成瘾者的灰质体积特征，发现网络游戏成瘾的严重程度与左侧尾状核的灰质体积呈正相关，表明纹状体网络的结构改变与网络游戏成瘾有关（Seok & Sohn，2018）。另有研究探讨了网络游戏成瘾青少年的大脑结构特征，通过测量皮层下的体积来评估纹状体的体积差异，发现网络游戏成瘾者的背外侧纹状体（尾状核）和腹侧纹状体（伏隔核）的体积增加。尾状核体积与 Stroop 任务的表现相关，伏隔核的体积与网络成瘾测验得分相关，由此证明了网络游戏成瘾与右侧尾状体和伏隔核的体积变化之间存在关系（Cai et al.，2016）。这些研究结论为我们理解网络游戏成瘾群体的奖赏敏感性特征提供了神经基础。

研究者也对与决策有关的大脑区域进行了研究。李等使用表面形态测量法（surface based monography）探索网络游戏成瘾群体扣带回和眶额皮层的大脑灰质差异。结果发现，与对照组相比，网络游戏成瘾组被试的右侧扣带回、右侧眶额皮层的灰质更薄，右侧扣带回等区域的灰质体积更小。这几个区域是评估奖励价值、处理错误信息和行为调节的关键区域，这些区域皮层变薄反映了个体决策相关功能的损伤（Lee et al.，2018b）。另外，有研究者采用基于体素的形态学测量（VBM）技术分析发现，网络游戏成瘾程度较高的个体在默认模式网络的中线部分，即右侧前额叶皮层和楔前区的体积增大（Chen et al.，2021）。这些研究结论都与大脑决策能力的研究结果存在极高的一致性，表明网络游戏成瘾者受损的决策能力背后存在受损的大脑结构。

（二）网络游戏成瘾者的大脑灰质密度特征

大脑灰质密度反映了特定灰质区域神经元的密集程度，也是与大脑认知功能密切相关的指标。一项研究显示，网络游戏成瘾被试双侧杏仁核的灰质密度低于对照组，表明杏仁核上的灰质密度改变可能预示着网络游戏成瘾的易感性，如高冲动性特征（Ko et al.，2015）。总之，对大脑灰质密度的研究与对大脑灰质体积的研究结论具有极高的一致性，表明网络游戏成瘾者这些受损的认知功能背后存在受损的大脑结构。

（三）网络游戏成瘾者的白质改变

弥散张量成像技术通过对白质中水分子扩散偏离各向同性扩散程度来评估白质微结构的完整性，对各向同性扩散的偏离越大，说明水扩散沿轴突的方向性越均匀，意味着白质越完整。各向异性值是由轴向特征值（λ1，即沿轴突扩散的标志）和径向特征值（λ2，即垂直于轴突扩散的标志）的归一化标准偏差计算出来的（Alexander et al.，2007）。研究表明，有物质使用障碍个体的大脑白质特征受到损害（Bora et al.，2012；Jacobus et al.，2009），并与认知功能（Piras et al.，2010；Takeuchi et al.，2011；Tuch et al.，2005）、物质成瘾相关症状（Clark et al.，2012）和毒瘾治疗结果（Xu et al.，2010）有关。这些差异造成了个体成瘾的易感性，而成瘾又会进一步损害这一特征（de Laat et al.，2011；Stanek et al.，2011；Tang et al.，2010；Xu et al.，2010）。白质纤维神经可塑性的改善能被戒断成瘾（Bell et al.，2011）或长时间的认知或运动训练（如乐器训练、算盘使用）改变（Hu et al.，2011；Imfeld et al.，2009）。

在网络游戏成瘾群体中，研究者观察到大脑白质纤维的变化。有研究发现，相对于健康对照组被试，网络游戏成瘾组被试在右侧丘脑、右侧下纵束、右侧小脑至海马和右侧下额枕束内的各向异性值增加，同时右侧丘脑前辐射等白质径向扩散系数（RD）值下降。网络游戏成瘾被试的病程与全脑白质的各向异性值（白质纤维的完整性）呈正相关，与径向扩散系数值（轴突密度的扩散性）呈负相关。这表明右侧额叶纤维束的髓鞘化增加（各向异性值增大和径向扩散系数值减小）可能是个体长期玩游戏的结果（Jeong et al.，2016）。董等的研究显示，网络游戏成瘾被试在双侧丘脑前辐射、双侧皮层脊髓束、胼胝体等纤维束的各向异性系数值增大。网络成瘾的严重程度与各向异性值呈正相关（Dong et al.，2018）。

（四）网络游戏成瘾者大脑结构特征的性别差异

对网络游戏成瘾者大脑结构特征的性别差异的研究面临严峻挑战，因为性别自身对大脑的结构存在一定的影响，研究者要努力区分某些差异是来自性别本身，还是来自网络游戏成瘾的损害。

有研究分析了性别与大脑皮层厚度的组间交互作用，计算了大脑皮层厚度与成瘾严重程度之间的关系，发现性别与组别在左侧额上回、右侧后扣带回皮层和右侧顶上小叶等区域存在交互作用。进一步分析显示，与同性别的娱乐玩家相比，男性网络游戏成瘾被试在这些脑区的皮层厚度增大，女性网络游戏成瘾被试在右侧后扣带回皮层的皮层厚度减小。此外，只有女性的皮层厚度与她们自我报告的渴望和网络成瘾测验分数之间呈显著负相关，表明网络游戏成瘾对相关脑区的结构产生巨大影响，男性和女性受到网络游戏成瘾的影响不同（Wang et al.，2019）。

（五）网络游戏成瘾与其他成瘾的比较

将网络游戏成瘾与其他行为成瘾进行比较，我们可以发现不同成瘾类型之间的相同点和差异点。研究者发现，针对不同类型行为成瘾的研究的重复性很差，于是利用元分析整合了 20 项关于行为成瘾的研究（主要是网络游戏成瘾和赌博成瘾）。结果显示，行为成瘾者的左侧前扣带回（延伸至左侧额上回和双侧眶额皮层）、右侧辅助运动区的灰质体积减小。回归分析显示，左侧前扣带回和右侧辅助运动区的灰质体积减小与成瘾严重程度呈正相关，较高的冲动性与左侧前扣带回的体积变小相关，表明前额叶和纹状体区域的灰质体积变小是行为成瘾的一个共同的结构特征（Qin et al.，2020）。

三、网络游戏成瘾者的大脑结构网络特征

随着研究技术的日益发展，研究者不再满足于对某一大脑结构区域的探讨，逐渐将大脑的结构看作一个网络，强调网络之间的相互作用与特定精神疾病之间的关系。其中，主要的研究方法有结构协方差网络（SCN）、图论分析等。

结构协方差网络方法源自基于体素的形态学测量，使用一般线性模型框架来研究感兴趣脑区的灰质体积与大脑其他区域体积之间的协方差模式的个体间差异，是对大脑功能研究的补充（Alexander-Bloch et al.，2013）。该方法假设，相关

区域的体积因相互间的影响或共同的相关经验而交织在一起（Bogdan et al.，2004；Mechelli et al.，2004）。最近，结构协方差网络已被证明能再现同步激活区域的大脑功能网络特征（Seeley et al.，2009）。迄今为止，结构共变模式被发现于不同的神经精神疾病中，如精神病和强迫症（Heinze et al.，2015；Subirà et al.，2016）。基于格兰杰因果分析（Granger causality analysis）的结构协方差因果网络（causal SCN）已被证明是揭示渐进式网络畸变和评估脑区间结构改变因果关系的可行方法（Jiang et al.，2018；Zhang et al.，2017）。

依据这种思路，研究者利用基于体素的形态学分析确定的种子区域分析了全脑结构协方差网络的特征，对比了网络游戏成瘾组与控制组的大脑结构网络特征（Chen et al.，2021）。具体分析流程如图 10-1 所示。

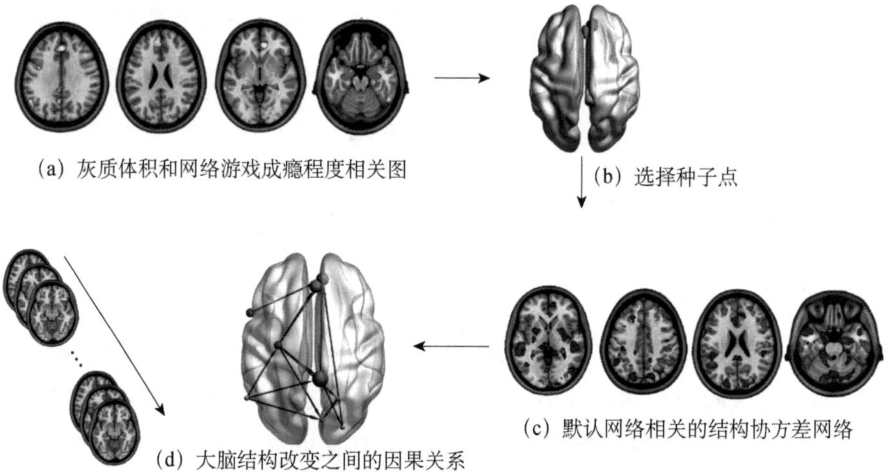

图 10-1　SCN 统计分析过程示意图（Chen et al.，2021）

注：(a) 绘制灰质体积改变和网络游戏成瘾严重程度之间的相关关系图，在灰质体积和网络成瘾测验分数之间应用相关测试。(b) 根据相关性分析选择默认网络的中线区域作为结构协方差网络分析的种子区域。(c) 使用结构协方差网络绘制默认网络相关的结构协方差模式。(d) 使用格兰杰因果分析绘制上述异常区域随着网络游戏成瘾严重程度发展的因果关系图（见文后彩图 10-1）

如图 10-2 所示，结构协方差网络分析结果显示，随着网络游戏成瘾程度的加深，默认网络相关区域和与视觉空间注意和奖励渴望处理有关的区域之间的结构协方差模式受损。随着网络游戏成瘾严重程度的加深，默认网络成分的体积增大，其与视觉空间注意和动机渴求区域的结构联系减弱（Chen et al.，2021）。这项研究加深了我们对网络游戏成瘾潜在神经解剖学相关因素的理解。

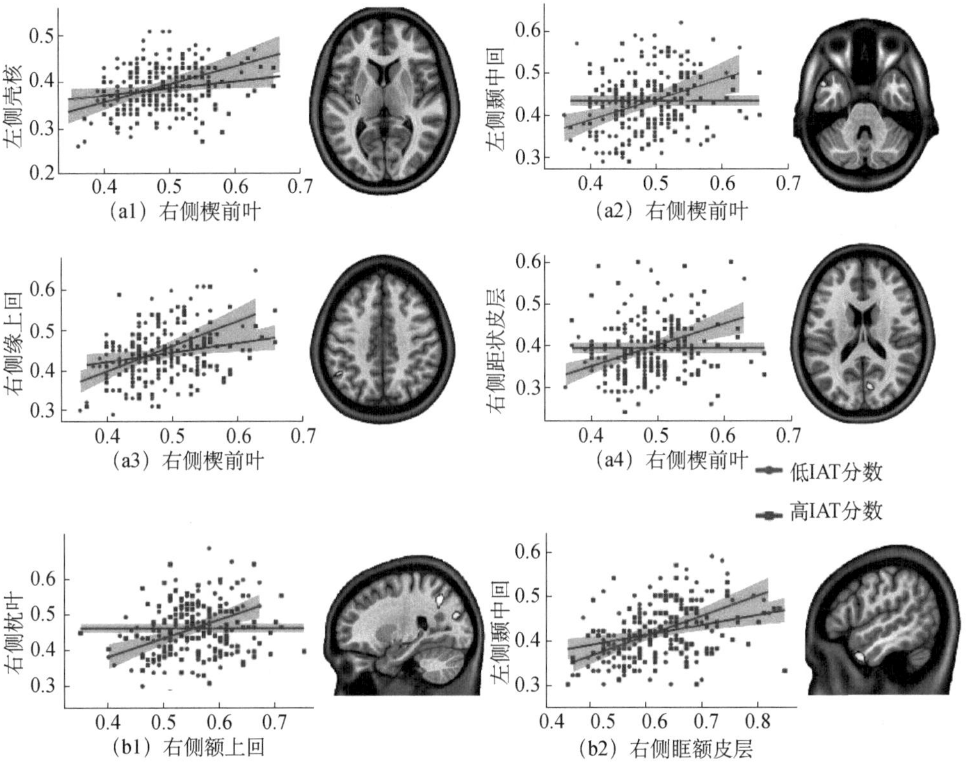

图 10-2　网络游戏成瘾严重程度与灰质结构协方差模式之间的关系（Chen et al.，2021）

注：以右侧楔前叶为种子点，随着网络游戏成瘾严重程度的加深，结构协方差值逐渐降低（a1～a4）。以内侧前额叶为种子点，随着网络游戏成瘾严重程度的加深，结构协方差值逐渐降低（b1～b2）。

除结构协方差网络分析之外，图论分析是另外一种常用的大脑结构网络分析方法。帕克等对比了不同个体的扩散加权磁共振数据，以探索网络游戏成瘾者大脑结构网络的小世界拓扑特征的变化。结果发现，不管游戏者是否被诊断为网络游戏成瘾，游戏者大脑结构网络的连接拓扑结构向随机拓扑结构方向转变，显示出游戏对大脑结构网络的影响（Park et al.，2018）。另有研究结合静息态的功能连接和弥散张量成像方法，发现在网络游戏成瘾青少年中，尽管没有发现其功能连接的明显异常，但其右侧突显网络束显示出各向异性值的下降。此外，在网络游戏成瘾青少年中，右侧突显网络束的各向异性值与色词任务中不一致条件下的错误反应次数呈负相关，表明网络游戏成瘾青少年的突显网络内结构连接紊乱与认知控制能力受损有关（Xing et al.，2014）。另外，研究者对比了基于弥散张量成像的腹侧被盖区/突显网络回路结构连接的改变。结果发现，与对照组相比，网络游戏成瘾被试的双侧腹侧被盖区-伏隔核束的结构连接性也较低，但网络游戏成瘾的连接性与成瘾分数无关。腹侧被盖区-伏隔核通路的功能和结构连接与网络游戏成瘾有关，这些通路对多巴胺奖赏信号和显著性归因很重要（Wang et al.，2019）。另一项研究探讨了大脑白质的拓扑组织特征，结果显示，网络游戏成瘾组在全局效率和局部效率上均下降，最短路径长度增加。网络游戏成瘾组在额叶皮层、前扣带回皮层和苍白球的结点效率降低。工作记忆网络的整体效率与网络游戏成瘾的得分相关，证明了网络游戏成瘾者的工作记忆网络的异常拓扑组织与网络游戏成瘾严重程度有关（Zhai et al.，2017）。

本 章 总 结

大脑结构是大脑功能的基础，反过来，大脑功能的改变也可能会影响大脑结构。本章综述了当前对网络游戏成瘾大脑结构的研究，包括灰质体积、灰质密度、白质纤维和大脑结构网络的特征。虽然我们无法确定这些大脑结构特征的改变与网络游戏成瘾的因果关系，但当前关于网络游戏成瘾大脑结构的研究结论与大脑功能的研究结论存在着极高的一致性，证明了网络游戏成瘾具有显著的生理基础。

参 考 文 献

Alexander, A. L., Lee, J. E., Lazar, M., & Field, A. S. (2007). Diffusion tensor imaging of the brain. *Neurotherapeutics*, *4*(3), 316-329.

Alexander-Bloch, A., Giedd, J. N., & Bullmore, E. (2013). Imaging structural co-variance between human brain regions. *Nature Reviews Neuroscience*, *14*(5), 322-336.

Bell, R. P., Foxe, J. J., Nierenberg, J., Hoptman, M. J., & Garavan, H. (2011). Assessing white matter integrity as a function of abstinence duration in former cocaine-dependent individuals. *Drug Alcohol Dependence*, *114*(2-3), 159-168.

Bogdan, D., Christian, G., Volker, B., Gerhard, S., Ulrich, B., & Arne, M. (2004). Neuroplasticity: Changes in grey matter induced by training. *Nature*, *427*(6972), 311-312.

Bora, E., Yücel, M., Fornito, A., Pantelis, C., Harrison, B. J., Cocchi, L., . . . Lubman, D. I. (2012). White matter microstructure in opiate addiction. *Addiction Biology*, *17*(1), 141-148.

Brand, M., Young, K. S., & Laier, C. (2014). Prefrontal control and internet addiction: A theoretical model and review of neuropsychological and neuroimaging findings. *Frontiers in Human Neuroscience*, *8*, 375.

Cai, C., Yuan, K., Yin, J., Feng, D., Bi, Y., Li, Y., . . . Tian, J. (2016). Striatum morphometry is associated with cognitive control deficits and symptom severity in internet gaming disorder. *Brain Imaging and Behavior*, *10*(1), 12-20.

Chen, S., Wang, M., Dong, H., Wang, L., Jiang, Y., Hou, X., . . . Dong, G. H. (2021). Internet gaming disorder impacts gray matter structural covariance organization in the default mode network. *Journal of Affective Disorders*, *288*, 23-30.

Clark, D. B., Chung, T., Thatcher, D. L., Pajtek, S., & Long, E. C. (2012). Psychological dysregulation, white matter disorganization and substance use disorders in adolescence. *Addiction*, *107*(1), 206-214.

de Laat, K. F., Tuladhar, A. M., Van Norden, A. G., Norris, D. G., Zwiers, M. P., & de Leeuw, F. E. (2011). Loss of white matter integrity is associated with gait disorders in cerebral small vessel disease. *Brain*, *134*(1), 73-83.

Dong, G., Wu, L., Wang, Z., Wang, Y., Du, X., & Potenza, M. N. (2018). Diffusion-weighted MRI measures suggest increased white-matter integrity in internet gaming disorder: Evidence from the comparison with recreational internet game users. *Addictive Behaviors*, *81*, 32-38.

Heinze, K., Reniers, R. L., Nelson, B., Yung, A. R., Lin, A., Harrison, B. J., . . . Wood, S. J. (2015). Discrete alterations of brain network structural covariance in individuals at ultra-high risk for psychosis. *Biological Psychiatry*, *77*(11), 989-996.

Hu, Y., Geng, F., Tao, L., Hu, N., Du, F., Fu, K., & Chen, F. (2011). Enhanced white matter tracts integrity in children with abacus training. *Human Brain Mapping*, *32*(1), 10-21.

Imfeld, A., Oechslin, M. S., Meyer, M., Loenneker, T., & Jancke, L. (2009). White matter plasticity in the corticospinal tract of musicians: A diffusion tensor imaging study. *NeuroImage*, *46*(3), 600-607.

Jacobus, J., McQueeny, T., Bava, S., Schweinsburg, B., Frank, L., Yang, T., & Tapert, S. F. (2009). White matter integrity in adolescents with histories of marijuana use and binge drinking. *Neurotoxicology Teratology*, *31*(6), 349-355.

Jeong, B. S., Han, D. H., Kim, S. M., Lee, S. W., & Renshaw, P. F. (2016). White matter connectivity and internet gaming disorder. *Addiction Biology*, *21*(3), 732-742.

Jiang, Y., Luo, C., Li, X., Duan, M., He, H., Chen, X., . . . Woelfer, M. (2018). Progressive reduction in gray matter in patients with schizophrenia assessed with MR imaging by using causal network analysis. *Radiology*, *287*(2), 633-642.

Ko, C. H., Hsieh, T. J., Wang, P. W., Lin, W. C., Yen, C. F., Chen, C. S., & Yen, J. Y. (2015). Altered gray matter density and disrupted functional connectivity of the amygdala in adults with internet gaming disorder. *Progress in Neuro-Psychopharmacology Biological Psychiatry*, *57*, 185-192.

Lee, D., Namkoong, K., Lee, J., & Jung, Y. C. (2018a). Abnormal gray matter volume and impulsivity in young adults with internet gaming disorder. *Addiction Biology*, *23*(5), 1160-1167.

Lee, D., Namkoong, K., Lee, J., & Jung, Y. C. (2019). Preliminary evidence of altered gray matter volume in subjects with internet gaming disorder: Associations with history of childhood attention-deficit/hyperactivity disorder symptoms. *Brain Imaging and Behavior*, *13*(3), 660-668.

Lee, D., Park, J., Namkoong, K., Kim, I. Y., & Jung, Y. C. (2018b). Gray matter differences in the anterior cingulate and orbitofrontal cortex of young adults with internet gaming disorder: Surfacebased morphometry. *Journal of Behavioral Addictions*, *7*(1), 21-30.

Lin, X., Dong, G., Wang, Q., & Du, X. (2015). Abnormal gray matter and white matter volume in 'internet gaming addicts'. *Addictive Behaviors*, *40*, 137-143.

Mechelli, A., Crinion, J. T., Noppeney, U., O'Doherty, J., & Price, C. J. (2004). Neurolinguistics: Structural plasticity in the bilingual brain. *Nature*, *431*(7010), 757.

Park, B., Han, D. H., & Roh, S. (2017). Neurobiological findings related to I nternet use disorders. *Psychiatry Clinical Neurosciences*, *71*(7), 467-478.

Park, C. H., Chun, J. W., Cho, H., & Kim, D. J. (2018). Alterations in the connection topology of brain structural networks in internet gaming addiction. *Scientific Reports*, *8*(1), 1-9.

Piras, F., Caltagirone, C., & Spalletta, G. (2010). Working memory performance and thalamus microstructure in healthy subjects. *Neuroscience*, *171*(2), 496-505.

Qin, K., Zhang, F., Chen, T., Li, L., Li, W., Suo, X., . . . Gong, Q. (2020). Shared gray matter alterations in individuals with diverse behavioral addictions: A voxel-wise meta-analysis. *Journal of Behavioral Addictions*, *9*(1), 44-57.

Seeley, W. W., Crawford, R. K., Zhou, J., Miller, B. L., & Greicius, M. D. (2009). Neurodegenerative diseases target large-scale human brain networks. *Neuron*, *62*(1), 42-52.

Seok, J. W., & Sohn, J. H. (2018). Altered gray matter volume and resting-state connectivity in individuals with internet gaming disorder: A voxel-based morphometry and resting-state functional magnetic resonance imaging study. *Frontiers in Psychiatry*, *9*, 77.

Stanek, K. M., Grieve, S. M., Brickman, A. M., Korgaonkar, M. S., Paul, R. H., Cohen, R. A., & Gunstad, J. J. (2011). Obesity is associated with reduced white matter integrity in otherwise healthy adults. *Obesity*, *19*(3), 500-504.

Subirà, M., Cano, M., De Wit, S. J., Alonso, P., Cardoner, N., Hoexter, M. Q., . . . Sato, J. R. (2016). Structural covariance of neostriatal and limbic regions in patients with obsessive-compulsive disorder. *Journal of Psychiatry Neuroscience: JPN*, *41*(2), 115.

Takeuchi, H., Taki, Y., Sassa, Y., Hashizume, H., Sekiguchi, A., Fukushima, A., & Kawashima, R. (2011). Verbal working memory performance correlates with regional white matter structures in the frontoparietal regions. *Neuropsychologia*, *49*(12), 3466-3473.

Tang, Y. Y., Lu, Q., Geng, X., Stein, E. A., Yang, Y., & Posner, M. I. (2010). Short-term meditation induces white matter changes in the anterior cingulate. *Proceedings of the National Academy of Sciences*, *107*(35), 15649-15652.

Tuch, D. S., Salat, D. H., Wisco, J. J., Zaleta, A. K., Hevelone, N. D., & Rosas, H. D. (2005). Choice reaction time performance correlates with diffusion anisotropy in white matter pathways supporting visuospatial attention. *Proceedings of the National Academy of Sciences*, *102*(34), 12212-12217.

Wang, C., Zhang, Z., Che, L., Wu, Y., Qian, H., & Guo, X. (2021). The gray matter volume in superior frontal gyrus mediates the impact of reflection on emotion in internet gaming addicts. *Psychiatry Research: Neuroimaging*, *310*, 111269.

Wang, H., Sun, Y., Lan, F., & Liu, Y. (2020). Altered brain network topology related to working memory in internet addiction. *Journal of Behavioral Addictions*, *9*(2), 325-338.

Wang, R., Li, M., Zhao, M., Yu, D., Hu, Y., Wiers, C. E., . . . Yuan, K. (2019). Internet gaming disorder: Deficits in functional and structural connectivity in the ventral tegmental area-Accumbens pathway. *Brain Imaging and Behavior*, *13*(4), 1172-1181.

Wang, Z., Hu, Y., Zheng, H., Yuan, K., Du, X., & Dong, G. (2019). Females are more vulnerable to internet gaming disorder than males: Evidence from cortical thickness abnormalities. *Psychiatry Research: Neuroimaging*, *283*, 145-153.

Wang, Z., Wu, L., Yuan, K., Hu, Y., Zheng, H., Du, X., & Dong, G. (2018). Cortical thickness and volume abnormalities in internet gaming disorder: Evidence from comparison of recreational internet game users. *European Journal of Neuroscience*, *48*(1), 1654-1666.

Weng, C. B., Qian, R. B., Fu, X. M., Lin, B., Han, X. P., Niu, C. S., & Wang, Y. H. (2013). Gray matter and white matter abnormalities in online game addiction. *European Journal of Radiology*, *82*(8), 1308-1312.

Xing, L., Yuan, K., Bi, Y., Yin, J., Cai, C., Feng, D., . . . Yu, D. (2014). Reduced fiber integrity and cognitive control in adolescents with internet gaming disorder. *Brain Research*, *1586*, 109-117.

Xu, J., DeVito, E. E., Worhunsky, P. D., Carroll, K. M., Rounsaville, B. J., & Potenza, M. N. (2010). White matter integrity is associated with treatment outcome measures in cocaine dependence. *Neuropsychopharmacology*, *35*(7), 1541-1549.

Yao, Y. W., Liu, L., Ma, S. S., Shi, X. H., Zhou, N., Zhang, J. T., & Potenza, M. N. (2017). Functional and structural neural alterations in internet gaming disorder: A systematic review and meta-analysis. *Neuroscience Biobehavioral Reviews*, *83*, 313-324.

Yuan, K., Qin, W., Wang, G., Zeng, F., Zhao, L., Yang, X., . . . von Deneen, K. M. (2011). Microstructure abnormalities in adolescents with internet addiction disorder. *PLoS One*, *6*(6), e20708.

Zhai, J., Luo, L., Qiu, L., Kang, Y., Liu, B., Yu, D., . . . Yuan, K. (2017). The topological organization of white matter network in internet gaming disorder individuals. *Brain Imaging and Behavior*, *11*(6), 1769-1778.

Zhang, Z., Liao, W., Xu, Q., Wei, W., Zhou, H. J., Sun, K., . . . Lu, G. (2017). Hippocampus-associated causal network of structural covariance measuring structural damage progression in temporal lobe epilepsy. *Human Brain Mapping*, *38*(2), 753-766.

Zhou, F., Montag, C., Sariyska, R., Lachmann, B., Reuter, M., Weber, B., . . . Becker, B. (2019). Orbitofrontal gray matter deficits as marker of internet gaming disorder: Converging evidence from a cross-sectional and prospective longitudinal design. *Addiction Biology*, *24*(1), 100-109.

Zhou, X., Wu, R., Liu, C., Kou, J., Chen, Y., Pontes, H. M., . . . Montag, C. (2020). Higher levels of (internet) gaming disorder symptoms according to the WHO and APA frameworks associate with lower striatal volume. *Journal of Behavioral Addictions*, *9*(3), 598-605.

Zhou, Y., Lin, F. C., Du, Y. S., Zhao, Z. M., Xu, J. R., & Lei, H. (2011). Gray matter abnormalities in internet addiction: A voxel-based morphometry study. *European Journal of Radiology*, *79*(1), 92-95.

第十一章

网络游戏成瘾的认知行为疗法及其效果

一、认知行为疗法及其在成瘾治疗中的应用

认知行为疗法是一种短期的、以问题为导向的心理治疗方法，被广泛应用在各类精神疾病，特别是重度抑郁症和成瘾性疾病的治疗中（Assanangkornchai & Srisurapanont，2007；Ladouceur et al.，1994；Rector & Beck，2001）。在认知行为疗法的治疗过程中，患者被要求监测其思想、情感和行为，以防止复发并获得新的应对技能（Rector & Beck，2001）。最初，认知行为疗法是针对抑郁症和焦虑症而发展起来的治疗方法，目前，认知行为疗法已经成为治疗各类精神疾病最成熟、有效的治疗方法（Spirito et al.，2011）。

在 1980 年至今的 40 多年里，认知行为疗法成为研究最多的精神疾病治疗手段。虽然大多数认知行为疗法研究集中于抑郁症和焦虑症方面，但研究者也开始在其他疾病中应用认知行为疗法进行干预，包括精神分裂症、人格障碍、双相情感障碍、饮食障碍、成瘾行为、失眠、愤怒、犯罪行为、婚姻不和谐、疼痛管理，以及与医疗条件有关的一般压力等（Hollon & Beck，2013）。总的来说，认知行为疗法与其他治疗策略相比效果更好，在许多疾病上有强大的证据基础。因此，在 2003—2013 年，美国精神病学会已经推荐将这种疗法用于治疗抑郁症、强迫症、焦虑症、恐慌症、创伤后应激障碍、双相障碍、精神分裂症和神经性贪食症等。美国成瘾医学会、美国国家药物滥用研究所也已经推荐将认知行为疗法纳入实践指南，用于对各类成瘾的治疗（Hollon & Beck，2013）。

在对成瘾的治疗上，有关认知行为疗法对酒精依赖和病态赌博治疗的一些经验性研究证明了认知行为疗法的有效性（Assanangkornchai & Srisurapanont，2007；Ladouceur et al.，1994）。多个元分析研究得出结论，认知行为疗法对一系列物质使用障碍有治疗效果（Carroll & Onken，2005；Dutra et al.，2008；Irvin et al.，1999；Magill & Ray，2009）。一项元分析综合了2006年之前发表的53项针对被诊断为酒精或毒品使用障碍成人的认知行为疗法对照实验，报告了认知行为疗法具有“小而有统计学意义”的治疗效果，58%的接受认知行为疗法的病人比对照组病人的表现更好（Magill & Ray，2009）。图11-1展示了认知行为疗法的主要模块主题、每个模块所针对的心理能力以及与成瘾核心要素之间的关系。

模块名称	构建的特质
功能性分析	模式识别，双过程
“看上去无关的决策”	决策，延迟满足
问题解决	问题解决，计划行为
渴求应对	情绪/挫折忍耐力
回绝技能	决断，压力下的坚持
识别/改变消极思考	认知灵活性，情绪调节

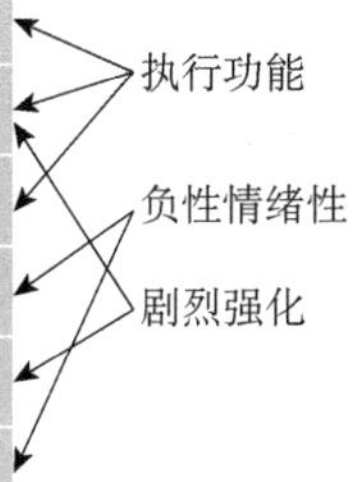

图11-1 认知行为疗法的模块内容和与成瘾的核心特征的关系（Kwako et al.，2016）

注：左侧为“模块名称”，也就是认知行为疗法干预的模块内容；“构建的特质”部分则为操作时要构建的心理能力；最右侧部分为所要提升的目标或解决的问题。比如，提高执行功能的认知行为疗法模块应该包括功能性分析、问题解决和决策技能；负性情绪性是通过给予渴求应对及识别/改变消极思考的模块来解决

二、采用认知行为疗法治疗网络游戏成瘾的研究

（一）认知行为疗法在网络游戏成瘾中的应用现状

大量研究表明网络游戏成瘾者有认知偏差，这些偏差产生于游戏活动并反作用于游戏行为，网络游戏成瘾者表现出抑制奖赏寻求的控制能力受损（Dong & Potenza，2014）。因此，有效治疗网络游戏成瘾的策略应该包括两个关键步骤：改变成瘾人群对游戏行为的不良信念；减少其在离开游戏后产生的戒断体验和其他不愉快的情绪状态。这些策略最终会减少个体的不良游戏行为，改善个体的自我控制能力、人际关系，重塑其对生活的责任感。

然而，对网络游戏成瘾治疗的实际操作却非常困难。目前，临床医生，包括有经验的多学科团队常常感到缺乏相对规范和有效的应对网络游戏成瘾者的治疗策略。另外，很多网络游戏成瘾者即便面对大量的科学研究证据，仍然固执地否定游戏有任何负面后果，并强烈希望中断治疗而继续游戏。因此，被治疗者较低的配合度也是一个很大的挑战。

更大的挑战是，目前这一领域缺乏实用的资源，包括结构化的、分步骤的治疗手册，缺乏针对网络游戏成瘾治疗所采用的程序和技术的全面描述（King et al.，2017a）。一些关于网络游戏成瘾治疗的同行评议文章甚至没有描述治疗中可能涉及的基本信息。因此，临床治疗者经常面临如下困境：证据基础不完整，治疗指南尚未制定（King & Delfabbro，2014）。

2017 年，金等（King et al.，2017a）综述了东西方在治疗网络游戏成瘾方面的研究，以评估总体治疗状况和治疗效果。该研究发现，目前研究者在对网络游戏成瘾的治疗上存在以下几个特点：①70%的网络游戏成瘾治疗的证据基础是由韩国和中国的团队进行的，西方人群中网络游戏成瘾治疗的代表性很低，只有少数研究在美国进行。②大多数治疗研究都有一个重要的设计缺陷：缺乏后续追踪。这意味着研究者往往无法判断治疗是否产生了长期效果。这些研究主要是前测/后测设计，也未进行随机化组间设计或实验过程中的双盲技术操作。③有 1/3 的研究没有用于组间比较的对照组.④大多数研究没有为其样本量给出充分的理由，且在评估治疗结果方面存在多种不一致的情况（例如，对网络游戏成瘾症状、状态诊断、并发症或不同研究阶段的游戏时间的测量），并且缺乏追踪随访。

虽然在过去的几十年里高质量的研究已经有了更大的基础，但仍有许多地方需要改进。总之，目前仍然很难对网络游戏障碍的心理和药物治疗的有效性做出明确的声明。

（二）采用认知行为疗法治疗网络游戏成瘾的理论基础

认知行为疗法被越来越多的研究证明是一种能有效治疗网络游戏成瘾的方法（King et al.，2017b；Winkler et al.，2013；Zajac et al.，2017）。网络游戏成瘾模型认为，网络游戏成瘾是由个体的认知控制能力降低导致的，网络游戏成瘾损害了决策过程和抑制控制过程，导致个体不能有效抑制游戏冲动（Brand et al.，2016；Dong & Potenza，2014；King & Delfabbro，2016，2018）。这些受损的心理特征恰恰是认知行为疗法干预效果显著的领域。董和波坦扎在其提出的认知-行为模型中指出了成瘾的核心要素：执行控制、决策和奖赏寻求。三者之间的相互作用决定了一个人对游戏的渴求，并最终决定个体的行为。依据不同的内容，研究者提出了干预的核心：对待执行控制、决策、奖赏寻求等过程，采取认知行为疗法进行干预；对待奖赏寻求，采取认知偏差调整的方法等。如第二章中图 2-2 中虚线的长方形框里的内容所示，认知行为疗法可以有效提升这些认知能力，进而改善网络游戏成瘾症状（Dong & Potenza，2014）。

杨和布兰德（Young & Brand，2017）依据 I-PACE 模型，提出了针对网络成瘾的认知行为疗法干预策略，即网络成瘾的认知行为疗法（CBT-IA），并阐明了这种治疗方法与 I-PACE 模型的关系。CBT-IA 是专门为治疗网络成瘾而开发的治疗策略，将经典的认知行为疗法元素与特定的网络相关问题结合起来（Young，2011）。CBT-IA 包括三个阶段，即行为矫正、认知重建和减少伤害，它们分别对应着问题的不同特征，具体如图 11-2 所示。

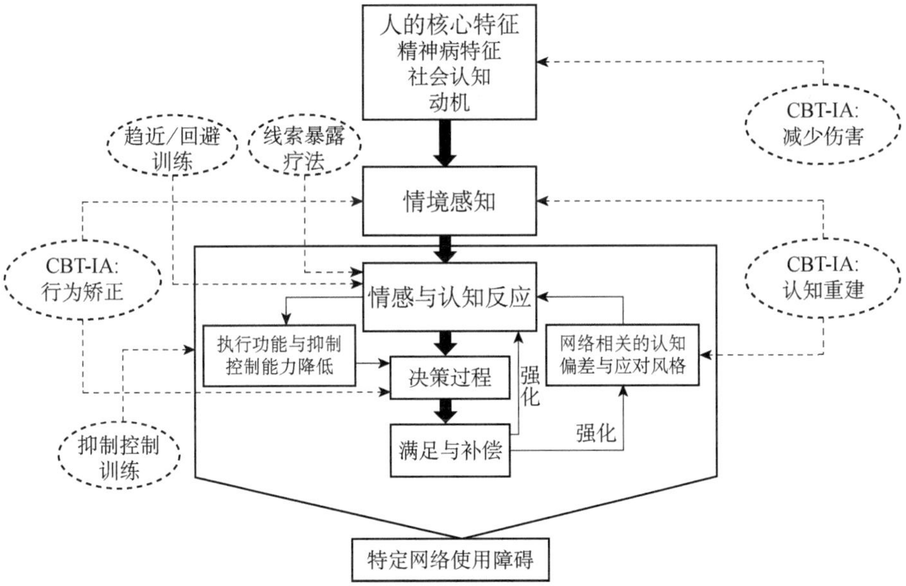

图 11-2　将 CBT-IA 元素和进一步的治疗方法整合到 I-PACE 模型中（Young & Brand，2017）

在一项针对 128 名网络成瘾患者的研究中，CBT-IA 被发现在减少与网络成瘾相关的症状、改变适应不良认知等方面是有效的（Young，2013）。温克勒等的元分析发现，采用认知行为疗法治疗网络行为问题的效果优于其他心理治疗疗法（Winkler et al.，2013）。

（三）采用认知行为疗法治疗网络游戏成瘾的研究进展

1.支持认知行为疗法对网络游戏成瘾有效的研究

与其他治疗疗法（包括药物治疗）相比，认知行为疗法的一个明显优势在于它能够针对受损的认知过程进行干预，特别是认知行为疗法能更有效地解决网络游戏成瘾背景下的并发症，如网络游戏成瘾与抑郁症（Wang et al.，2018）、社交焦虑（Wei et al.，2012）、注意缺陷多动障碍（Yen et al.，2017）、其他成瘾行为（van Rooij et al.，2014）、睡眠问题（Dworak et al.，2007）、孤独感（Lemmens et al.，2011）和自杀意念（Rehbein et al.，2010）等。当前研究已经证明认知行为疗法对此类并发症干预的有效性，认知行为疗法在减少这些并发症的同时一并降低了网络游戏成瘾的程度。一项研究探究了简短的认知行为疗法方案对网络使用障碍青少年的长期影响。研究者让被试接受认知行为疗法小组计划，并在测试前、测试后以及治疗后 4 个月和 12 个月对成瘾严重程度和并发症等进行评估。发现在 12 个月的随访中，患者的网络成瘾严重程度明显下降，自我报告的抑郁症、社交焦虑和学校焦虑，以及父母报告的一般心理病理学特征都有明显减少，表明即使是 4 个疗程的简短干预，也能在 12 个月内取得较好的效果（Szász-Janocha et al.，2021）。另有研究考察了认知行为疗法在治疗患者的冲动、焦虑、回避以及家庭和环境问题方面的有效性。认知行为疗法方案包括 14 次 90 分钟的治疗，由一名治疗师和 4～5 名病人组成，每周治疗一次或两次。支持性治疗组每周到精神病门诊部就诊一次或两次，直到他们完成 14 次就诊。结果发现，认知行为疗法组在网络游戏成瘾方面获得了显著改善。认知行为疗法组在网络成瘾、焦虑、冲动和社交回避方面有更大的改善。在认知行为疗法组中，改善最大的是网络成瘾程度、注意力、抑郁、焦虑、冲动、社交回避和家庭凝聚力等。认知行为疗法方案通过控制焦虑、冲动和社交回避，在改善网络游戏成瘾症状方面比支持性疗法更有效（Han et al.，2020）。一项元分析显示，认知行为疗法在减少网络游戏成瘾症状和抑郁症状方面非常有效，认知行为疗法的效果在随访时（通常是 3～6 个月）也能得到支持。但目前没有足够的证据来确定认知行为疗法是否能够减少患者的游戏时间（Carroll & Kiluk，2017）。

对没有并发症的网络游戏成瘾群体的干预也证明了认知行为疗法在治疗网络游戏成瘾方面的效果。在一项针对 114 名有网络成瘾的成年人的认知行为疗法研究中，杨发现大多数被试在 8 次治疗后就可以控制他们的症状（Young，

2007）。阿拉维等研究了团体认知行为疗法对网络成瘾学生的成瘾症状、生活质量和心理健康干预的有效性，采用了前测-后测组和对照组设计。结果显示，治疗后认知行为疗法组的网络成瘾程度降低，表明团体认知行为疗法对改善网络成瘾者的生活质量和精神疾病是有效的（Alavi et al.，2021）。另有研究者采用认知行为疗法对男性网络游戏成瘾被试进行治疗，并在 6 个月后进行随访。该计划包括 15 次每周进行的小组治疗和最多 8 次每两周进行的个人课程。整体治疗包括三个阶段：心理教育，旨在激发个体的戒断动机和制定治疗目标；行为分析干预旨在增强自我效能，解决引起焦虑的生活事件；转移和稳定，主要涉及预防复发、制订个人应急计划。结果显示，69.4%的网络游戏成瘾组被试出现了症状缓解，而只有 23.9%的控制组被试出现了症状缓解（Wölfling et al.，2019）。

研究者也尝试探究认知行为疗法产生作用的认知机制。一项研究采集了 20 名网络游戏成瘾被试在认知行为疗法前后的静息态磁共振数据，发现在治疗前，与控制组相比，网络游戏成瘾组的双侧壳核、右侧眶额皮层、双侧辅助运动区、左侧中央后回和左侧前扣带回皮层的低频振幅明显增大。在治疗后，网络游戏成瘾组每周的游戏时间明显缩短，其左侧眶额皮层和左侧壳核的低频振幅值明显减小，且左侧眶额皮层和左侧壳核之间的功能连接在认知行为疗法后明显增加，表明认知行为疗法可以调节网络游戏成瘾被试前额叶-纹状体区域的异常低频波动，改善网络游戏成瘾相关症状（Han et al.，2018）。另有研究者对被试进行渴求行为干预（CBI，一种类似认知行为疗法的策略），发现网络游戏成瘾被试的左侧角回和腹侧前额叶的连接性差异与干预后 6 个月的渴望和成瘾严重程度的变化有关（Liu et al.，2021）。

2. 否定认知行为疗法对网络游戏成瘾干预有效性的研究

尽管认知行为疗法的呼声很高，但不是所有的研究者都支持认知行为疗法对网络游戏成瘾的治疗效果。史蒂文斯等（Stevens et al.，2019）通过数据库确定了 12 项独立的认知行为疗法研究，计算了每项研究治疗前后结果的效应大小及相关的置信区间、预测区间和 p 值。结果显示，认知行为疗法在减少网络游戏成瘾症状和抑郁症状方面显示出较好的疗效，但没有足够的统计指标来确定认知行为疗法是否能够缩短个体的游戏时间，随访时，4 个治疗中的治疗效果都不明显。这表明针对网络游戏成瘾的认知行为疗法是一种有效的短期干预措施，可在短期内减少网络游戏成瘾症状和抑郁症状，但其长期效果还难以确定。一项干预研究以青少年为对象，在干预组中提供认知行为疗法，在对照组中提供基本咨询，结果显示，两组网络游戏成瘾被试的症状严重程度在测试后都没有显著下降（Li & Wang，2013）。另有研究者评估团体认知行为疗法对青少年网络成瘾的治疗效果（Du et al.，2010）。被试被随机分为积极治疗组和临床对照组，积极治疗组被试接受了8个疗程的基于学校的多模式团体认知行为疗法，而临床对照组被试没有接受任何干预。在干预后，对两组的网络使用、时间管理，以及情绪、认知等特征立即进行评估，并在6个月的随访中由对被试的组别状态保密的调查人员进行评估。结果显示，两组的网络使用时间都减少了，而只有积极治疗组显示出时间管理技能的改善，以及情绪、认知和行为症状的改善。这表明基于学校的多模式团体认知行为疗法在改善网络游戏成瘾青少年的情绪状态和调节能力、行为和自我管理风格方面是有效的，但在减少网络使用时间上，积极治疗组和临床对照组不存在差异。

虽然从目前发表的文献来看，支持认知行为疗法有效性的研究要多于否定认知行为疗法有效性的研究，但是，我们不能否定发表偏差（那些未证明认知行为疗法有效果的论文更难发表出来）等因素的影响，未来应该进一步加强这方面的研究。

三、网络游戏成瘾认知行为干预研究的未来

大多数人有过玩游戏的经历，但只有一部分人会经历网络游戏成瘾。网络游戏成瘾给这部分人的人际关系、工作、教育、身体健康和精神健康等方面带来了负面影响。I-PACE模型认为，网络游戏成瘾的易感风险因素（如遗传、人格、教养）、不良心理反应（如认知和注意力偏差）和执行功能（如控制和决策能力差）之间存在复杂的相互作用。

综合起来，目前推荐的心理治疗包括认知行为疗法及其与辅助策略的结合，主要目标有以下几点：改变引发和维持过度游戏的不良认知（如态度、信念、偏见）；培养应对策略，减少不玩游戏时的退缩行为和其他不愉快的情绪状态（如抑郁）；发展社交技能，建立新的行为模式，如体育活动等，以取代游戏活动。虽然一些治疗中心会提供简短的静修疗法，但支持该疗法有长期疗效的证据有限。

网络游戏成瘾的治疗通常涉及认识到过度游戏行为对个人的负面影响、培养管理或抵制游戏诱惑的技能，以及在在线游戏圈子之外形成新的友谊。虽然控制游戏时间通常是必要的，特别是对于未成年人而言，但网络日益成为其生活的一部分，杜绝网络游戏行为往往是不现实的。因此，有节制的游戏是未来干预的目标所在。

未来对认知行为疗法策略的研究主要表现在以下几个方面：①目前研究基本证明了认知行为疗法的短期疗效，但认知行为疗法的长期疗效需要进一步验证，应该至少进行 6 个月的随访评估；②目前对治疗效果的评估采用问卷调查法或以游戏时间为指标的方法，未来应该由精神科医生对临床变化进行评估；③加强对治疗过程中产生治疗效果的机制的研究，提供基于证据的治疗手册，对研究和临床实践特别有价值；④在治疗时积极关注不同亚组的特征，包括性别差异等，应该依据性别设置具有特色的治疗策略。

本章总结

目前关于网络游戏成瘾的文献总数呈指数级增长（Billieux et al.，2015），但关于治疗的文献的增长速度却相对较慢。这种差异反映出与开展和发表基础机制研究相比，干预治疗或其他类型的临床研究更为费力且需要更多的资源投入，发表关于网络游戏成瘾干预治疗的研究成果会更困难。

纵观目前对网络游戏成瘾的干预研究，虽然手段和方法繁多，但大多是从经验性研究中产生的，或者将对成瘾疾病的治疗方法迁移到对网络游戏成瘾的治疗中。虽然认知行为疗法是目前研究最多的网络游戏成瘾治疗方法（King et al.，2011，2017b；Zajac et al.，2017），但其有效性的证据基础仍然不够充分，无法得出确定的结论。未来仍需要更严格的研究来制定认知行为疗法的治疗指南，特别是在最佳的治疗时间（如疗程数）、短期和长期的选择（即治疗反应的持久性），以及基于个人和小组的治疗之间治疗效果的差异方面都未明晰。

数字游戏技术在不断发展，更加让人容易沉浸其中。因此，在未来社会，有问题的游戏行为会持续给临床医生带来新的挑战。这就需要研究者持续探究问题根源，不断寻找和改进治疗游戏成瘾的最佳策略（King et al.，2020）。

参 考 文 献

Alavi, S. S., Ghanizadeh, M., Mohammadi, M. R., Jannatifard, F., Alamuti, S. E., & Farahani, M. (2021). The effects of cognitive-behavioral group therapy for reducing symptoms of internet addiction disorder and promoting quality of life and mental health. *Trends in Psychiatry Psychotherapy, 43*, 47-56.

Assanangkornchai, S., & Srisurapanont, M. (2007). The treatment of alcohol dependence. *Current opinion in psychiatry, 20*(3), 222-227.

Billieux, J., Schimmenti, A., Khazaal, Y., Maurage, P., & Heeren, A. (2015). Are we overpathologizing everyday life? A tenable blueprint for behavioral addiction research. *Journal of Behavioral Addictions, 4*(3), 119-123.

Brand, M., Young, K. S., Laier, C., Wölfling, K., & Potenza, M. N. (2016). Integrating psychological and neurobiological considerations regarding the development and maintenance of specific internet-use disorders: An interaction of person-affect-cognition-execution (I-PACE) model. *Neuroscience Biobehavioral Reviews, 71*, 252-266.

Carroll, K. M., & Kiluk, B. D. (2017). Cognitive behavioral interventions for alcohol and drug use disorders: Through the stage model and back again. *Psychology of Addictive Behaviors, 31*(8), 847.

Carroll, K. M., & Onken, L. S. (2005). Behavioral therapies for drug abuse. *American Journal of Psychiatry, 162*(8), 1452-1460.

Dong, G., & Potenza, M. N. (2014). A cognitive-behavioral model of internet gaming disorder: Theoretical underpinnings and clinical implications. *Journal of Psychiatric Research, 58*, 7-11.

Du, Y. S., Jiang, W., & Vance, A. (2010). Longer term effect of randomized, controlled group cognitive behavioural therapy for internet addiction in adolescent students in Shanghai. *Australian New Zealand Journal of Psychiatry, 44*(2), 129-134.

Dutra, L., Stathopoulou, G., Basden, S. L., Leyro, T. M., Powers, M. B., & Otto, M. W. (2008). A meta-analytic review of psychosocial interventions for substance use disorders. *American Journal of Psychiatry, 165*(2), 179-187.

Dworak, M., Schierl, T., Bruns, T., & Strüder, H. K. (2007). Impact of singular excessive computer game and television exposure on sleep patterns and memory performance of school-aged children. *Pediatrics, 120*(5), 978-985.

Han, J., Seo, Y., Hwang, H., Kim, S. M., & Han, D. H. (2020). Efficacy of cognitive behavioural therapy for internet gaming disorder. *Clinical Psychology Psychotherapy, 27*(2), 203-213.

Han, X., Wang, Y., Jiang, W., Bao, X., Sun, Y., Ding, W., . . . Zhou, Y. (2018). Resting-state activity of prefrontal-striatal circuits in internet gaming disorder: Changes with cognitive behavior therapy and predictors of treatment response. *Frontiers in Psychiatry, 9*, 341.

Hollon, S. D., & Beck, A. T. (2013). Cognitive and cognitive-behavioral therapies. in M. J. Lambert (Ed.) *Bergin Garfield's Handbook of Psychotherapy Behavior Change, 6th ed.*, New York: Wiley Press.

Irvin, J. E., Bowers, C. A., Dunn, M. E., & Wang, M. C. (1999). Efficacy of relapse prevention: A meta-analytic review. *Journal of Consulting Clinical Psychology Review, 67*(4), 563.

King, D. L., & Delfabbro, P. H. (2014). The cognitive psychology of internet gaming disorder. *Clinical Psychology Review, 34*(4), 298-308.

King, D. L., & Delfabbro, P. H. (2016). The cognitive psychopathology of internet gaming disorder in adolescence. *Journal of Abnormal Child Psychology, 44*(8), 1635-1645.

King, D. L., & Delfabbro, P. H. (2018). *Internet Gaming Disorder: Theory, Assessment, Treatment, and Prevention*. New York: Academic Press.

King, D. L., Wölfling, K., & Potenza, M. N. (2020). Taking gaming disorder treatment to the next level. *JAMA Psychiatry, 77*(8), 869-870.

King, D. L., Delfabbro, P. H., Griffiths, M. D., & Gradisar, M. (2011). Assessing clinical trials of internet addiction treatment: A systematic review and CONSORT evaluation. *Clinical Psychology Review, 31*(7), 1110-1116.

King, D. L., Kaptsis, D., Delfabbro, P. H., & Gradisar, M. (2017a). Effectiveness of brief abstinence for modifying problematic internet gaming cognitions and behaviors. *Journal of Clinical Psychology, 73*(12), 1573-1585.

King, D. L., Delfabbro, P. H., Wu, A. M., Doh, Y. Y., Kuss, D. J., Pallesen, S., . . . Sakuma, H. (2017b). Treatment of internet gaming disorder: An international systematic review and CONSORT evaluation. *Clinical Psychology Review, 54*, 123-133.

Kwako, L. E., Momenan, R., Litten, R. Z., Koob, G. F., & Goldman, D. (2016). Addictions neuroclinical assessment: A neuroscience-based framework for addictive disorders. *Biological Psychiatry, 80*(3), 179-189.

Ladouceur, R., Boisvert, J. M., & Dumont, J. (1994). Cognitive-behavioral treatment for adolescent pathological gamblers. *Behavior Modification, 18*(2), 230-242.

Lemmens, J. S., Valkenburg, P. M., & Peter, J. (2011). Psychosocial causes and consequences of pathological gaming. *Computers in Human Behavior, 27*(1), 144-152.

Li, H., & Wang, S. (2013). The role of cognitive distortion in online game addiction among Chinese adolescents. *Children Youth Services Review, 35*(9), 1468-1475.

Liu, L., Potenza, M. N., Lacadie, C. M., Zhang, J. T., Yip, S. W., Xia, C. C., . . . Park, S. Q. (2021). Altered intrinsic connectivity distribution in internet gaming disorder and its associations with psychotherapy treatment outcomes. *Addiction Biology, 26*(2), e12917.

Magill, M., & Ray, L. A. (2009). Cognitive-behavioral treatment with adult alcohol and illicit drug users: A meta-analysis of randomized controlled trials. *Journal of Studies on Alcohol Drugs, 70*(4), 516-527.

Rector, N. A., & Beck, A. T. (2001). Cognitive behavioral therapy for schizophrenia: An empirical review. *Journal of Nervous and Mental Disease, 189*(5), 278-287.

Rehbein, F., Psych, G., Kleimann, M., Mediasci, G., & Mößle, T. (2010). Prevalence and risk factors of video game dependency in adolescence: Results of a German nationwide survey. *Cyberpsychology, Behavior, and Social Networking, 13*(3), 269-277.

Spirito, A., Esposito-Smythers, C., Wolff, J., & Uhl, K. (2011). Cognitive-behavioral therapy for adolescent depression and suicidality. *Child Adolescent Psychiatric Clinics, 20*(2), 191-204.

Stevens, M. W., King, D. L., Dorstyn, D., & Delfabbro, P. H. (2019). Cognitive–behavioral therapy for internet gaming disorder: A systematic review and meta-analysis. *Clinical Psychology Psychotherapy, 26*(2), 191-203.

Szász-Janocha, C., Vonderlin, E., & Lindenberg, K. (2021). Treatment outcomes of a CBT-based group intervention for adolescents with internet use disorders. *Journal of Behavioral Addictions, 9*(4), 978-989.

van Rooij, A. J., Kuss, D. J., Griffiths, M. D., Shorter, G. W., Schoenmakers, T. M., & van de Mheen, D. (2014). The (co-) occurrence of problematic video gaming, substance use, and psychosocial problems in adolescents. *Journal of Behavioral Addictions, 3*(3), 157-165.

Wang, H. R., Cho, H., & Kim, D. J. (2018). Prevalence and correlates of comorbid depression in a nonclinical online sample with DSM-5 internet gaming disorder. *Journal of Affective Disorders, 226*, 1-5.

Wei, H. T., Chen, M. H., Huang, P. C., & Bai, Y. M. (2012). The association between online gaming, social phobia, and depression: An internet survey. *BMC Psychiatry, 12*(1), 1-7.

Winkler, A., Dörsing, B., Rief, W., Shen, Y., & Glombiewski, J. A. (2013). Treatment of internet addiction: A meta-analysis. *Clinical Psychology Review, 33*(2), 317-329.

Wölfling, K., Müller, K. W., Dreier, M., Ruckes, C., Deuster, O., Batra, A., . . . Lemenager, T. (2019). Efficacy of short-term treatment of internet and computer game addiction: A randomized clinical trial. *JAMA Psychiatry, 76*(10), 1018-1025.

Yen, J. Y., Liu, T. L., Wang, P. W., Chen, C. S., Yen, C. F., & Ko, C. H. (2017). Association between internet gaming disorder and adult attention deficit and hyperactivity disorder and their correlates: Impulsivity and hostility. *Addictive Behaviors, 64*, 308-313.

Young, K. S. (2007). Cognitive behavior therapy with Internet addicts: Treatment outcomes and implications. *CyberPsychology & Behavior, 10*(5), 671-679.

Young, K. S. (2011). CBT-IA: The first treatment model for internet addiction. *Journal of Cognitive Psychotherapy, 25*(4), 304-312.

Young, K. S. (2013). Treatment outcomes using CBT-IA with internet-addicted patients. *Journal of Behavioral Addictions, 2*(4), 209-215.

Young, K. S., & Brand, M. (2017). Merging theoretical models and therapy approaches in the context of internet gaming disorder: A personal perspective. *Frontiers in Psychology, 8*, 1853.

Zajac, K., Ginley, M. K., Chang, R., & Petry, N. M. (2017). Treatments for internet gaming disorder and internet addiction: A systematic review. *Psychology of Addictive Behaviors, 31*(8), 979.

第十二章

网络游戏成瘾其他干预策略的有效性

一、网络游戏成瘾干预手段汇总

由于缺乏标准化的、具有指导性的操作流程，目前对网络游戏成瘾的治疗可谓“各显神通”。不同研究者依据自身的临床经验和专业背景，尝试了各种降低网络游戏成瘾的方法和策略。

表 12-1 总结了目前搜索到的部分针对网络游戏成瘾的干预措施。从中可以看到，认知行为疗法和安非他酮治疗是应用最多的疗法。对于认知行为疗法，我们在前一章已经详细介绍，本章主要介绍认知行为疗法之外的其他部分干预措施。

表 12-1　近年来网络游戏成瘾的干预策略及其效果

类别	作者及年份	国别	治疗策略和实验组别	人数（人）	治疗周期	年龄（岁）（平均值 ± 标准差）	实验设计	成瘾测量工具	显著结果（干预后的测量）
药物干预	Bae et al., 2018	韩国	安非他酮	15	12 周	25.3 ± 5.2	前后测	YIAS	YIAS 分数下降
	Han et al., 2010	韩国	安非他酮	11	6 周	21.5 ± 5.6	前后测	每周游戏时间 YIAS	游戏时间减少， YIAS 分数下降
	Han et al., 2009	韩国	利他林	62	8 周	9.3 ± 2.2	前后测	每周游戏时间 YIAS	游戏时间减少， YIAS 分数下降
	Nam et al., 2017	韩国	安非他酮组	15	12 周	22.9 ± 1.9	随机实验，无控制组	YIAS	两组 YIAS 分数都下降，但无组间差异
			艾司西酞普兰组	15	12 周	23.9 ± 1.6			
	Park et al., 2016a	韩国	托莫西汀组	42	12 周	17.1 ± 1.0	随机实验，无控制组	YIAS	两组 YIAS 分数都下降，但无组间差异
			利他林组	44	12 周	16.9 ± 1.6			

续表

类别	作者及年份	国别	治疗策略和实验组别	人数（人）	治疗周期	年龄（岁）（平均值±标准差）	实验设计	成瘾测量工具	显著结果（干预后的测量）
药物干预	Han et al., 2012a	韩国	安非他酮+教育	25	8周	21.2±8.0	随机对照实验	每周游戏时间 YIAS	安非他酮组游戏时间减少，YIAS 分数下降
			安慰剂+教育	25	8周	19.1±6.2			
	Song et al., 2016	韩国	安非他酮组	44	6周	20.0±3.6	随机对照实验	YIAS	两个药物组的 YIAS 分数下降，且安非他酮组的 YIAS 分数下降程度大于艾司西酞普兰组
			艾司西酞普兰组	42	6周	19.8±4.2			
			无治疗控制组	33	6周	19.6±4.0			
CBT为基础的心理干预治疗	Yao et al., 2017	中国	群体现实与冥想治疗	25	6周	22.2±1.6	前后测	CIAS	CIAS 分数下降
	González-Bueso et al., 2018	西班牙	个体认知行为疗法	15	12周	15.5±2.3	无随机对照实验	DQVMIA	两组的 DQVMIA 分数都下降，但无组间差异
			个体认知行为疗法+父母心理教育	15	12周+6周父母心理教育	16.1±2.2			
	Torres-Rodríguez et al., 2018	西班牙	个体化认知行为疗法	17	6月	15.1±1.9	无随机对照实验	每周游戏时间 YIAS	两组有更短的游戏时间和更轻的症状
			标准化认知行为疗法	17	6月	14.7±1.6			
	Zhang et al., 2016	中国	群体渴求行为干预	23	6周	21.9±1.8	无随机对照实验	每周游戏时间 CIAS	实验组表现出更少的游戏时间和更低的 CIAS 分数
			无干预控制组	17	无	22.0±1.9			
	Li& Wang, 2013	中国	群组认知行为疗法	14	6周	12～19	随机对照实验	YIAS	两组的 YIAS 分数都下降，但无组间差异
			基本心理咨询	14	6周				
	Li et al., 2017	美国	正念冥想导向的群体治疗组	15	8周	22.2±3.8	随机对照实验	DSM-5	实验组的 DSM-5 症状减少
			支持组	15	8周	27.8±5.5			
	Kim et al., 2012	韩国	认知行为疗法+安非他酮组	32	8周	16.2±1.4	随机对照实验	每周游戏时间 YIAS	认知行为疗法+安非他酮组的游戏时间和 YIAS 症状的减少程度更大
			安非他酮组	33	8周	15.9±1.6			
	Park et al., 2016b	韩国	群组认知行为疗法	12	4周	24.2±3.2	随机对照实验	YIAS	两组的 YIAS 分数都下降，但无组间差异
			虚拟现实群体治疗	12	4周	23.6±2.7			
其他类型的治疗	Han et al., 2012b	韩国	家庭疗法	15	3周	14.2±1.5	前后测	每周游戏时间 YIAS	游戏时间减少，YIAS 分数下降
	King et al., 2017	澳大利亚	短期自愿隔离游戏	24	84小时	24.6±5.1	前后测	每周游戏时间 DSM-5	成瘾症状减少，但游戏时间未减少

续表

类别	作者及年份	国别	治疗策略和实验组别	人数（人）	治疗周期	年龄（平均值 ± 标准差）	实验设计	成瘾测量工具	显著结果（干预后的测量）
其他类型的治疗	Lee et al.，2018	韩国	经颅直流电刺激	15	4 周	21.3 ± 1.4	前后测	每周游戏时间 YIAS	YIAS 分数下降，每周游戏时间减少
其他类型的治疗	Sakuma et al.，2017	日本	自我发现训练营	10	9 天	16.2 ± 2.2	前后测	每日、每周游戏时间 YIAS	每日和每周的游戏时间减少，但每周的游戏天数未减少
	Kim et al.，2013	韩国	多人在线游戏表达与写作课	27	8 周	17.4 ± 0.6	随机对照实验	过去一个月平均游戏时间	两组的游戏时间都减少，但无组间差异
			一般教育	32	8 周	17.5 ± 0.6			

注：CIAS：Chen internet addiction scale，陈氏网瘾量表；DQVMIA：Diagnostic Questionnaire for Video Games，Mobile Phone or Internet Addiction，电子游戏、手机或网络成瘾诊断问卷；YIAS：Young internet addiction scale，Young 网络成瘾量表；DSM-5：美国精神医学学会推荐的网游成瘾诊断标准

二、药物干预的效果及其认知神经机制

在当前对网络游戏成瘾的治疗中，单纯应用药物治疗网络游戏成瘾的研究相对较少。当前药物干预通常应用在涉及并发症的样本（如注意缺陷多动障碍）中，缺乏专门针对网络游戏成瘾的特定药物。

（一）药物干预网络游戏成瘾现状

部分临床研究尝试使用药物对网络游戏成瘾进行干预，并取得了一定的效果。研究发现，网络游戏成瘾人群在行为抑制特别是在控制自己的游戏行为上存在缺陷，存在情绪问题和冲动控制障碍。因此，提升对自身行为控制力应该成为药物的靶点。

当前的研究中，安非他酮和艾司西酞普兰是最常用的治疗网络游戏成瘾的药物，并且在临床中初步证明了其有效性。这些尝试最初是从治疗其并发症开始的，如网络游戏成瘾并发注意缺陷多动障碍、网络游戏成瘾并发抑郁等，研究者在尝试治疗注意缺陷多动障碍或抑郁时发现这类药物同时降低了网络游戏成瘾者对游戏的渴求。

有几个研究探究了安非他酮（通常剂量为150～300mg）的治疗效果，但目前还没有一种药物在两个独立的双盲研究中被验证过，所以在目前这个阶段推荐药物治疗网络游戏成瘾还为时过早。临床医生在网络游戏成瘾治疗方面面临着重大困境：是否应该参考有限的论文对网络游戏成瘾群体进行药物治疗？或者是否应该参考针对其他成瘾性疾病或强迫行为，如赌博障碍、强迫症、物质使用障碍或冲动控制障碍等的治疗策略？

安非他酮的作用机制是抑制多巴胺和去甲肾上腺素的再摄取（Black，2004；Bostwick et al.，2009）。除抗抑郁作用外，安非他酮还具有抗渴求和抗戒断活性的作用，通过抑制多巴胺的再摄取，使其成为有效的戒除成瘾的药物。去甲肾上腺素与注意缺陷多动障碍的发病机制有关，安非他酮在治疗多动症方面也显示出疗效（Cooper et al.，1980）。对渴求的研究表明，抑郁情绪的改善或药物渴望的降低会伴随大脑活动的降低（Chung et al.，2009；Robertson et al.，2007；Volkow et al.，2004）。在一项针对重度抑郁症患者的研究中，8 周的安非他酮缓释治疗降低了眶额皮层、扣带回、杏仁核/海马旁回等与情绪相关大脑区域的激活（Robertson et al.，2007）。Weinstein 等应用正电子发射断层扫描的研究发现，2 个月的安非他酮治疗降低了吸烟者的吸烟渴求，在吸烟线索呈现时，眶额皮层、前扣带回、腹侧纹状体、海马、脑岛、中脑和丘脑的脑代谢活动减少（Weinstein et al.，2010）。安非他酮已被应用于针对可卡因依赖（Poling et al.，2006）、尼古丁依赖（Hays et al.，2009；Lima et al.，2002；Pettinati et al.，2003）和病态赌博（Dannon et al.，2005）等精神疾病的治疗，被证明可以通过减少渴求、降低尼古丁戒断反应来促进戒烟（Durcan et al.，2002；Shiffman et al.，2000）。丹农等比较了用安非他酮缓释剂和纳曲酮治疗病态赌博的效果，发现两种药物都能有效降低被试的赌博行为频率，减少其投入赌博的钱数（Dannon et al.，2005）。

另一种被应用的药物是艾司西酞普兰。它是一种五羟色胺再摄取抑制剂抗抑郁药，被广泛用于治疗抑郁症和焦虑症（Stahl，2021）。它能抑制五羟色胺转运体的再摄取，导致大脑突触中的五羟色胺水平提高，从而增强五羟色胺能的神经传导，这被认为是其抗抑郁作用的基础。有研究报告，在为期 10 周的治疗计划中，艾司西酞普兰明显改善了被试网络游戏成瘾的冲动-强迫特征，其每周上网的时间也减少了（Dell'Osso et al.，2008）。

（二）安非他酮治疗网络游戏成瘾的研究

韩和伦肖（Han & Renshaw，2012a）较早尝试应用安非他酮治疗网络游戏成瘾。他们发现，重度抑郁症患者常伴随过度的网络游戏行为，而安非他酮已被作为治疗重度抑郁症和药物依赖的潜在方法。在他们的实验中，50 名重度抑郁并发网络游戏成瘾的男性被试被随机分配到“安非他酮+网络使用教育组”或“安慰剂+网络使用教育组”。整个治疗过程分为一个为期 8 周的积极治疗和一个 4 周的随访。结果发现，在治疗阶段，“安非他酮被试+网络使用教育组”的成瘾程度大大降低，平均在线游戏时间大大减少，且他们的抑郁程度显著降低。在为期 4 周的治疗后随访期间，安非他酮组被试的游戏时间持续减少，但抑郁症状却重新出现。

巴等（Bae et al.，2018）探究了应用安非他酮治疗网络游戏成瘾和赌博成瘾前后被试大脑功能连接模式的改变。结果发现，经过 12 周的安非他酮治疗，两组患者的网络游戏成瘾或赌博成瘾的严重程度、抑郁症状、注意力和冲动性都有改善。在这一研究中，被试在 2 周内每次服用 150～300mg 的安非他酮，在 14 周之后进行再测。结果发现，网络游戏成瘾被试在治疗后的默认网络和认知控制网络之间的功能连接下降，默认网络内功能连接和治疗后网络游戏成瘾程度的变化呈正相关。在网络赌博人群中，安非他酮治疗能减少默认网络后部的功能连接，而认知控制网络的功能连接增加。这表明安非他酮能有效改善网络游戏成瘾患者和赌博成瘾患者的临床症状。

（三）安非他酮和艾司西酞普兰治疗网络游戏成瘾的效果比较

一项研究将 119 名患有网络游戏成瘾的青少年和成年人分为安非他酮治疗组、艾司西酞普兰治疗组和无任何药物治疗的观察组，并对他们进行了为期 6 周的治疗。结果发现，与观察组相比，艾司西酞普兰组和安非他酮组在治疗 6 周后临床症状都有改善，表明安非他酮和艾司西酞普兰对治疗和控制网络游戏成瘾症状都有效。在改善网络游戏成瘾患者的注意力和冲动性方面，安非他酮似乎比艾司西酞普兰更有效（Song et al.，2016）。在进一步的研究中，研究者对比安非他酮和艾司西酞普兰对降低网络游戏成瘾的机制。他们设计了一个为期 12 周的双盲实验，评估两种药物对默认网络和突显网络功能连接的影响。发现治疗后两组患者的抑郁症状和网络游戏成瘾症状都得到改善。治疗后，艾司西酞普兰组仅在默认网络内观测到功能连接下降，而安非他酮组在默认网络和突显网络间的功能连接下降（Nam et al.，2017）。该研究同样证明，与艾司西酞普兰相比，安非他酮在减少冲动性和注意力症状方面显示出更好的效果。

尽管两种药物在大脑中具有不同的生物效应，但都显示出改善网络游戏成瘾的疗效。冲动性和强迫是网络游戏成瘾的重要特征，两种药物都可以改善网络游戏成瘾的冲动和强迫特征（Dell'Osso et al.，2008）。同时，多巴胺的释放也被认为会导致对寻求快乐或奖励的敏感性增加（Bowirrat & Oscar-Berman，2005），它在病态赌徒的冲动行为中发挥关键作用（Bechara，2003），在网络游戏成瘾的干预中也发挥类似的作用。安非他酮在治疗与网络成瘾有关的不良行为方面具有重要作用，包括工作和学业问题（Han et al.，2010），这些都是影响网络游戏成瘾患者症状和严重程度的潜在因素（Chak & Leung，2004）。研究者对应用艾司西酞普兰治疗冲动强迫性疾病的疗效和耐受性仍存在争议（Gadde et al.，2007；Grant & Potenza，2006；Koran et al.，2007），在对其临床应用上应十分慎重。

二、针对网络游戏成瘾的其他干预疗法

（一）动物辅助干预治疗网络游戏成瘾

依恋和情绪调节障碍也会促使一个人出现行为问题（Pace et al.，2018）。有研究发现，有不安全依恋经历的人比没有这种问题的人在控制情绪相关的脑区（基底神经节和杏仁核）内的大脑活动水平更高（Quevedo et al.，2017）。因此，提升依恋和安全感水平能治疗心理疾病。宠物辅助活动与治疗（EAAT）获得广泛关注，其目的是让人通过宠物获取依恋和安全感，被认为是治疗精神问题，如焦虑、创伤后应激障碍和语言障碍等的有效方法（García-Gómez et al.，2016）。一些使用宠物辅助活动与治疗的研究表明，治疗后患有精神疾病的儿童和青少年的情绪状态得到了改善（Keino et al.，2009）。在一项使用宠物辅助活动与治疗的研究中，研究者发现主人和狗之间的关系可以影响依恋关系（Enders-Slegers，2000）。

有研究者研究了宠物辅助活动与治疗对改善有不安全依恋问题的网络成瘾青少年的依恋，以改善与情感相关的大脑网络功能连接的可能。结果发现，经过 7 天的宠物辅助活动与治疗，网络游戏成瘾组的回避分数明显下降。在网络游戏成瘾青少年中，从左侧杏仁核到左额眶皮层，以及从右侧杏仁核到右侧胼胝体的功能连接增加，表明宠物辅助活动与治疗能改善依恋，进而促使有不安全依恋问题的

网络游戏成瘾患者的成瘾程度下降（Kang et al.，2018）。

（二）针灸干预网络游戏成瘾的效果及其认知神经机制

针灸是中医的一种经典疗法，被证明对包括成瘾在内的精神疾病有疗效（Amorim et al.，2018；Zeng et al.，2018）。针灸也被应用在针对网络成瘾的干预中，并取得了较好的治疗效果（Zhu et al.，2012）。比如，针灸能有效地缓解网络渴求（Zhu et al.，2011），能改善注意力和提高认知控制能力等（Yang et al.，2017）。有研究者尝试探讨这一治疗背后的神经机制，他们在对网络游戏成瘾群体进行针灸 40 天前后分别进行了核磁共振扫描。前后对比显示，网络成瘾被试的左侧眶额皮层、前运动皮层和腹侧前额皮层等区域的静息态功能连接增强，表明针灸对网络成瘾个体与纹状体相关的奖赏和习惯系统的功能连接具有调节作用（Wang et al.，2020）。

（三）经颅直流电刺激对网络游戏成瘾的干预效果及其机制

经颅直流电刺激（tDCS）是一种非侵入性的脑部刺激技术，通过在头皮上施加低强度的直流电，对神经元静止膜电位进行调节。正极 tDCS 能提高皮质的兴奋性，而负极 tDCS 能抑制皮质的兴奋性（Nitsche & Paulus，2000）。作为一种非侵入性脑刺激技术，tDCS 设备更简单、便宜，易操作，适合临床应用。李等招募网络游戏玩家接受了 12 次左侧背外侧前额叶的 tDCS 治疗（左侧阳极/右侧阴极，2mA，每次 30min，每周 3 次，共治疗 4 周）。结果发现，在 tDCS 治疗后，被试每周花在游戏上的时间减少了，贝克抑郁分数减小了，表明 tDCS 可以通过改善背外侧前额叶葡萄糖代谢的半球间平衡和提高自我控制能力来减少玩网络游戏的时间（Lee et al.，2018）。

（四）家庭治疗在网络游戏成瘾治疗中的作用及其认知神经机制

调查研究表明，家庭结构和功能混乱与青少年药物滥用之间存在密切关系（Fröjd et al.，2007；Roustit et al.，2007）。在一项涉及 32 961 名青少年的吸烟调查中，吸烟、酗酒和吸毒都与不完整的家庭结构和功能有关（Mak et al.，2010），家庭中缺乏亲密感会增加青少年吸毒的风险（Reynolds & Rob，1988）；父母与青少年的冲突程度越高，家庭功能越低，青少年发展成网络成瘾的可能性就越大（Yen et al.，2007）。一项来自中国的研究发现，留守儿童长期和父母分离，家庭功能不健全，这会显著增加他们网络成瘾和吸烟的风险（Gao et al.，2010）。

健全的家庭功能和社会支持是保证孩子身心健康的重要前提。对网络游戏成瘾的干预也可以先从改善家庭关系做起。韩等（Han et al.，2012）评估了为期 3 周简短的家庭治疗干预是否会改变不良家庭关系中网络游戏成瘾者的大脑激活特征。在 3 周内，家庭成员被要求进行家庭互动，重点是增加家庭的凝聚力，每天的互动时间要超过 1 小时，每周超过 4 天。经过 3 周的治疗后，家庭关系得到明显改善，同时游戏成瘾个体伴随尾状核活动的增加，且这一改变与在线游戏时间的变化成反比。结果表明，改善家庭关系是治疗游戏问题的重要策略。

（五）其他针对网络游戏成瘾的干预

除此之外，一项研究探讨了 84 小时自愿隔离游戏协议对改变问题游戏认知和行为的效果，在实验前、戒断期间以及 7 天和 28 天的随访中通过问卷收集数据。结果发现，在 28 天的随访中，75%的网络游戏成瘾人群的症状得到了显著改善，63%的网络游戏成瘾人群在游戏认知方面有改善。结果表明，短暂隔离游戏是一种简单、实用和极具性价比的治疗策略，可用于改变错误游戏认知和减少网络游戏问题（King et al.，2017）。另有研究探讨了自我发现营（self-discovery camp）在降低网络成瘾程度上的疗效，发现在接受自我发现训练营治疗 3 个月后，被试的游戏时间明显减少，自我效能感明显提高，证明这一策略在网络游戏成瘾干预上的有效性，特别是在游戏时间和自我效能方面（Sakuma et al.，2017）。总之，这些干预策略为网络游戏成瘾治疗提供了新思路。

本章总结

当前药物治疗网络游戏成瘾的研究存在缺陷：首先，药物干预主要是指使用抗抑郁药物（如安非他酮和艾司西酞普兰），但缺乏明确的对照实验。所以，临床医生在应用时需十分谨慎，并进行细致的指导。其次，当前应用药物治疗网络游戏成瘾的研究主要集中在一个研究团队里面，并未有大量研究团队展开研究，其有效性尚需更广泛的研究验证。

未来研究中，在评估网络游戏成瘾的治疗效果时，应针对具体心理病理问题采取有针对性的药物治疗措施，特别是将治疗人群扩展到网络游戏成瘾与其他精神病并发的群体。另外，当前药物研究的持续时间较短，无法全面记录药物治疗的效果，需要更长时间的观察和随访，以更好地阐明其潜在机制。

至于其他的干预策略，我们在鼓励对其进行大胆探索的同时，必须对其可能的负面影响保持警惕。这些方法在很大程度上不具有可复制性，它们是否能产生作用、作用的效果如何、效果背后的机制等都不清晰。因此，临床应用时必须十分谨慎。

参考文献

Amorim, D., Amado, J., Brito, I., Fiuza, S. M., Amorim, N., Costeira, C., & Machado, J. (2018). Acupuncture and electroacupuncture for anxiety disorders: A systematic review of the clinical research. *Complementary Therapies in Clinical Practice, 31*, 31-37.

Bae, S., Hong, J. S., Kim, S. M., & Han, D. H. (2018). Bupropion shows different effects on brain functional connectivity in patients with internet-based gambling disorder and internet gaming disorder. *Frontiers in Psychiatry, 9*, 130.

Bechara, A. (2003). Risky business: Emotion, decision-making, and addiction. *Journal of Gambling Studies, 19*(1), 23-51.

Black, D. W. (2004). An open-label trial of bupropion in the treatment of pathologic gambling. *Journal of Clinical Psychopharmacology, 24*(1), 108-110.

Bostwick, J. M., Hecksel, K. A., Stevens, S. R., Bower, J. H., & Ahlskog, J. E. (2009). Frequency of new-onset pathologic compulsive gambling or hypersexuality after drug treatment of idiopathic Parkinson disease. *Mayo Clinic Proceedings, 84*(4), 310-316.

Bowirrat, A., & Oscar-Berman, M. (2005). Relationship between dopaminergic neurotransmission, alcoholism, and reward deficiency syndrome. *American Journal of Medical Genetics Part B: Neuropsychiatric Genetics, 132*(1), 29-37.

Chak, K., & Leung, L. (2004). Shyness and locus of control as predictors of internet addiction and internet use. *CyberPsychology Behavior Modification, 7*(5), 559-570.

Chung, S. K., You, I. H., Cho, G. H., Chung, G. H., Shin, Y. C., Kim, D. J., & Choi, S. W. (2009). Changes of functional MRI findings in a patient whose pathological gambling improved with fluvoxamine. *Yonsei Medical Journal, 50*(3), 441-444.

Cooper, B. R., Hester, T. J., & Maxwell, R. A. (1980). Behavioral and biochemical effects of the antidepressant bupropion (Wellbutrin): Evidence for selective blockade of dopamine uptake in vivo. *Journal of Pharmacology Experimental Therapeutics, 215*(1), 127-134.

Cooper, B. R., Wang, C. M., Cox, R. F., Norton, R., Shea, V., & Ferris, R. M. (1994). Evidence that the acute behavioral and electrophysiological effects of bupropion (Wellbutrin®) are mediated by a noradrenergic mechanism. *Neuropsychopharmacology, 11*(2), 133-141.

Dannon, P. N., Lowengrub, K., Musin, E., Gonopolski, Y., & Kotler, M. (2005). Sustained-release bupropion versus naltrexone in the treatment of pathological gambling: A preliminary blind-rater study. *Journal of Clinical Psychopharmacology, 25*(6), 593-596.

Dell'Osso, B., Hadley, S., Allen, A., Baker, B., Chaplin, W. F., & Hollander, E. (2008). Escitalopram in the treatment of impulsive-compulsive internet usage disorder: An open-label trial followed by a double-blind discontinuation phase. *Journal of Clinical Psychiatry, 69*(3), 452.

Durcan, M. J., Deener, G., White, J., Johnston, J. A., Gonzales, D., Niaura, R., . . . Sachs, D. P. (2002). The effect of bupropion sustained-release on cigarette craving after smoking cessation. *Clinical Therapeutics, 24*(4), 540-551.

Enders-Slegers, M. J. (2000). The meaning of companion animals: Qualitative analysis of the life histories of elderly cat and dog owners. *Companion Animals Us: Exploring the Relationships Between People Pets*, 237-256.

Fröjd, S., Kaltiala-Heino, R., & Rimpelä, M. (2007). The association of parental monitoring and family structure with diverse maladjustment outcomes in middle adolescent boys and girls. *Nordic Journal of Psychiatry, 61*(4), 296-303.

Gadde, K. M., Harry Ryan Wagner, I., Connor, K. M., & Foust, M. S. (2007). Escitalopram treatment of trichotillomania. *International Clinical Psychopharmacology, 22*(1), 39-42.

Gao, Y., Li, L. P., Kim, J. H., Congdon, N., Lau, J., & Griffiths, S. (2010). The impact of parental migration on health status and health behaviours among left behind adolescent school children in China. *BMC Public Health, 10*(1), 1-10.

García-Gómez, A., Rodríguez-Jiménez, M., Guerrero-Barona, E., Rubio-Jiménez, J. C., García-Peña, I., & Moreno-Manso, J. M. (2016). Benefits of an experimental program of equestrian therapy for children with ADHD. *Research in Developmental Disabilities, 59*, 176-185.

González-Bueso, V., Santamaría, J. J., Fernández, D., Merino, L., Montero, E., Jiménez-Murcia, S., . . . Ribas, J. (2018). Internet gaming disorder in adolescents: Personality, psychopathology and evaluation of a psychological intervention combined with parent psychoeducation. *Frontiers in Psychology, 9*, 787.

Grant, J. E., & Potenza, M. N. (2006). Escitalopram treatment of pathological gambling with co-occurring anxiety: An open-label pilot study with double-blind discontinuation. *International Clinical Psychopharmacology, 21*(4), 203-209.

Han, D. H., & Renshaw, P. F. (2012a). Bupropion in the treatment of problematic online game play in patients with major depressive disorder. *Journal of Psychopharmacology, 26*(5), 689-696.

Han, D. H., Hwang, J. W., & Renshaw, P. F. (2010). Bupropion sustained release treatment decreases craving for video games and cue-induced brain activity in patients with internet video game addiction. *Experimental and Clinical Psychopharmacology, 18*(4), 297-304.

Han, D. H., Kim, S. M., Lee, Y. S., & Renshaw, P. F. (2012b). The effect of family therapy on the changes in the severity of on-line game play and brain activity in adolescents with on-line game addiction. *Psychiatry Research: Neuroimaging, 202*(2), 126-131.

Han, D. H., Lee, Y. S., Na, C., Ahn, J. Y., Chung, U. S., Daniels, M. A., . . . Renshaw, P. F. (2009). The effect of methylphenidate on internet video game play in children with attention-deficit/hyperactivity disorder. *Comprenhensive Psychiatry, 50*(3), 251-256.

Hays, J. T., Hurt, R. D., Decker, P. A., Croghan, I. T., Offord, K. P., & Patten, C. A. (2009). A randomized, controlled trial of bupropion sustained-release for preventing tobacco relapse in recovering alcoholics. *Nicotine Tobacco Research, 11*(7), 859-867.

Kang, K. D., Jung, T. W., Park, I. H., & Han, D. H. (2018). Effects of equine-assisted activities and therapies on the affective network of adolescents with internet gaming disorder. *The Journal of Alternative Complementary Medicine, 24*(8), 841-849.

Keino, H., Funahashi, A., Keino, H., Miwa, C., Hosokawa, M., Hayashi, Y., & Kawakita, K. (2009). Psycho-educational horseback riding to facilitate communication ability of children with pervasive developmental disorders. *Journal of Equine Science, 20*(4), 79-88.

Kim, P. W., Kim, S. Y., Shim, M., Im, C. H., & Shon, Y. M. (2013). The influence of an educational course on language expression and treatment of gaming addiction for massive multiplayer online role-playing game (MMORPG) players. *Computers Education, 63*, 208-217.

Kim, S. M., Han, D. H., Lee, Y. S., & Renshaw, P. F. (2012). Combined cognitive behavioral therapy and bupropion for the treatment of problematic on-line game play in adolescents with major depressive disorder. *Computers in Human Behavior, 28*(5), 1954-1959.

King, D. L., Kaptsis, D., Delfabbro, P. H., & Gradisar, M. (2017). Effectiveness of brief abstinence for modifying problematic internet gaming cognitions and behaviors. *Journal of Clinical Psychology, 73*(12), 1573-1585.

Koran, L. M., Aboujaoude, E. N., & Gamel, N. N. (2007). Escitalopram treatment of kleptomania: An open-label trial followed by double-blind discontinuation. *Journal of Clinical Psychiatry, 68*(3), 422-427.

Lee, S. H., Im, J. J., Oh, J. K., Choi, E. K., Yoon, S., Bikson, M., . . . Chung, Y.-A. (2018). Transcranial direct current stimulation for online gamers: A prospective single-arm feasibility study. *Journal of Behavioral Addictions, 7*(4), 1166-1170.

Li, H., & Wang, S. (2013). The role of cognitive distortion in online game addiction among Chinese adolescents. *Children Youth Services Review, 35*(9), 1468-1475.

Li, W., Garland, E. L., McGovern, P., O'Brien, J. E., Tronnier, C., & Howard, M. O. (2017). Mindfulness-oriented recovery enhancement for internet gaming disorder in US adults: A stage I randomized controlled trial. *Psychology of Addictive Behaviors, 31*(4), 393.

Lima, M. S.D., Soares, B. G. D. O., Reisser, A. A. P., & Farrell, M. (2002). Pharmacological treatment of cocaine dependence: A systematic review. *Addiction, 97*(8), 931-949.

Mak, K. K., Ho, S. Y., Thomas, G. N., Schooling, C. M., McGhee, S. M., & Lam, T. H. (2010). Family structure, parent-child conversation time and substance use among Chinese adolescents. *BMC Public Health, 10*(1), 1-8.

Nam, B., Bae, S., Kim, S. M., Hong, J. S., & Han, D. H. (2017). Comparing the effects of bupropion and escitalopram on excessive internet game play in patients with major depressive disorder. *Clinical Psychopharmacology Neuroscience, 15*(4), 361.

Nitsche, M. A., & Paulus, W. (2000). Excitability changes induced in the human motor cortex by weak transcranial direct current stimulation. *The Journal of Physiology, 527*(3), 633-639.

Pace, C. S., Di Folco, S., & Guerriero, V. (2018). Late-adoptions in adolescence: Can attachment and emotion regulation influence behaviour problems? A controlled study using a moderation approach. *Clinical Psychology Psychotherapy, 25*(2), 250-262.

Pallesen, S., Lorvik, I. M., Bu, E. H., & Molde, H. (2015). An exploratory study investigating the effects of a treatment manual for video game addiction. *Psychological Reports, 117*(2), 490-495.

Park, J. H., Lee, Y. S., Sohn, J. H., & Han, D. H. (2016a). Effectiveness of atomoxetine and methylphenidate for problematic online gaming in adolescents with attention deficit hyperactivity disorder. *Human Psychopharmacology: Clinical Experimental, 31*(6), 427-432.

Park, S. Y., Kim, S. M., Roh, S., Soh, M.-A., Lee, S. H., Kim, H., . . . Han, D. H. (2016b). The effects of a virtual reality treatment program for online gaming addiction. *Computer Methods Programs in Biomedicine, 129*, 99-108.

Pettinati, H. M., Kranzler, H. R., & Madaras, J. (2003). The status of serotonin-selective pharmacotherapy in the treatment of alcohol dependence. *Recent Developments in Alcoholism, 16*(2), 247-262.

Poling, J., Oliveto, A., Petry, N., Sofuoglu, M., Gonsai, K., Gonzalez, G., . . . Kosten, T. R. (2006). Six-month trial of bupropion with contingency management for cocaine dependence in a methadone-maintained population. *Archives of General Psychiatry, 63*(2), 219-228.

Pornnoppadol, C., Ratta-apha, W., Chanpen, S., Wattananond, S., Dumrongrungruang, N., Thongchoi, K., . . . Laothavorn, J. (2020). A comparative study of psychosocial interventions for internet gaming disorder among adolescents aged 13—17 years. *International Journal of Mental Health Addiction, 18*(4), 932-948.

Quevedo, K., Waters, T. E., Scott, H., Roisman, G. I., Shaw, D. S., & Forbes, E. E. (2017). Brain activity and infant attachment history in young men during loss and reward processing. *Development Psychopathology, 29*(2), 465-476.

Reynolds, I., & Rob, M. I. (1988). The role of family difficulties in adolescent depression, drug-taking and other problem behaviours. *Medical Journal of Australia, 149*(5), 250-256.

Robertson, B., Wang, L., Diaz, M. T., Aiello, M., Gersing, K., Beyer, J., . . . Doraiswamy, P. M. (2007). Effect of bupropion extended release on negative emotion processing in major depressive disorder: A pilot functional magnetic resonance imaging study. *Journal of Clinical Psychiatry, 68*(2), 261-267.

Roustit, C., Chaix, B., & Chauvin, P. (2007). Family breakup and adolescents' psychosocial maladjustment: Public health implications of family disruptions. *Pediatrics, 120*(4), 984-991.

Sakuma, H., Mihara, S., Nakayama, H., Miura, K., Kitayuguchi, T., Maezono, M., . . . Higuchi, S. (2017). Treatment with the self-discovery camp (SDiC) improves internet gaming disorder. *Addictive Behaviors, 64*, 357-362.

Shiffman, S., Johnston, J. A., Khayrallah, M., Elash, C. A., Gwaltney, C. J., Paty, J. A., . . . DeVeaugh-Geiss, J. (2000). The effect of bupropion on nicotine craving and withdrawal. *Psychopharmacology, 148*(1), 33-40.

Song, J., Park, J. H., Han, D. H., Roh, S., Son, J. H., Choi, T. Y., . . . Lee, Y. S. (2016). Comparative study of the effects of bupropion and escitalopram on I nternet gaming disorder. *Psychiatry Clinical Neurosciences, 70*(11), 527-535.

Stahl, S. M. (2021). *Stahl's Essential Psychopharmacology: Neuroscientific Basis and Practical Applications*. Cambridge: Cambridge University Press.

Torres-Rodríguez, A., Griffiths, M. D., Carbonell, X., & Oberst, U. (2018). Treatment efficacy of a specialized psychotherapy program for internet gaming disorder. *Journal of Behavioral Addictions, 7*(4), 939-952.

Volkow, N. D., Fowler, J. S., Wang, G. J., & Swanson, J. M. (2004). Dopamine in drug abuse and addiction: Results from imaging studies and treatment implications. *Molecular Psychiatry, 9*(6), 557-569.

Wang, Y., Qin, Y., Li, H., Yao, D., & Luo, C. (2020). The modulation of reward and habit systems by acupuncture in adolescents with internet addiction. *Neural Plasticity, 2020*(5), 1-9.

Weinstein, A., Greif, J., Yemini, Z., Lerman, H., Weizman, A., & Even-Sapir, E. (2010). Attenuation of cue-induced smoking urges and brain reward activity in smokers treated successfully with bupropion. *Journal of Psychopharmacology, 24*(6), 829-838.

Yang, Y., Li, H., Chen, X. X., Zhang, L. M., Huang, B. J., & Zhu, T. M. (2017). Electro-acupuncture treatment for internet addiction: Evidence of normalization of impulse control disorder in adolescents. *Chinese Journal of Integrative Medicine, 23*(11), 837-844.

Yao, Y. W., Chen, P. R., Chiang-Shan, R. L., Hare, T. A., Li, S., Zhang, J. T., . . . Fang, X. Y. (2017). Combined reality therapy and mindfulness meditation decrease intertemporal decisional impulsivity in young adults with internet gaming disorder. *Computers in Human Behavior, 68*, 210-216.

Yen, J. Y., Yen, C. F., Chen, C. C., Chen, S. H., & Ko, C. H. (2007). Family factors of internet addiction and substance use experience in Taiwanese adolescents. *Cyberpsychology Behavior Modification, 10*(3), 323-329.

Zeng, L., Tao, Y., Hou, W., Zong, L., & Yu, L. (2018). Electro-acupuncture improves psychiatric symptoms, anxiety and depression in methamphetamine addicts during abstinence: A randomized controlled trial. *Medicine (Baltimore), 97*(34), e11905.

Zhang, J. T., Yao, Y. W., Potenza, M. N., Xia, C. C., Lan, J., Liu, L., . . . Fang, X. Y. (2016). Effects of craving behavioral intervention on neural substrates of cue-induced craving in internet gaming disorder. *NeuroImage: Clinical, 12*, 591-599.

Zhu, T. M., Li, H., Du, Y. P., Zheng, Z., & Jin, R. J. (2011). Intervention on network craving and encephalofluctuogram in patients with internet addiction disorder: A randomized controlled trial. *Chinese Acupuncture Moxibustion, 31*(5), 395-399.

Zhu, T. M., Li, H., Jin, R.J., Zheng, Z., Luo, Y., Ye, H., & Zhu, H. M. (2012). Effects of electroacupuncture combined psycho-intervention on cognitive function and event-related potentials P300 and mismatch negativity in patients with internet addiction. *Chinese Journal of Integrative Medicine, 18*(2), 146-151.

彩　　插

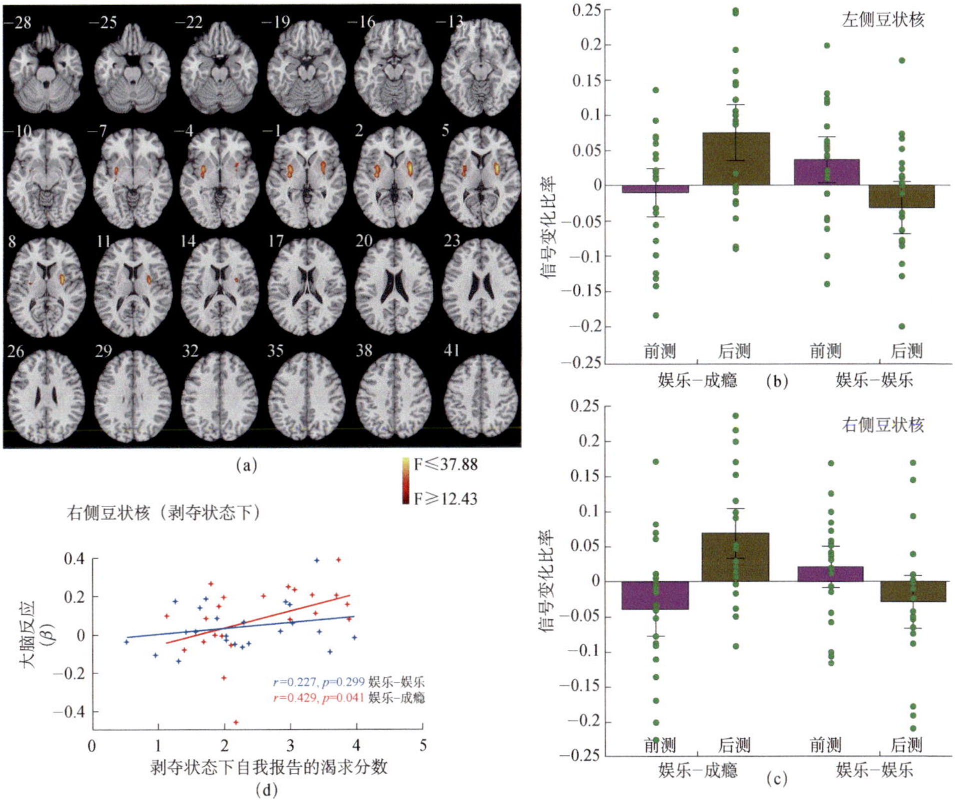

图 3-2　追踪显示能预测网络游戏成瘾的大脑特征

图（a）显示，群组（成瘾、非成瘾）和测量（初测，追踪测试）在左右侧豆状核上产生交互作用。图（b）和图（c）显示了左右侧豆状核在不同群组和不同测量时间段的激活特征。图（d）显示了自我报告的渴求和大脑反应之间的关系，这一关系在发展成为成瘾的人群中达到显著性水平，而在娱乐组中不显著

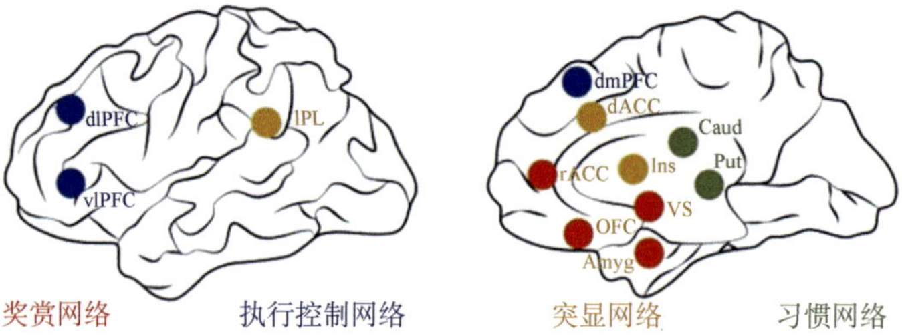

图 4-3　与成瘾行为的形成和维持相关的大脑网络以及涉及的脑区（Antons et al.，2020）

注：Amyg=杏仁核，Caud=尾状核，dACC=背侧前扣带回，dlPFC=背外侧前额叶，dmPFC=背内侧前额叶，Ins=岛叶，IPL=下顶叶，OFC=眶额皮层，Put=壳核，rACC=前扣带回喙部，vlPFC=腹外侧前额叶皮层，VS=腹侧纹状体

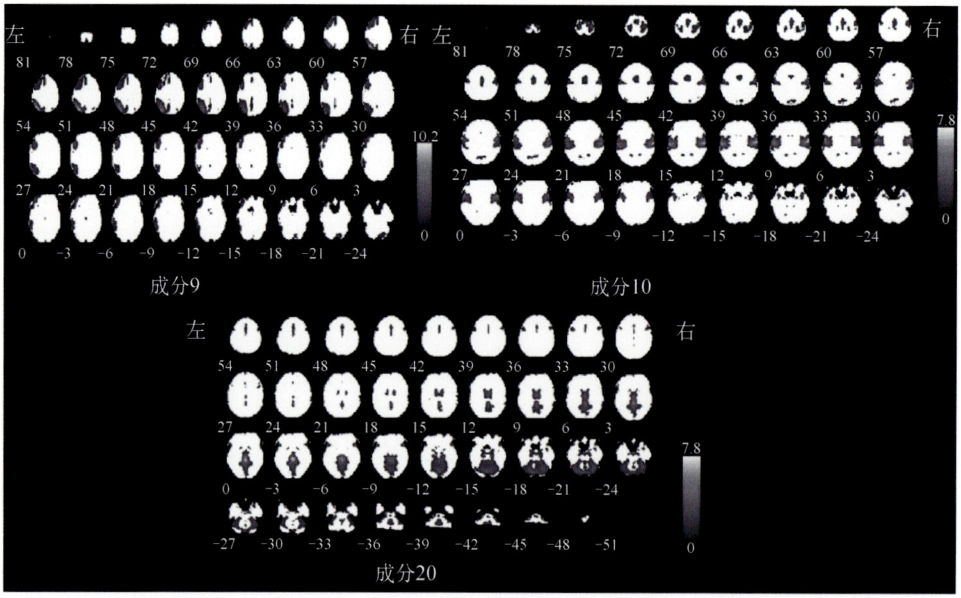

图 6-7　独立成分分析涉及的大脑网络（Wang et al.，2019）

注：图中显示的是与娱乐玩家组相比，网络游戏成瘾组大脑显示出差异的区域［（网络游戏成瘾概率选项−网络游戏成瘾固定选项）−（娱乐玩家概率选项−娱乐玩家固定选项）］

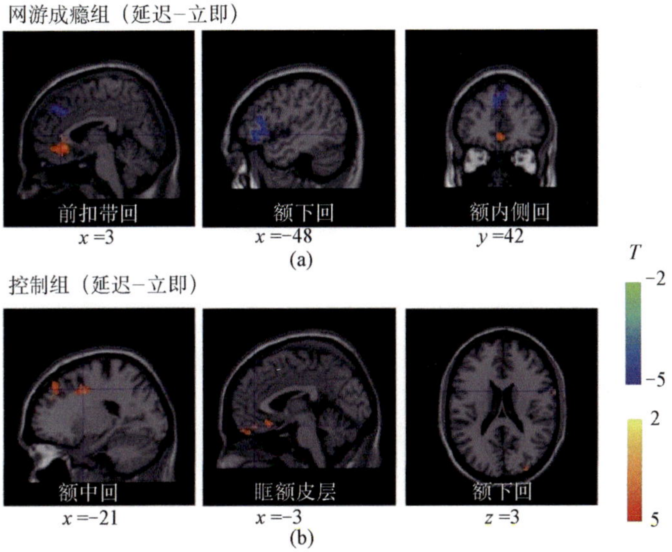

图 6-9　网络游戏成瘾组和控制组在“延迟-立即”条件下的大脑激活差异

注：（a）网络游戏成瘾组的前扣带回的大脑激活度较高，而左侧额下回和额内侧回的大脑激活水平较低（延迟>立即）。（b）控制组在右侧额下回、眶额皮层和额中回表现出更高水平的大脑激活（延迟>立即）

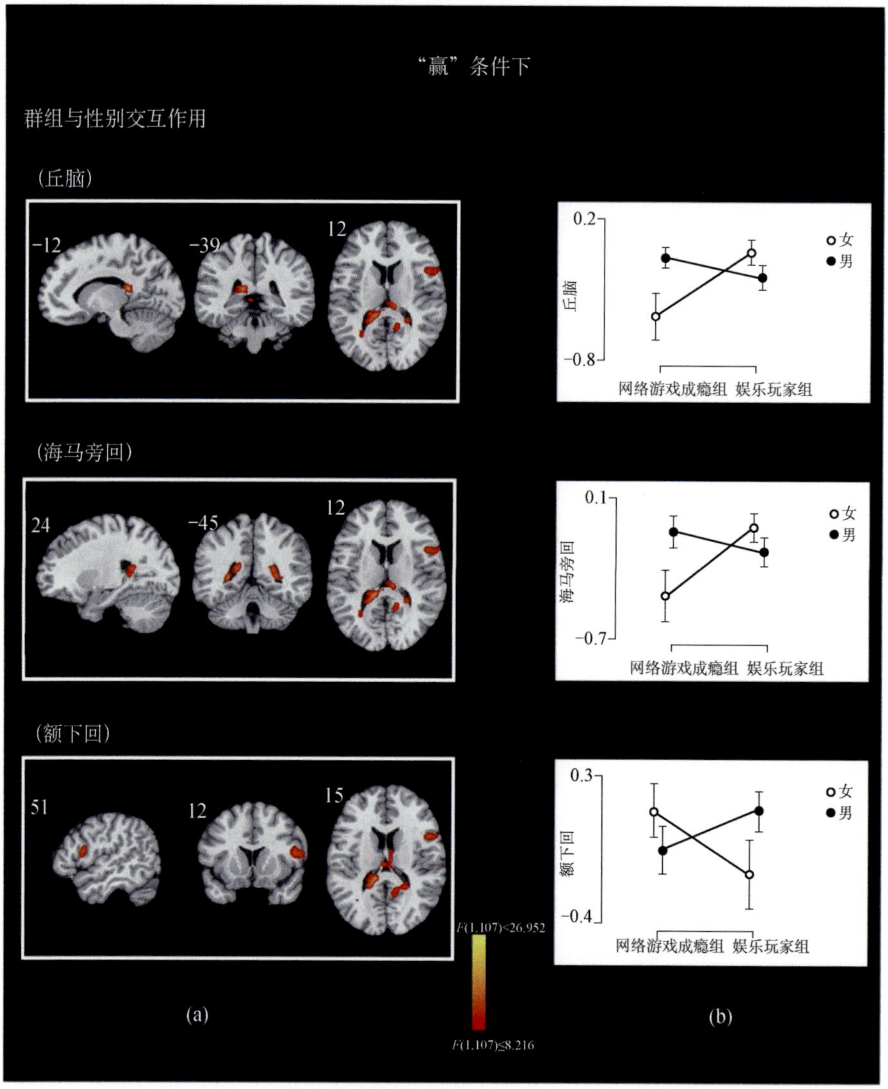

图 6-10　赢”条件下群组与性别的交互作用（Zhang et al.，2020）

注：（a）具有交互作用的脑区是丘脑、海马旁回和额下回；（b）与女性网络游戏成瘾患者相比，男性网络游戏成瘾患者的丘脑、海马旁回的激活增加，额下回的激活减少

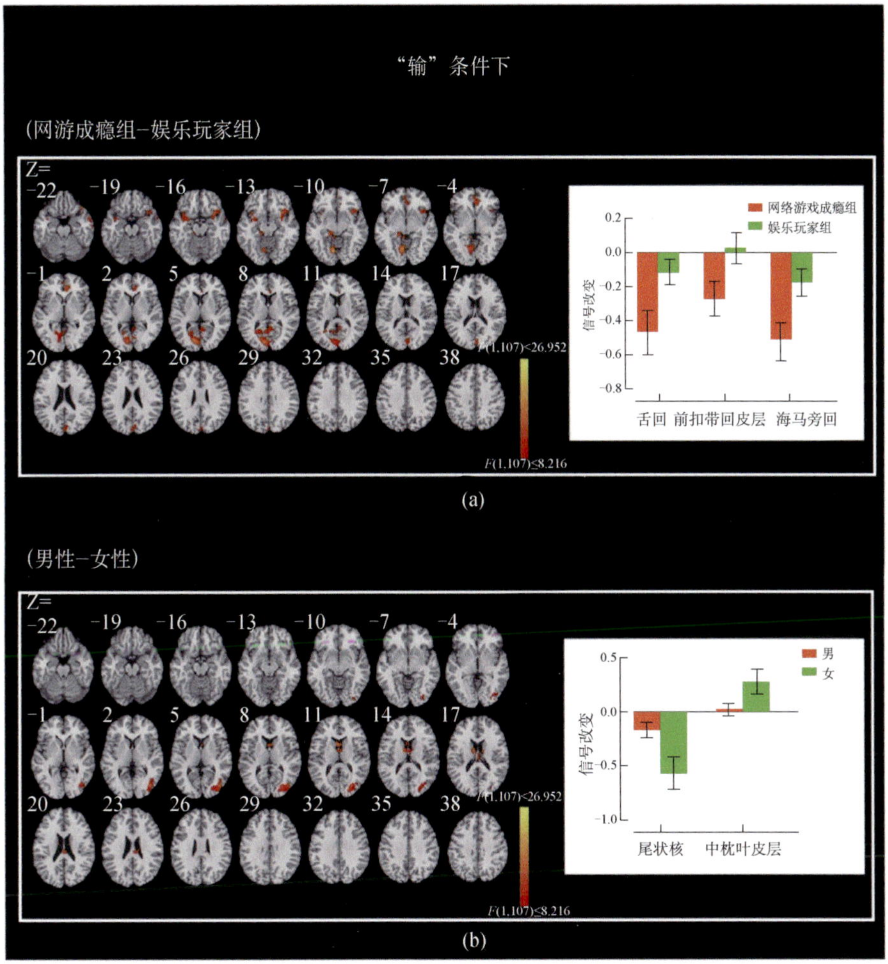

图 6-11 "输"条件下组别与性别的交互作用（Zhang et al.，2020）

注：（a）与娱乐玩家组相比，网络游戏成瘾组在左侧舌回、左侧楔前区和右侧前扣带回中显示出异常激活。（b）与女性相比，男性在尾状核和右枕中回显示出异常激活

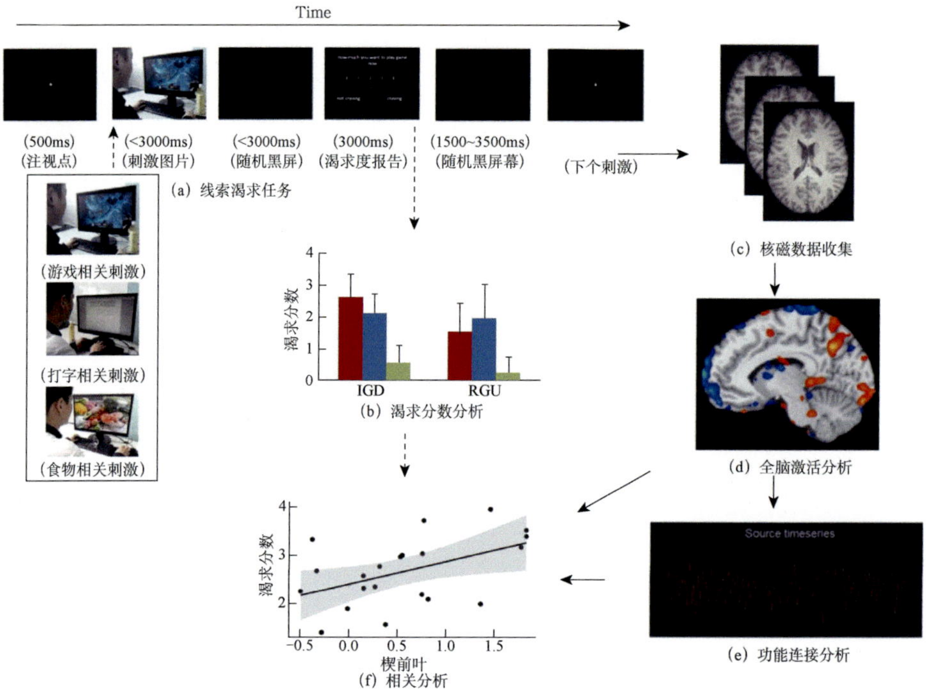

图 7-5　初级奖赏和次级奖赏的研究示例

注：(a) 事件相关线索渴求任务的一个试次的例子和任务中的不同刺激类型。(b) 提示诱导的渴望评估。(c) 通过任务获得的 fMRI 图像。(d) 全脑激活分析。(e) 功能连接分析。(f) 全脑激活/功能连接结果与对游戏/食物相关线索的渴求之间的相关性

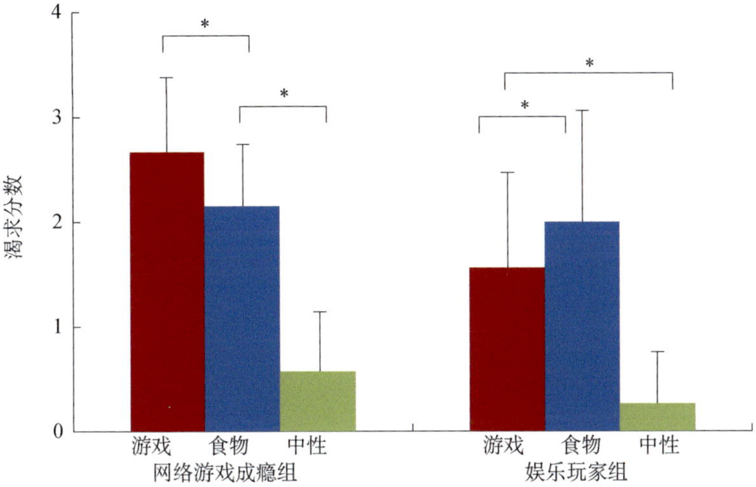

(a)

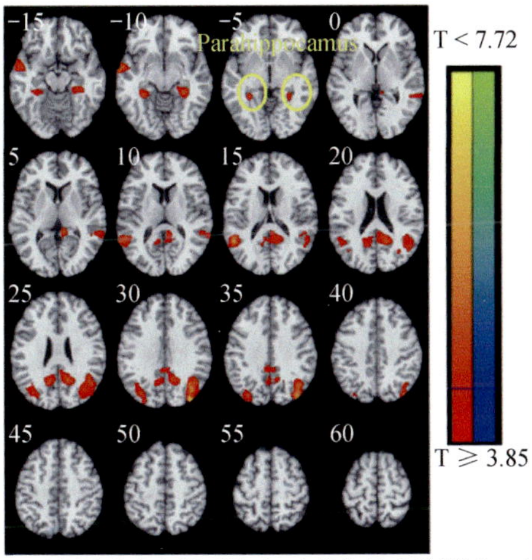

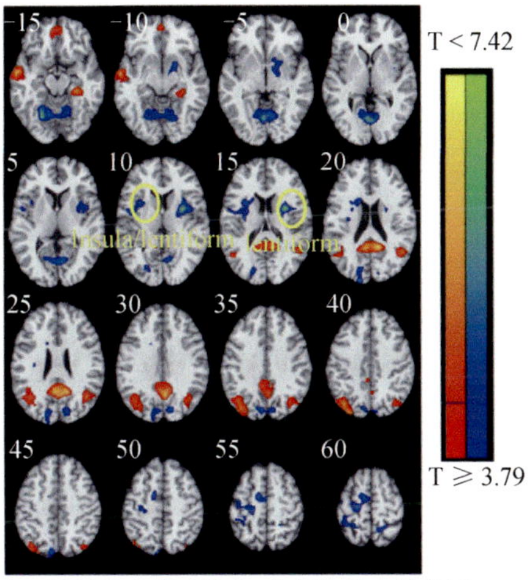

(b) 网络游戏成瘾组“游戏−食物”的大脑激活　(c) 娱乐玩家组“游戏−食物”的大脑激活

图 7-6　游戏和食物条件下的线索诱发的渴求评价结果和主要效应

注：(a) 显示了线索诱发的渴求评价结果。与观看中性图片相比，网络游戏成瘾组和娱乐玩家组被试都报告了较高的游戏渴求和食物渴求水平。与游戏渴求得分相比，网络游戏成瘾组被试的食物渴求得分较低。与娱乐玩家组被试相比，网络游戏成瘾组被试在观看游戏图片时对游戏的渴求程度更高。(b) 显示了网络游戏成瘾组被试在游戏-食物条件下的主效应。对于网络游戏成瘾组，与食物线索相比，游戏线索在双侧海马旁、左侧颞中回和右侧楔前区引起了更高的激活。(c) 显示了娱乐玩家组被试在游戏-食物条件下的主效应。对于娱乐玩家组来说，与食物线索相比，游戏线索在双侧脑岛、双侧楔叶等引起了更低的激活

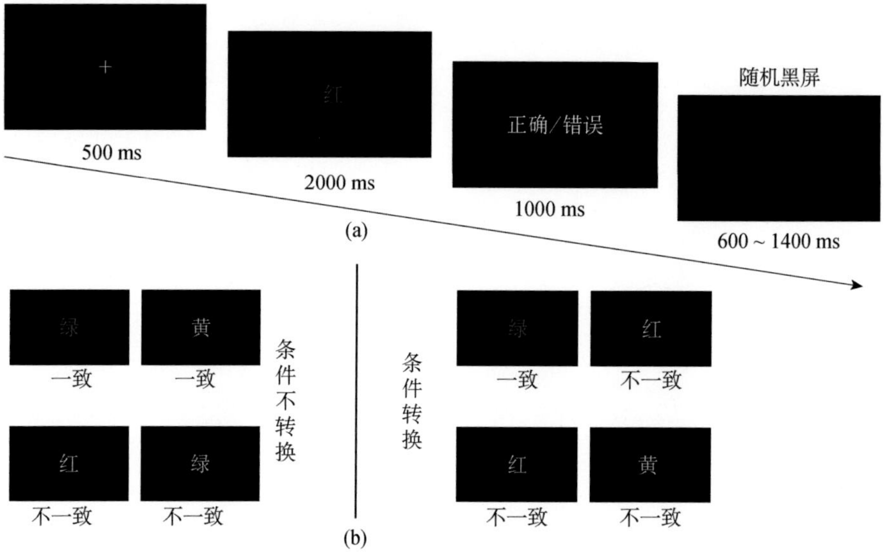

图 8-2　董等（Dong et al.，2014）研究的示意图

注：（a）Stroop 任务中一个试次的时间线。（b）通过操纵一致和不一致试次的顺序来创设“转换”和“非转换”条件

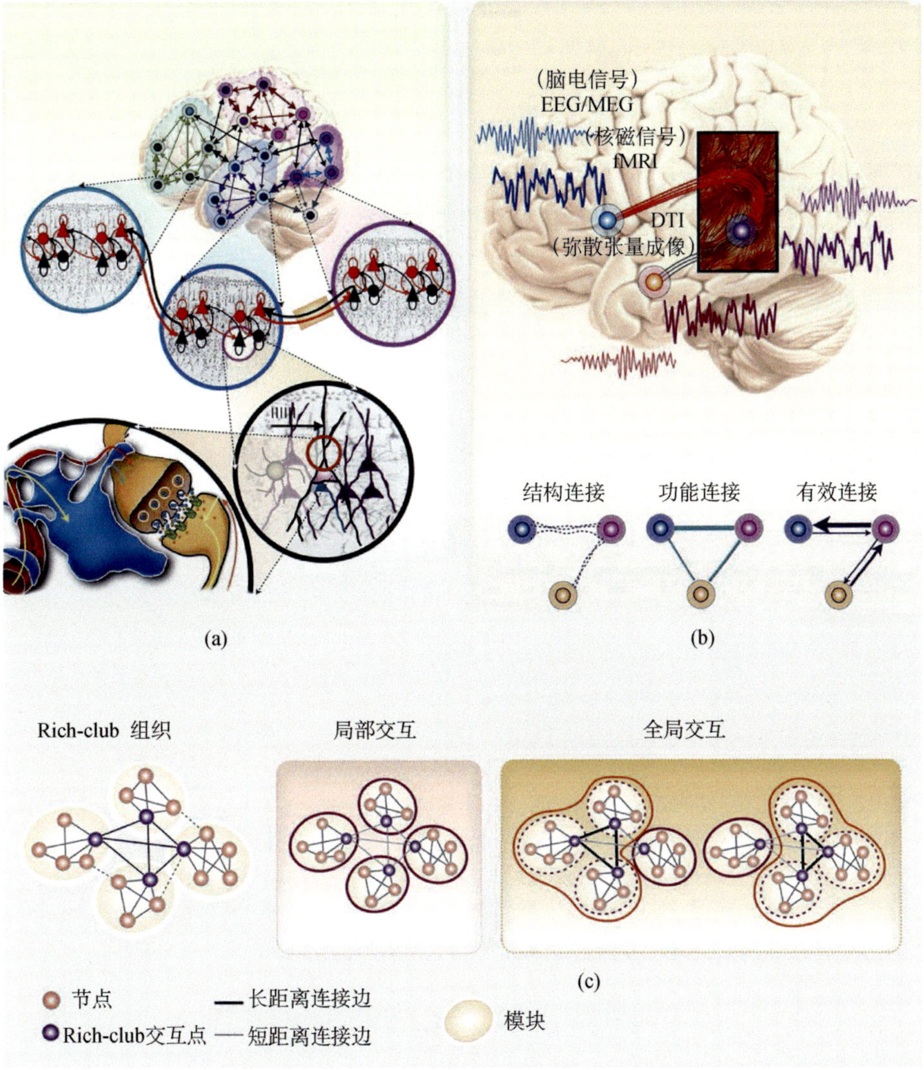

图 9-1　大脑网络中的节点、连接边和网络组织（Park & Friston，2013）

注：（a）一个网络是由节点（神经元群体）和它们的连接（连接边）组成的；（b）三种类型的连接：结构连接、功能连接和有效连接。结构连接是指解剖学上的连接；功能连接和有效连接通常是通过使用 BOLD-fMRI 或 EEG/MEG 信号测量的远程节点的活动来推断的；（c）功能网络：不同节点通过强大的短程连接进行局部整合，形成功能相互隔离的模块，模块之间通过枢纽进行交流和更高层次的整合

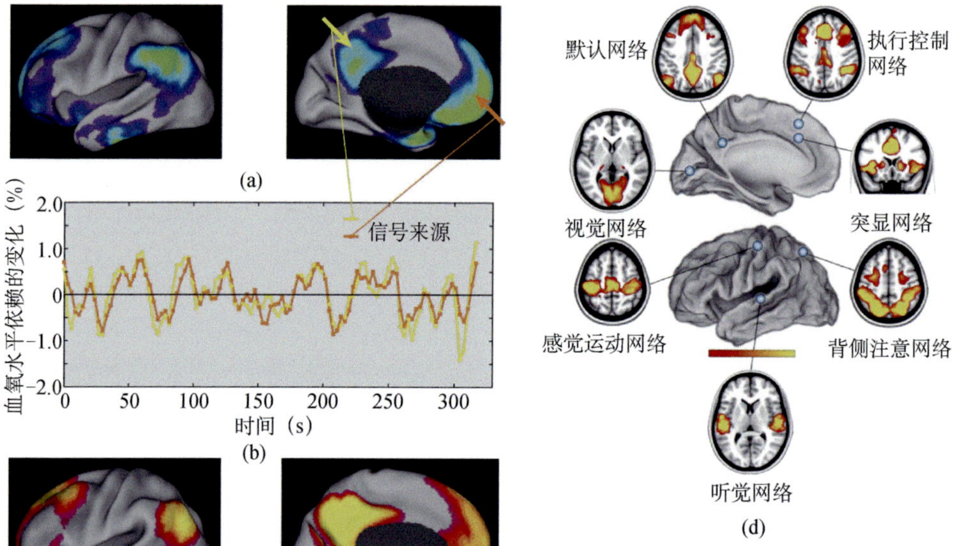

图 9-2　大脑默认网络示意图（Raichle，2015）

注：(a) 执行任务期间的默认网络（活动减少）；(b)(c) 分别为静止状态下默认网络的功能连接；(d) 默认网络与其他静息态大脑网络的关系。图 (b) 中的大脑活动曲线来自图 (a) 中两个箭头所指的脑区

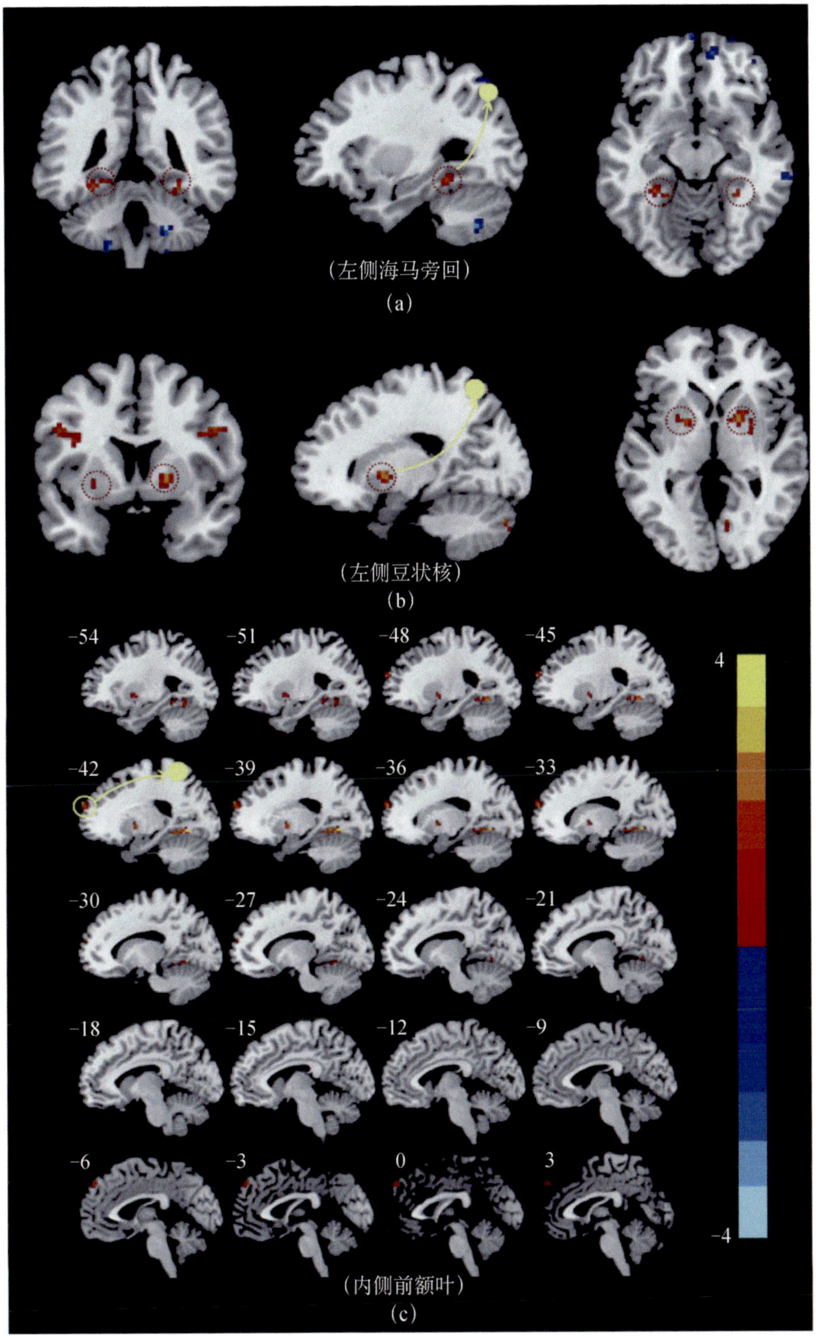

图 9-4　网络游戏成瘾被试中以楔前叶为种子点时信息的输入和输出（Dong et al.，2020）

注：(a)(b)楔前叶接收来自海马旁回和豆状核的信息输入，这一信息输入强度与网络游戏成瘾的严重程度呈正相关。(c)楔前叶接收来自前额叶信息的输入，这一信息输入强度与网络游戏成瘾的严重程度呈负相关

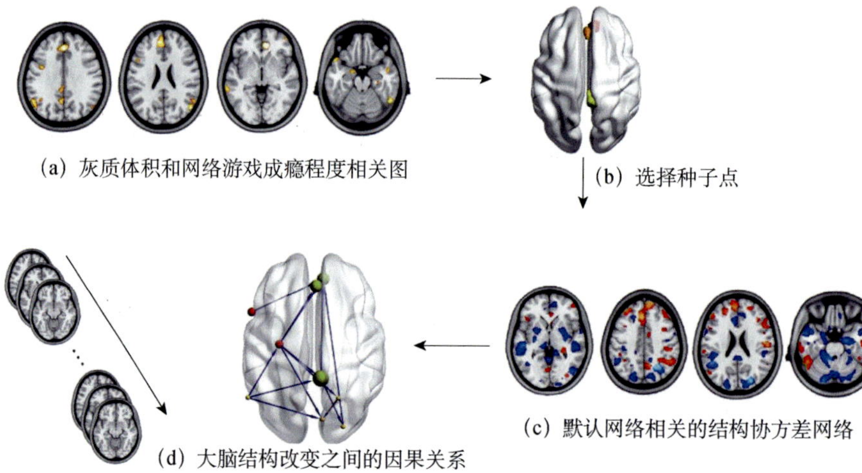

图 10-1　SCN 统计分析过程示意图（Chen et al.，2021）

注：(a) 绘制灰质体积改变和网络游戏成瘾严重程度之间的相关关系图，在灰质体积和网络成瘾测验分数之间应用相关测试。(b) 根据相关性分析选择默认网络的中线区域作为结构协方差网络分析的种子区域。(c) 使用结构协方差网络绘制默认网络相关的结构协方差模式。(d) 使用格兰杰因果分析绘制上述异常区域随着网络游戏成瘾严重程度发展的因果关系图